中学政治教师职业荣誉感调查研究

胡勤涌　李　静　著

西南大学出版社
国家一级出版社　全国百佳图书出版单位

图书在版编目(CIP)数据

中学政治教师职业荣誉感调查研究 / 胡勤涌,李静著. -- 重庆:西南大学出版社,2022.8

ISBN 978-7-5697-1622-1

Ⅰ.①中… Ⅱ.①胡… ②李… Ⅲ.①政治课—中学教师—荣誉—调查研究—中国 Ⅳ.①G633.202②G635.1

中国版本图书馆CIP数据核字(2022)第159606号

中学政治教师职业荣誉感调查研究

ZHONGXUE ZHENGZHI JIAOSHI ZHIYE RONGYUGAN DIAOCHA YANJIU

胡勤涌　李　静　著

责任编辑: 雷希露

责任校对: 叶晓丽

封面设计: 观止堂_未氓

排　　版: 王　兴

出版发行: 西南大学出版社

网址:http://www.xdcbs.com

地址:重庆市北碚区天生路2号

市场营销部:023-68868624

邮编:400715

印　　刷: 重庆俊蒲印务有限公司

幅面尺寸: 170mm×240mm

印　　张: 20.5

字　　数: 335千字

版　　次: 2022年12月 第1版

印　　次: 2022年12月 第1次印刷

书　　号: ISBN 978-7-5697-1622-1

定　　价: 88.00元

序言

中学思想政治课教学质量的提高关键在教师。改革开放40多年来,党中央、国务院高度重视中学思想政治课教师队伍建设,着力明确加强教师队伍建设的方向、营造加强教师队伍建设的氛围,中学思想政治课教师队伍建设成绩显著。

回顾和总结改革开放以来我国思想政治课教师队伍建设的经验发现,要培养造就有理想信念、有道德情操、有扎实学识、有仁爱之心的教师队伍,要让尊师重教成为社会的良好风尚,必须从两个方面着手:一方面,加强师德师风建设,培养高素质教师队伍;另一方面,不断提高教师的幸福感、成就感、荣誉感,让教师安心从教、热心从教、舒心从教、静心从教成为常态,切实提高教师的政治地位、社会地位、职业地位,让教师成为最受尊重的职业。这不仅需要外在制度性条件的支持与保障,同样不可忽视教师专业发展的内驱力。教师荣誉是对教师专业成就的肯定与认可,也是教师专业发展的内驱力所在。

目前,我国教师的荣誉体系建设还处于发展阶段,教师荣誉制度也在不断地完善,初步发挥了激励作用。但中学思想政治教师的荣誉头衔与职业荣誉感匹配吗? 目前的职业荣誉感状况如何? 背后的影响因素是什么,其中的关键变量是什么? 由于不同主体对荣誉的认知不同,所产生的荣誉感也不同,怎样让中学政治教师真正回归内心荣誉,怎样激发教师的职业荣誉感从而对教师主体形成积极的正强化效应? 研究这些内容,对于个体、组织的发展都具有一定的理论意义和实践价值。

职业荣誉感是一种复杂心境，包含了多种积极情感、情绪，它让我们觉得幸福。第一，人们在荣誉感里感知到的崇高与善，会产生道德提升感。道德提升感是人们对道德审美和人类善意的情绪反应，使人感到内心充满温暖和愉快的感觉，希望自己成为一个更好的人，过更美好的生活。第二，荣誉感可以促进幸福感。第三，荣誉感能促使人们实现自我超越。人们会因为荣誉而从俗世欲望中跳脱出来，看轻金钱的重要性。会因为荣誉而表现出亲社会倾向，表现得更加利他和慷慨。荣誉感会让人更加愿意加入一个社会团体，为之贡献时间和精力。第四，荣誉感会导致人们对可用时间的充裕性感知延长，这与心流和正念所描述的状态极为相似，而心流与幸福感的关系已经为主流的幸福学研究者所证实。第五，荣誉感能增进生命的意义。个人成就、表彰仪式、纪念性建筑等可以激发出人们复杂的情绪，其中最常见和最重要的就是荣誉。

另外，职业荣誉感还能使组织稳定和谐。荣誉感所包含的"感知到的宏大"和"顺化的需要"两大特点，以及荣誉感能产生"变小的自我"的这种反应，使得职业荣誉感能在群体、组织中发挥非常大的作用。

就积极层面而言：首先，目前的荣誉实践将荣誉概念作为一个自明之理，然而诸多问题表明"什么是荣誉"这一问题并未得到根本上的澄清。现有荣誉概念理论割裂了规范与实践之间的联系，单纯强调荣誉的形式性、权威性或二者的结合，而将理想性要素排除在外。此种理解无助于认识"什么是荣誉"，并可能导致荣誉的空心化。对荣誉的片面理解导致制度设计时失之偏颇，使得荣誉在实践中丧失了其应有功能。荣誉感作为荣誉的内核与关键所在，理应被纳入荣誉概念之中，作为其不可分割的一部分。其次，比起良心、德性等，职业荣誉感是个体能动性的重要来源。过去学者更多地关注教师的责任感与使命感，却很少涉足教师职业荣誉感的研究。但荣誉感作为一种享有尊敬、自尊、光荣而自动溢出的积极情感，它本身就与人的职业使命、责任感休戚相关。没有职业荣誉感的责任感，只是外在规约和压力下的责任感，必然缺乏内生动力。只有获得了职业荣誉感，教师才有可能真正产生带有使命感的责任感，并转化为自觉、有效、持久的责任行为。最后，目前还没有以中学政治教师作为样本研究职业荣誉感的实践。

就消极层面而言：职业荣誉感能将良心提升到活跃状态，因为它给予主体以行动的勇气。能避免道德谴责泛化导致的犬儒主义倾向，因为它释放了主体追求出人头地的野心,同时用行动原则把这种野心限定在合理范围内。能提升职业成功的意愿和能力,因为它带给主体的职业幸福感,有利于主观职业成功;它带给主体的职业责任感,有利于客观职业成功。

基于此,本书混合思辨与实证两种研究方法,分析得出中学政治教师职业荣誉感的影响因素,即生成演进的变量——职业荣誉感的表征线索:行为—结果表征和状态—水平表征。综合心理学原理,比如自我决定理论、生涯建构理论和自我概念理论等,与实证研究发现,尝试归纳中学政治教师职业荣誉感的建构过程,即生成演进的规律——职业荣誉感变化的定律:为什么会变化,是怎样变化的,有什么特点。以期补充相关理论研究的同时,为学校利用职业荣誉感改善组织绩效及教师管理提供思路。

目录

导论

一、研究背景及意义

将中学政治教师作为研究对象是因为就像20世纪80年代的中国需要一批承载着"光荣与梦想"的经济学家,发展到今天的中国需要一批坚定的理想信念传播者、教育者,又因为他们身处基础教育一线,可以说是增强中国软实力的排头兵了。从"职业荣誉感"切入,一方面是因为教师的情绪、情感管理在当下的学校管理问题中越来越重要;另一方面是因为积极的职业情感对个体行为有重要的导向、激励和约束作用。如果中学政治教师从业者的职业荣誉感强,能增加该群体的社会贡献度及影响力,进而增强职业吸引力。如何增强?仅凭经验是不够的,需要一些标准化的管理机制。同样是中学政治教师,为什么有的人职业荣誉感更强?这种差异性可以通过哪些因素预测?传统研究关注的焦点是学校环境或者外部驱动因素,探讨了如何通过外部激励机制优化教师的职业体验。那从业者的内部状况能在多大程度上影响职业荣誉感呢?故本研究具有理论和现实意义。

(一)研究背景

1.新时期全面深化教师队伍建设改革的目标任务

随着新一轮课改不断推进,国家越来越重视教育问题,教师队伍建设自然成了备受关注的问题之一。《国家中长期教育改革和发展规划纲要(2010—2020年)》提出,在中小学教师队伍建设中要提高教师地位待遇、健全教师管理制度、对作出突出贡献的教师和教育工作者设立荣誉称号,以及给予义务教育教师公务员编制的设想。①研究中学政治教师的职业荣誉感,既符合当前教育改革与发展的现实要求,也能为加强教师队伍建设实践奠定理论基础。

增强教师职业荣誉感是新时期全面深化教师队伍建设改革的目标任务之一。2013年9月10日,习近平向全国广大教师致慰问信时提出:"希望全国广大教师牢固树立中国特色社会主义理想信念,带头践行社会主义核心价值观,自觉增强立德树人、教书育人的荣誉感和责任感,学为人师,行为世范,做学生健康成长的指导者和引路人。"②2014年9月9日,他在与北京师范大学师生代表座

①彭冬萍,曾素林.教师荣誉制度研究的进展及反思[J].教师教育论坛,2017(02):13-17.

②习近平.习近平向全国广大教师致慰问信[N].人民日报,2013-09-10(01).

谈时指出:“使教师成为最受社会尊重的职业。”[①]2016年9月9日,当他到北京市八一学校看望慰问师生时再次强调:“让广大教师在岗位上有幸福感、事业上有成就感、社会上有荣誉感,让教师成为让人羡慕的职业。”[②]2018年1月,《中共中央 国务院关于全面深化新时代教师队伍建设改革的意见》(以下简称《意见》)中明确提出,到2035年,尊师重教蔚然成风,让教师在社会上有荣誉感,教师成为让人羡慕的职业。同时,也强调要全面加强师德师风建设,着力提升教师的思想政治素质。2019年2月,教育部介绍了《意见》颁布一年以来的贯彻落实情况及下一步改革思路。在教师职业责任方面,会进一步加强师德师风建设,全面提振新时代师道尊严,塑造新时代教师形象;在教师职业体验方面,会切实强化待遇和权益保障,进一步扩大广大教师的获得感幸福感荣誉感。[③]2019年3月,习近平总书记在学校思想政治理论课教师座谈会上指出,思想政治理论课是落实立德树人根本任务的关键。要办好这门课,关键在发挥教师的积极性、主动性、创造性,用真品格向学生示范,用高尚的人格感染学生、赢得学生,这无疑需要中学政治教师具有强烈的职业荣誉感,才能把这门课开得更有信心,更有底气。这些都表明提升教师职业荣誉感是推动当代中国教育事业改革发展的关键,并阐明了当前提升教师职业荣誉感工作的新任务和新要求。

2.教师专业化发展的现状

教师是人类灵魂的工程师,是人类文明的传承者,承载着传播知识、传播思想、传播真理、塑造灵魂、塑造生命、塑造新人的时代重任。[④]然而,中学教师的职业荣誉感在经济社会转型中面临种种挑战,甚至有一定程度的消减,主要表现为中学教师职业声望下降。有关职业声望的调查显示,2000年中小学教师排在第29位,高于演员、公安人员、银行职员等职业,而在2010年的调查中,降至第40位,到2015年,该职业声望又有回升,位居第27位,并且对中小学教师的政治地位、经济地位、社会地位的评价几乎一致,分别排在第25位、第27位和第

①习近平.做党和人民满意的好老师——同北京师范大学师生代表座谈时的讲话[N].人民日报,2014-09-10(02).

②陈宝生.让教师成为让人羡慕的职业——深入学习贯彻习近平总书记在八一学校看望慰问师生时的重要讲话精神[N].人民日报,2016-12-08(11).

③教育部介绍中共中央、国务院印发的《关于全面深化新时代教师队伍建设改革的意见》颁布一年来全国各地贯彻落实情况及下一步教师队伍建设改革思路[N].中国日报,2019-02-15(11).

④习近平.坚持中国特色社会主义教育发展道路 培养德智体美劳全面发展的社会主义建设者和接班人:在全国教育大会上的讲话[N].人民日报,2018-09-11(01).

25位。[①]这也凸显了一个严峻的问题——中小学教师一方面承担着繁重的工作压力,另一方面却得不到与之相符的社会地位和经济报酬。

3. 中学政治教师面临的特殊职业困境

在一个关于中学政治教师职业声望自我认知的调查显示:63%的被调查者认为近年来中学政治教师的职业声望“逐渐下滑”,排除认为声望“不会发生太大改变”及“不了解”的人,被调查者中竟然无一人认为是“逐渐上升”的,另外,针对高校思想政治教育专业的学生的职业价值观调查显示,高达73%的学生表示如果有一次重选专业的机会,自己绝不会选择思政专业。[②]这说明该群体对自身的职业认同感不足,对职业声望状态不满,职业荣誉感较弱,面临着特殊的职业困境。

第一,中学政治教师面临诸多角色冲突,难以自我调节。

随着时代发展和社会变迁,中学政治教师的角色类型愈加复杂多样,这必然产生角色冲突问题。表现为角色内外、本人与其他行为者之间的冲突。其成因既有主观也有社会的。从现实情况来看,社会方面存在的角色认知偏差、价值定位及刻板印象等问题对中学政治教师的心理健康状况影响更大,这会削弱他们的职业荣誉感。在市场经济条件下,思想政治教育无用论的论调仍然有一定的市场,一些思想政治教育者受到社会消极的角色认知偏差的影响,会对自我角色形象做出过低的估价,产生自卑心理和厌倦心理。[③]所以,除了中学政治教师自身增强责任感和职业认同,塑造爱岗敬业的职业形象,通过自我调节让职业价值得到真正的回归之外,同样重要的是提升社会对职业角色的认可度。

第二,中学政治教师面临专业发展困境,难以独立破局。

中学政治教师目前面临的专业发展困境主要表现是:发展的意识不强、知识结构单一、专业能力有限,这是缺乏职业荣誉感的一种表现。背后固然有自身观念、认识、意志的问题,但究其社会成因和思政课固有的矛盾,教师们难以独自破局。中学思想政治课内容本身理论性就比较强,逻辑严密,知识相对抽象,课程资源的内容远离学生生活,导致政治课缺乏吸引力,加上传统应试教育观念依旧存在,高考仍是社会、家长评判学校的主要标准,迫使政治教师继续以

---

①杨莹.教师职业声望的社会学分析[J].山东省农业管理干部学院学报,2013(01):92-93+108.

②闾彬,陈瑜瑛.影响中学政治教师职业声望的因素探析[J].中学政治教学参考,2016(24):91-92.

③杨威,杨光.思想政治教育者的角色冲突与自我调适[J].学校党建与思想教育,2019(06):4-8.

应试教育的观念开展教学，久而久之，政治教师的职业幸福感逐渐降低，严重地挫伤了自身主动追求专业发展的积极性，[①]最终影响思政课的教学成效。

第三，中学政治教师面临责权错配问题，难以内部驱动。

随着社会主义市场经济的不断发展和物质财富的极大增加，社会中普遍出现了重智育、轻德育，重理工、轻人文的现象，在此背景下，中学政治教师的价值也越来越模糊化，作为对青少年学生进行德育教育和国家基本路线方针政策教育的主力军，他们如何顶住压力，回归自身原有的价值，成为亟待解决的问题。[②]如果说教师是人类灵魂的工程师，那么政治教师无疑是工程师中的高级研究员，他们在塑造学生的健全人格，以及拥护党的领导、坚持中国特色社会主义道路方面发挥着不可磨灭的作用。中学政治教师的价值不容小觑，在帮助学生树立正确的世界观、人生观和价值观方面具有重大的影响。近几年随着教育功利化特点日益显著，社会中频频出现了政治教师只教知识，不教道德，功利主义过浓，职业倦怠等负面评价，严重扭曲了中学政治教师肩负着对学生进行思想品德教育、社会科学知识教育，促进中学生健康成长发展等重要职责，这就必然要求该群体具有更高的政治素质、职业道德素质和科学文化素质，同时也说明该群体理应受到尊重。[③]但在职业生活中，中学政治教师的社会价值越来越模糊化。

这些问题都会削弱中学政治教师的职业荣誉感，并最终影响到立德树人教育目标的落实。所以，研究中学政治教师职业荣誉感状况及成因能够回应现实需要。

（二）研究意义

1.理论意义

梳理了关于中学教师职业情感、教师职业荣誉感的实证研究发现，大多数研究由于研究对象外延过大，分析影响因素时也没有对其地位作区分，从而使得提出的相应对策虽然全面但缺乏针对性。本研究选择以中学政治教师为对象，通过量化分析的方法验证职业荣誉感生成的理论模型，并以教师职业发展阶段理论和心理契约理论为分析框架，构建以学校组织为主要实施主体的对策

①李翔，李俊宇.行动研究视域下中学政治教师专业发展刍议[J].学理论，2018(08)：199-201.

②王丹.关于“中学政治教师价值回归”问题的探究[J].教育教学论坛，2014(11)：244-246.

③王丹.关于“中学政治教师价值回归”问题的探究[J].教育教学论坛，2014(11)：244-246.

体系，具有可操作性。对于促进中学政治教师的专业化发展，增强中学政治教师的职业荣誉感，进一步贯彻落实《意见》中关于新时期深化教师队伍建设目标任务具有一定的现实意义。

另外，职业荣誉感作为一种职业情感，难于量化和外显。这使得在对教师职业荣誉感的管理实践活动中，过度依赖经验和管理者的个性及能力，无法提供稳定的职业环境，会降低教师的职业认同感，削弱教师的工作投入度。所以，一方面，本探究对于反映当下中学政治教师职业荣誉感的状况，引发人们的关注和讨论，科学分析生成类型及设计针对性措施是有一定的理论意义；另一方面，也能为教师职业荣誉感管理的理想化、科学化、制度化提供一定的理论支持。

2. 实践价值

社会主义核心价值观是社会主义核心价值体系的内核。要构建社会共同“道德感”，就要加强全社会尤其是重点群体的社会主义核心价值观教育，为社会主义核心价值体系建设打下坚实的基础。中学政治教师就是重点群体之一。作为思想政治教育的专业人员，他们的思想素质和群体德性形象有深远的社会效应。不仅关系到能否实现思想教育目标，而且关系到为青少年群体作表率的问题。所以，通过系统研究，能更好地引导该群体坚持以身作则，率先垂范，带头做社会主义核心价值观的实践者和引领者；着眼于科学决策的研究，有利于坚持正确的用人导向，把荣辱观等道德素质作为综合考评的内容，从制度机制上加强荣辱观等价值导向建设。

从教师专业化发展角度看，本研究构建的中学政治教师职业荣誉感生成模型、结构及类型的实证分析结果也具有一定的实践指导价值。就管理者而言，可以通过量表实时把握教师的职业荣誉感状况，并依据生成原理找到原因，制定有针对性的激励措施。就教师个人而言，反思一直是专业化发展的有效路径，通过科学的量表测试，能更客观地认识、评价自我。教师通过了解自己职业荣誉感的水平及成因，不仅能及时进行自我调节，还能借此挖掘外部支持，重拾工作意义。

二、文献综述

教师职业荣誉感本质上是一种职业情感，一般是指个体在一定的职业情境中产生的积极情感体验，也可以用来描述从业者因社会对教师职业的肯定性评价而感到自豪、受到激励等。职业情感的产生、变化和发展取决于社会关系状况。故为深入研究中学政治教师职业荣誉感，就需要系统梳理教师职业情感、职业荣誉感，教师荣誉制度，心理契约等理论的研究。

（一）教师职业情感理论

通过对CNKI上与中学教师职业情感有关的23篇文章的梳理，主要从教师职业情感的概念界定，中学教师职业情感的现状、影响因素及对策两方面进行综述，最后尝试对已有研究进行评价。

1.教师职业情感的概念界定

马斯洛认为："职业情感是一种尊重需要和自我实现的需要，是一种外在化的情绪表现和内省化的心情心境。"苏联教育学家苏霍姆林斯基说："知之深，爱之切，教师对他的职业认识越深刻，对孩子的奉献就越多。"无论是在不同学科领域中，或是不同国别范围内，都有许多类似的对教师职业情感的特征描述，但并没有形成清晰的含义和内涵界定。

（1）国外的相关研究

国外对教师职业情感的理论研究侧重于描述教师职业情感的特征，论述教师职业情感的意义及阐发教师情感培育的对策。比如列夫·托尔斯泰认为"如果教师只爱事业，那他会成为一个好教师。如果教师只像父母那样爱学生，那他会比那种通晓课本，但既不爱事业，又不爱学生的教师好。如果教师既爱事业，又爱学生，那他是一个完美的教师。"爱因斯坦的著作《培养独立思考的教育》中也提到学校仅仅教授学生专业知识是不够的，学校最基本的任务就是使学生接受专业性教育时，还要接受情感教育。这里强调的就是在培养学生时，应该注重让其对自身所要从事的职业的价值拥有一定的情感基础。由此可以看出，教师具有积极的职业情感对于其自身的提升及教育事业的发展都具有重要意义。

从这些早期的关于教师情感的论述可以看出，它们更多是通过证明情感因素对于教师从事教育活动有着至关重要的影响，最终指向学生的教育问题，而在一定程度上忽视了将研究结果直接内化于教师本身的问题。所以这些成果一方面为国内研究职业情感奠定了良好的理论基础,比如他们关于职业倦怠的理论成果在国内得到了广泛的应用,并在关于教师职业倦怠感的实证分析中发挥了重要作用。但另一方面却缺少对教师职业情感的理论研究和实证分析,加之国外的中学没有设置类似于国内的政治课程,因此也没有专门针对中学政治教师职业情感的研究。

(2)国内的相关研究

理论探讨方面,研究者们大多立足于心理学的相关理论,并结合教师职业的特性对职业情感及教师职业情感的含义和内涵进行了论述。有的学者强调情感主体的体验与感受。比如,谢新平(2005)从职业情感的产生过程和功能出发进行论述,认为教师职业情感是教师在从事教育工作的过程中产生的带有稳定性的情感体验,包含事业感、爱生感、责任感、乐业感、创造感、自尊感和美感。[①]张意忠(2010)也持类似的观点,他指出,教师职业情感是教师对教育职业是否满足自己的需要而具有的稳定的态度体验,是教师对教育职业这一客观事物的独特感受,它有时内隐、含蓄,有时外显、直接。教师职业情感具有主观色彩,不同教师的职业情感具有强度差异,主要内容包括事业感、师爱感、责任感与成就感。也有的学者强调情感主体对客体的情感。[②]比如,李志英和翟伟(2010)指出,教师的职业情感指教师对其所从事的工作的情感,这种情感主要体现为对待学生的情感和对待工作、职责的情感。[③]他们认为教师职业情感是从事教师职业的核心,包括神圣的职业使命感、热爱学生和教育职业的人生价值与意义三个方面的内容。

实证分析方面,大多数调研者主要是在参考理论研究者的界定方式基础之上结合实际调查需要对教师职业情感的内涵进行划分。尚勇(2007)从职业情感的机理、动机和功效三个方面进行了科学界定。他认为,就机理而言,职业情感是一种简单化的主观体验、一种外在化的情绪表现、一种内省化的心情心境;而立足于马斯诺的需要层次理论,从动机角度可将职业情感分成三个层次:第一层次是职业认同感,第二层是职业荣誉感,第三层次是职业敬业感;从情感产

①谢新平.浅谈教师的职业情感[J].教育与职业,2005(23):52-53.

②张意忠.论教师职业情感的生成与培育[J].高等教育研究,2010,31(05):56-61.

③李志英,翟伟.基于反思的新疆中小学校长领导力提升研究[J].新疆师范大学学报(哲学社会科学版),2010,31(03):94-100.

生的功效,他又将职业情感界定为积极的职业情感和消极的职业情感。[①]可以看出,他的划分具有一定的科学性和全面性,为后来专门研究教师职业情感的学者奠定了理论基础。比如王凤英(2012)从教师情感出发对教师职业情感下了定义:教师作为教育职业活动的主体,在其教育活动中对教师职业价值的认同以及教育工作是否满足自己的需要而产生的内心体验和感受并由此而外显的情绪表现,教师职业情感既指向受教育者,也指向教育者本身,主要包括职业认同、职业理想、职业情怀和自我提升。[②]卫建国和陈鑫(2013)则从职业情感产生的动机角度对教师职业情感作了界定。他们认为,职业情感是指人们对自己从事的职业所具有的稳定的态度和体验,职业情感的产生基于职业本身满足了从业者的某种需要,一般而言,可以把教师的职业情感划分为职业认同感、职业荣誉感和职业敬业感三个层次。[③]汪玉侠(2010)则是从情感产生的功效入手定义教师职业情感的。他指出,情感有积极和消极之分,积极的情感对人的行为活动具有增力的效能,而当"教师职业情感"特指积极的情感时,是指教师能正确认识其职业的性质、价值和意义,对职业充满浓厚的兴趣,对学生充满爱心、耐心和强烈的责任感,并能从学生的成长中体悟到自身生命的价值与意义所在,时刻享受着职业生活乐趣和幸福的情感体验。[④]

在此基础之上,徐欢(2015)从教师职业生涯的角度对教师职业情感的内涵重新作了整合。她认为:从职业生涯发展来看,积极的教师职业情感首先应包含在入职前对教师职业的期望和认同,并且在从事了教师职业之后在职业情感的驱动下努力去提升和发展自己,同时在这个过程中获得了较满意的情感体验,所以其由职业吸引、职业认同和职业成就感三个维度构成,职业吸引主要包括了从业愿景和自我提升,职业认同则表现为学科认同、职业价值认同和个人能力认同,职业成就感包括了成功体验和自我效能感两方面。[⑤]

这些理论层面的划分为教师职业情感的实证研究提供了清晰的调查维度,但这种先入为主的观念在一定程度上会导致调查分析出现片面性的问题,即没

---

①尚勇.试论职业情感的科学界定[J].理论观察,2007(01):153-154.

②王凤英.中小学教师职业情感研究——基于对黑龙江省中小学教师的调查[D].东北师范大学,2012.

③卫建国,陈鑫.中小学教师职业情感实证分析——以中部六省中小学师德调研为基础[J].山西师大学报(社会科学版),2013,40(06):131-136.

④汪玉侠.教师职业情感的个体享用性功能探析[J].当代教育论坛(综合版),2010(03):40-41.

⑤徐欢.南京中小学信息技术教师职业情感调查研究[D].南京师范大学,2015.

有实现普遍性与特殊性的辩证统一。所以,有的学者则着眼于教师普遍职业情感结构中的特殊性,运用AMOS建模软件对调查所得数据进行路径分析,通过量化的方式说明了在教师职业情感的构成要素中,不同的结构要素所表现的价值内涵对教师职业情感总体结构的影响水平不尽相同,不同的主客观条件会使教师之间呈现出不同水平的职业情感及不同特征的情感结构。比如,梁建平、赵晋喜和叶昌全(2014)对重庆市中小学体育教师职业情感结构特征进行了研究。结果发现,体育教师职业情感由敬业感、自信感、爱生感、使命感、成就感、创新感6个要素组成,不同要素彼此相互联系、相互影响,在年龄、教龄、性别、职称4个层面,体育教师职业情感存在不同程度的显著性差异,并呈现出截然不同的结构特征。基于此,赵晋喜等人运用问卷调查法和数据统计法对重庆市中小学体育教师职业情感进行了分析,得出结论中小学体育教师成就感和爱生感相比其他维度对职业情感的贡献水平更高。[①]这就说明了,在对教师的职业情感进行调查分析时,既要从理论层面对其职业情感结构进行抽象性的划分,更应该注意结合实际情况对这些构成要素的地位作用做出区分,从而提升教师职业评价的科学性,增强教师职业情感培育对策的针对性。

在上述文献中,无论从何种角度对教师职业情感的含义和内涵进行界定,都指向了两个方面的内容,一是教师对职业本身的主观认知,二是教师在履职过程中对自己情感体验的认识,而这种主观认识、体验和感受会随着外界条件和个体自身的改变而变化。由于中学政治学科的特性,笔者认为中学政治教师比其他学科的中学教师更需要具备强烈的职业荣誉感,而要增强中学政治教师的职业荣誉感,就离不开对教师不同层次需求的满足,所以笔者将借鉴卫建国和陈鑫对教师职业情感含义和内涵的界定,即职业情感是指人们对自己从事的职业所具有的稳定的态度和体验,职业情感的产生基于职业本身满足了从业者的某种需要,故可以把教师的职业情感划分为职业认同感、职业荣誉感和职业敬业感三个层次。[②]

2.我国中学教师职业情感的现状、影响因素及对策

由于本综述是为笔者调查分析中学政治教师的职业荣誉感服务的,所以该部分的内容只涉及与中学教师职业情感有关的实证研究成果。

①梁建平,赵晋喜,叶昌全.重庆市中小学体育教师的职业情感结构特征[J].体育学刊,2014,21(06):66-69.

②卫建国,陈鑫.中小学教师职业情感实证分析——以中部六省中小学师德调研为基础[J].山西师大学报(社会科学版),2013,40(06):131-136.

(1)当前我国中学教师职业情感状况及原因

经过梳理发现,目前我国中学教师职业情感有以下两方面的状况:

从宏观层面来看,我国中学教师职业情感总体水平较高。目前已经有研究者针对大庆、黑龙江、苏南、中部六省、重庆等区域开展了实证调研,虽然地区各异,但他们的调查结果均显示,我国中学教师职业情感总体水平较高。比如,卫建国和陈鑫的调查结果显示,在中部六省中小学教师中,有60%以上教师具有积极的职业认同感和职业敬业感。时宵(2008)、王凤英等人的调查也有类似结论。

从微观层面来看,存在职业倦怠问题,职业幸福感缺失。实证方面的研究成果虽然表明总体情况良好,但教师职业情感水平和结构特征存在人口统计学变量上的差异。王凤英将地区、职称、学校阶段、性别和学历设置为背景变量,调查指出中小学在职教师职业热情不高、职业认同较低,这些现象表明我国在职中小学教师职业情感缺失现象较为普遍,另外,她还通过对师范生和中小学教师的对比实证研究指出教师职业对师范生的吸引力不足,男教师的从教意愿和职业期待低于女教师,部分农村教师职业意识淡薄。[①]卫建国和陈鑫的研究了解了两方面的信息,一是教师的一般情况,包括年龄、性别、职称、学校层次,二是教师职业情感,包括职业满意度、职业幸福感、职业忠诚度、职业期待四个维度,结果发现在职业荣誉感方面,只有不到40%的教师具有积极的情感体验,整体上看,30岁以下教师因其从业的内部动力较强,具有最积极的职业情感,而31岁到44岁组的教师职业情感最为消极。[②]而徐欢(2015)将调查对象的外延进一步缩小,突出了学科地位对教师职业情感的作用,结果表明二者之间呈正相关关系。

尚勇从情感的功效出发将职业情感分为积极和消极两个方面。基于此,教师职业情感也有积极和消极之分。从既往研究结果来看,目前我国部分中学教师群体受到消极职业情感的困扰,集中表现为教师职业倦怠。如雷万胜等人(2006)调查发现当前我国中小学教师所承受的工作压力强度已超过了西方国家中小学教师所承受的工作压力强度,呈现出明显的职业倦怠症状。[③]

①王凤英.中小学教师职业情感研究——基于对黑龙江省中小学教师的调查[D].东北师范大学,2012.

②卫建国,陈鑫.中小学教师职业情感实证分析——以中部六省中小学师德调研为基础[J].山西师大学报(社会科学版),2013,40(06):131-136.

③雷万胜,张志明,姜莉.中小学教师职业倦怠研究[J].中国健康心理学杂志,2006(02):159-161.

另外，也有学者从积极层面，即教师职业幸福感缺少的角度论述了中学教师职业情感的现状。第一位探讨中小学教师职业幸福感缺失问题的涂元林(2006)指出，无论是在经济和社会发展水平较高、教育教学条件先进的大城市，还是在西部地区和农村地区的教育教学条件非常差的地方都存在这种缺失现象，教学成绩平平的普通教师没有或缺乏这种职业幸福感，而获得各种荣誉称号、教学业绩突出的优秀教师也同样有这样的问题。[①]之后，国内就有一些研究者开展了实证调研，结果显示教师职业幸福感总体现状不容乐观。后来曹建强、姜艳、曾瑜、吴世学等(2009)所做的调查都有近似的结果。[②]

综上，随着基础教育改革的不断深化，中学教师群体的职业压力不断加大，教师职业倦怠感问题凸显，教师职业幸福感缺失，这种状况将给教育改革和发展带来很大的负面效应，也不利于教师队伍的建设，所以我们应该给予中学教师职业情感问题足够的重视和更多、更深入的研究。但以前的研究成果中，大多都是对沿海地区的整个中学教师群体进行调研，缺少对内陆地区以及不同科目的中学教师职业情感的结构特征及水平的研究。因而，笔者以四川省为例对中学政治教师职业情感，尤其是他们的职业荣誉感进行实证分析还是有研究意义的。

(2)中学教师职业情感的影响因素

情感是人对客观事物与主体需要之间关系的主观性反映，所以中学教师职业情感的结构特征和性质就取决于教师职业需要的满足程度，而促使教师职业需要产生、变化和发展的因素则包括了主客观两方面的因素。

综观过去的研究成果可以发现，这些因素的地位作用会随着历史条件的变化发生改变，比如20世纪末，我国学者石国兴(1998)等人根据美国心理学家赫茨伯格的双因素理论详细地列出了影响工作积极性的16种因素，比如工资收入、工作条件、职务、晋升空间、工作成就等，其中工资收入和工作条件是使当时的教师最不满意的两大因素，自己的社会地位、职务等也使教师颇感不满，而最满意的因素是与学生的关系。[③]但国家经济发展水平的不断提高，一方面极大地提升了中学教师的经济地位，另一方面却造就了“祛魅”的教师，如卫建国和

①涂元林.谈当前中小学教师职业幸福感的缺失[J].中国教师,2006(07):8-10.

②吴世学.中小学教师的职业幸福感及其提升[D].华中师范大学,2009.

③石国兴,李晨英.关于中小学教师职业情感的研究[J].中小学管理,1998(09):29-31.

陈鑫通过访谈指出,教师的职业幸福感主要是来自于学生和社会的认可,而当下教师角色的"祛魅化",使得师道尊严从何谈起?[①]

当然,出现这种教师的身份危机说到底是教师对职业的自我放任、自我矮化、自我祛魅的结果。所以,就有研究者专门从教师的主观层面探讨教师职业情感的培育措施。如汪玉侠指出教师职业情感具有个体享用功能,具体表现为三个方面:教师在学生的成长和进步中体验到成功的快乐;教师从学生、家长和社会的认同和积极评价中感受到自身价值的快乐;教师从教育教学过程中体验到自我完善、自我提升和自我实现的快乐。[②]这启发我们在培育教师职业情感的过程中,构建和谐的师生关系,形成良好的家校关系及提升社会的认同度等是很重要的。

教师职业生涯与教师职业情感之间存在紧密联系。除了徐欢在其硕士论文中从职业生涯角度界定教师职业情感的内涵外,寇冬泉和张大均(2006)对中小学教师职业生涯高原现状的探讨和整体特点的揭示十分具有启发意义。[③]由此,教师职业生涯"高原现象"产生的根源也可以是教师职业情感缺失的原因。

根据各类与此相关的调查报告,笔者将影响因素归纳如下:

第一,中学教师的背景情况对教师职业情感有影响。需要考虑的背景情况包括教师的性别、年龄、教龄、学历、学校所在的区域和级别、职称、教授对象学段、所授科目及月收入水平,这些变量会使得教师呈现出不同的职业情感结构和水平。当形成正面效应时,教师就具有积极的职业情感,反之,则表现出不同程度的职业倦怠感。

第二,社会舆论和校内环境对教师职业情感有影响。教育改革在增加教师职责的同时,由于没有相应地提升教师职业的吸引力,使得教师职业压力越来越大;社会尊师重教氛围渐渐浓厚的同时,也走向了对教师期望值过高的极端,间接给教师带来了过大的心理压力;学校管理制度的不完善,让教师在平淡无奇的职业生涯中丢失了积极进取的动力;在市场经济大环境的影响下,师生关系"异化",教师角色过度祛魅,导致了教师职业认同危机。

---

①卫建国,陈鑫.中小学教师职业情感实证分析——以中部六省中小学师德调研为基础[J].山西师大学报(社会科学版),2013,40(06):131-136.

②汪玉侠.教师职业情感的个体享用性功能探析[J].当代教育论坛(综合版),2010(03):40-41.

③寇冬泉,张大均.教师职业生涯"高原现象"的心理学阐释[J].中国教育学刊,2006(04):72-75.

(3)中学教师职业情感培育的对策

根据管理学中的激励理论和心理学中的情感理论可以知道,教师职业情感作为教师职业需要的一种外在表现和被满足程度的内在体验,要对其进行有效的培育,就必须在探明教师主体社会性需要的基础上采取系统化措施,使得个体、学校和社会三个层面既能够相互配合、彼此协调,在发挥作用时又各有侧重。

时宵(2008)从心理学的角度提出了五个层面的系统化培养策略:组织策略激发内部管理机制;引导策略鼓励教师自我实现;疏导策略释放压力激发热情;环境策略营造和谐校园氛围;干预策略鼓励教师自我管理。①

卫建国和陈鑫(2013)结合调研结果和部分中小学校长所提供的管理经验,提出了三个方面帮助教师提升职业情感的措施:第一,积极推进教育均衡发展,提升教师的职业成就感;第二,加大人文关怀力度,提升教师的职业认同感;第三,注重教师自我提升,巩固教师的职业荣誉感。②

王凤英(2012)针对调查发现的问题,提出了三方面培育教师职业情感的实践对策:第一,通过改善物质待遇、提升职业声望和加强教师培训构筑多维支撑,为培育奠定社会基础;第二,通过提高教师职业认同水平、提高职业自我意识和角色意识、融会教育教学理论与实践、统整教育行动与反思强化个体建设,为培育提供核心保障;第三,通过生活化关怀、情感性激励和人文化管理树立"软"管理理念,发挥培育的软环境效应。③

将这些对策总结归纳起来,主要包括三个层面的培养策略:宏观层面打牢社会基础,中观层面改善校园环境,微观层面注重教师自我提升。

3.中学教师职业情感研究的评价

综合国内外关于中学教师职业情感的研究结果可以发现,研究者立足于心理学、教育学、伦理学和管理学等多学科领域,从理论探讨和实证分析两个方面论述了我国中学教师职业情感的现状、影响因素和完善机制,成果颇丰,在引发对中学教师群体的人文关怀,采取措施增强他们的职业认同感、工作满意度、工作责任感、职业荣誉感及敬业感,稳定中学教师队伍,推动教师队伍专业化发展,办让人民满意的教育等方面,都起着积极的作用,具有巨大的理论和实践指导意义。但笔者认为还存在如下两个方面的不足:

---

①时宵.现代中小学教师职业情感问题研究[D].东北师范大学,2008.

②卫建国,陈鑫.中小学教师职业情感实证分析——以中部六省中小学师德调研为基础[J].山西师大学报(社会科学版),2013,40(06):131-136.

③王凤英.中小学教师职业情感研究——基于对黑龙江省中小学教师的调查[D].东北师范大学,2012.

(1)研究内容

理论研讨方面,从综述中可以看到,许多基本概念的含义及内涵还存在许多争议,比如教师职业情感、教师职业幸福感等;对职业情感的影响因素概括到位,但分析不足,有泛泛而谈、流于表面的问题;对策提出上也有为追求面面俱到,而论述不充分的问题。另外虽然研究涉及管理学、社会学、心理学、教育学等方面的理论知识,但是从目前的相关文献中可以看到,都侧重于实证研究,没有就培育中学教师及不同学科教师职业情感的理论基础和形成机理进行深入探讨,概念、过程、机理界定不明晰,缺少理论支撑,这是中学教师职业情感研究的短板和缺陷。实际上,心理契约理论、激励理论、心理学的情感形成理论等内容经过梳理和选择,都可成为教师职业情感研究的理论基础,从而在理论上拓展职业情感和中学教师职业情感研究的视域,提升研究者的认识水平。

(2)研究方法

过往的实证研究普遍采用定量研究方法,如引进国外较成熟的情感测量工具、开展问卷调查并进行统计学分析,从"多"到"一",力图得出具有概括性的和普遍意义的研究结果。定量研究方法具有一定的科学性,但其出发点是依据研究者的设计来评价研究对象,具有先入为主的缺点,不能如实反映研究对象内心的真实想法。而且定量研究方法需要样本层次全面、数量充足,才能从局部推论总体,否则研究结果就可能会出现以偏概全的问题。另外,人的情感倾向本来就不易量化,如果单纯以数据说话,也很难反映群体中真实个体的情感状况。国外的实证研究则多采用定性研究方法,定性研究更侧重于在研究对象的生活情境中进行,对研究对象的生活世界及其社会组织的日常活动进行考察。研究者主要通过观察、深入访谈、录音、文字转录等方式了解和收集访谈对象的看法、态度和感受。该研究方法对样本量无明显要求,这对于对某些特殊群体的研究无疑是不可忽视的研究手段。由此,对教师职业情感的研究需进一步拓展研究视角、主题和方法,对具有鲜明情感体验特点、不同工作年限和职业发展阶段的中学政治教师部分群体开展研究时可以考虑采用定量和定性分析相结合的研究方法。

目前,关于中学政治教师职业情感方面的研究还不够深入,但近年来不同研究领域的学者对职业情感的关注,特别是对不同层次的教育工作者职业情感研究的开展,都为中学政治教师职业情感的研究提供了很好的理论和实践的平台。因此，笔者将努力吸取现有研究成果，通过定量和定性研究方法相结合的方式，开展对中学政治教师职业情感的实证分析，进而从中挖掘出当下中学政治教师职业荣誉感的状况。

(二)教师职业荣誉感的相关研究

在CNKI论文数据库上以“职业荣誉感”为主题进行检索，一共有1027篇文章涉及该内容。进一步将“教师职业荣誉感”作为主题词，到目前为止(2020年9月)一共只有29篇文章。这些文章主要是以高校、中职教师等为研究对象，调查分析教师职业荣誉感的现状，影响因素及改进策略。但缺少对不同地区、不同学段和不同学科的教师职业荣誉感状况的调查研究，而与中学政治教师职业荣誉感有关的研究成果是没有的。但我们可以通过有关中学政治教师职业声望、职业价值、职业情感的调查研究初步推断目前存在中学政治教师职业荣誉感缺失的问题。上述研究成果表明，近年来，由于社会发展中一些负面影响的产生和加大，也由于思想政治课本身存在的一些问题，思想政治课教育教学遇到了前所未有的困难，学生对思想政治课教学的逆反和抗拒比较严重，思想政治课教师在学生中的威信、在教师队伍中的地位有较大幅度的下降，社会普遍存在对中学政治课及教师的劳动价值和作用认识不充分的问题。与此同时，一些中学政治教师自身也开始产生迷惑和动摇。专业思想不稳，角色定位模糊，责任感下降。这是一种不良倾向，不利于思政政治课教学的改革，给中学政治教师的心理和专业发展产生了极大的消极作用，也是有悖于中学政治教师的职业道德要求的。

目前，我国涉及教师职业荣誉感的研究大多都是将其作为研究教师职业认同，或职业认同影响因素中的职业情感、职业价值观等问题的考察要素，缺少对教师职业荣誉感本身的直接研究。有学者通过量化分析指出，教师职业情感的结构存在明显的主体性差异，会受到个体变量、家庭变量及组织和社会变量的影响。所以，虽然我国在教师职业认同、教师职业情感等方面的理论研究和实证分析上已经取得了大量成果，不仅客观地描述和分析了对象的状况，也提出了系统性的培育对策，但由于教师职业情感的外延过大，使得提出的对策在追求普遍适用性时显得过于空泛，缺乏针对性。而笔者的研究对象——中学政治教师，就学科的社会价值而言，培育其职业情感中的职业荣誉感显得更为重要；就职业的声望而言，其较之高校教师的职业荣誉感更弱。因此，笔者认为要提升中学政治教师的职业荣誉感，就要在把握不同学科教师职业情感结构的特殊性，遵循中学政治教师职业荣誉感产生、变化和发展的心理规律的基础之上，将普遍性、整体性的教师职业情感培育措施具体化和优化。

（三）教师荣誉制度

“教师荣誉”是一种国家和社会对于教师辛勤付出和获得成就的肯定和赞扬方式，教师由于受到国家和社会的表扬性评价产生的情感则为荣誉感，而提升教师荣誉感对广大教师有着良好的激励作用。尊师重道的传统自古有之，我国教师荣誉制度一直发挥着积极的促进作用，一方面，透过荣誉的颁授来表彰教师的专业工作，营造全社会尊师重教的良好社会风气，也体现国家和政府对教师工作及其发展的认可与重视，另一方面各类荣誉称号激励着教师个体不断地进步，营造了教师队伍良好的发展氛围，同时激励并引导教师不断提升自我和改进工作。①

从国外情况来看，主要发达国家为了促进教育现代化，都设立了颇具影响力的国家级教师荣誉制度。如美国的“国家年度教师”奖、英国的“年度教师”奖、澳大利亚的“教师国家成就”奖、新加坡的“卓越教师总统奖”，等等。反观国内，我国现阶段各级政府和学校都有诸多教师荣誉称号，如“全国模范教师”和“全国优秀教师”等荣誉奖项，在一定程度上起到了引领教师发展的积极作用，并起到了良好的社会效应，但还存在如下问题：(1)称号设置随意且缺乏层次，影响了荣誉称号的示范性并阻碍了教师阶段式成长；(2)评审标准方面存在的问题主要有，授予对象未照顾到处境不利的教师（例如非重点学校、乡村学校的教师）、评选标准不明晰、缺乏可操作性、论资排辈现象严重、在评审程序上行政干预较多、参与主体相对单一，等等；(3)中小学教师荣誉制度普遍缺失“荣誉后”管理，阻碍了教师专业化可持续发展。②基于此，周洪宇教授通过理论发声，呼吁完善国家教师荣誉制度。随后教育部人事司将此课题委托给了北京师范大学教师教育研究中心，目前已取得阶段性成果——《中国教师荣誉制度研究》，该书较为系统地探讨了古今中外的功勋荣誉制度，并通过实证调查研究了我国教师荣誉制度体系的现状，最后提出了科学而系统的建设性意见。③

---

①张姬．中小学教师荣誉制度现状调查与优化建议[D]．江西师范大学，2014.

②张姬．中小学教师荣誉制度现状调查与优化建议[D]．江西师范大学，2014.

③张姬．中小学教师荣誉制度现状调查与优化建议[D]．江西师范大学，2014.

2018年9月，习近平总书记在全国教育大会发表重要讲话，呼吁全党全社会要弘扬尊师重教的社会风尚，努力提高教师政治地位、社会地位、职业地位，让广大教师享有应有的社会声望，在教书育人岗位上为党和人民事业做出新的更大的贡献。[①]2016年9月9日，习近平总书记到八一学校看望慰问师生时强调，各级党委和政府要满腔热情关心教师，让广大教师安心从教、热心从教、舒心从教、静心从教，让广大教师在岗位上有幸福感、事业上有成就感、社会上有荣誉感，让教师成为让人羡慕的职业。这些重要论述是总书记继2014年教师节在北京师范大学发表重要讲话提出“使教师成为最受社会尊重的职业”后，对教师职业社会地位新的诠释定位，也是对教师工作提出的更高要求。而从国家层面出发完善我国教师荣誉制度，不啻为促进社会对教师职业的更关注和再认识，营造感恩教师的文化氛围，规范获奖教师的职责，增加教师荣誉的标杆作用的重要途径。

（四）心理契约理论

心理契约是指雇佣双方对交换关系中彼此责任义务的主观理解和认知，完整的心理契约内容应包括两个方面，即员工的心理契约（员工对相互责任的认知和信念系统）和组织的心理契约（组织对相互责任的认知和信念系统）。[②]

他们通过实证研究，提出教师心理契约的三维结构模型。教师心理契约中学校责任包括经济责任、环境责任、人文责任。在教师看来，总体上学校履行责任的程度不高，属于中等水平。综合起来看，缺少人文关怀是目前教师反映最强烈的问题，由于受升学压力和教育评价制度的影响，中学教师工作压力较大、心理负担过重、业余生活匮乏、正常休息难以保障等已成为普遍性问题，与此形成反差的是，教师的工资待遇不高，缺乏及时有效的业务培训，就使得矛盾更为突出。这些都是学校管理过程中需要密切关注的问题。[③]

根据实证研究的结论，他们提出教师管理应以心理契约管理为基础，以心理契约履行为主线，心理契约与文本契约并重、过程激励与内容激励并重、激励与约束并重，以人为本、双向互动、文化熏陶、诚信管理，从而达到以组织目标为核心的心理契约的动态平衡，最大化实现组织和教师的共同发展。[④]

---

①王占仁．弘扬尊师重教社会风尚让教师成为让人羡慕的职业[N]．人民日报，2019-09-21.

②田宝军，蒋芳．基于心理契约理论的教师激励机制研究[J]．四川师范大学学报（社会科学版），2009，36(02)：23-28.

③田宝军，蒋芳．基于心理契约理论的教师激励机制研究[J]．四川师范大学学报（社会科学版），2009，36(02)：23-28.

④田宝军，蒋芳．基于心理契约理论的教师激励机制研究[J]．四川师范大学学报（社会科学版），2009，36(02)：23-28.

三、问题提出

经过文献综述,本书确定的主要研究内容包括:中学政治教师职业荣誉感的理论界定;分析中学政治教师职业荣誉感的结构类型;了解当前中学政治教师职业荣誉感的现状;尝试提出一些可供教师、学校参考的建议。

本研究的第一个问题是对“中学政治教师职业荣誉感”进行客观的描述,说明它是什么。由于职业荣誉感本质上是个体的主观感受,所以不仅需要从哲学层面理解它,更需要从心理学角度研究它的操作性定义,立足于情感社会学、管理学及教育学理论阐释它的结构和功能,并进一步揭示其变化规律。

本研究的第二个问题是对“中学政治教师职业荣誉感”现状的分析解释,说明何以如此。道德情感的产生、变化和发展都有其人性与社会根源。当前中学政治教师职业荣誉感的样态为何如此?与历史中的自己、同时代的其他职业群体相比有何不同?缘由何在?又是哪些变量导致了群体内部的分化?为了回答这些问题,研究者采取质性和量化相结合的混合式研究法,编制《中学政治教师职业荣誉感问卷》,以川渝地区30所中学200名政治教师为样本收集数据,了解、分析现状及调节变量。

本研究的第三个问题是对“中学政治教师职业荣誉感”影响的推断阐释,说明何种后果。这里所讨论的后果主要是涉及组织层面的制度后果,关系层面的道德后果及个人层面的成就后果。通过新闻报道、教育叙事文本及民族志研究结果,考察职业荣誉感在中学政治教师日常行动中的卷入与渗透。刻画了他们在中学教师荣誉制度的大背景下,发生的职业荣誉感变态现象:为了维系体制内的荣誉,“平庸之恶”反转为道德行为。比如,很多老师都认同新课程改革的意义和价值,都认为应试教育是短视的,是不“好”的,但为了谋生、评职、晋级等,依然会按照传统教育模式的轨迹行进,甚至有意或无意地巩固、加强不完善的制度。故无论是教师还是学校,都会无视、抵触,甚至反抗理念上“善”但制度上“恶”的原则与行动。

本研究的第四个问题是对“中学政治教师职业荣誉感”纯化的策略思考,说明应如何做。认知、观念、态度和情感等心理现象是个体与环境互动的产物。实践是二者建立连接、相互作用的“桥梁”。要想纯化、增强中学政治教师的职业荣誉感,发挥它的功能,以“助推”为基本理念的行为科学提供了有益借鉴。

其关键是发挥学校组织的主导作用，结合教师在五个生成阶段的不同需求及动机，构建意义、现实和符号世界，增加职业群体的社会价值，提升从业者的职业责任感与幸福感，进而促使个体追求崇高的职业理想。

四、核心概念界定

（一）职业荣誉感

当代社会，职业支配着我们的整个世界，它们治愈我们的身体，衡量我们的收益，拯救我们的灵魂，是一个具有丰富内涵的概念，既可以指社会事实（Fait），如职业结构；也可以在心理的意义上使用，比如职业价值观等。

社会学意义上的职业起源于中世纪，而今日所见的职业及其形态主要是从19世纪发展而来。随着经济社会的发展，行业形态的变迁，以及社会科学的兴起，20世纪开始了有关职业的系统化、理论化尝试。由于职业的实践特性，在不同社会语境下的含义有很大区别。在德语里，职业（Beruf）被用于指称一个人的功能专门化、具体化与结合的模式，①是当代社会一个人持续获得收益或收入机会的基础，同时意味着一种宗教的感召（Calling）。在法语里，职业（Profession）与行业（Occupation）的意思更接近，职业群体在特殊职业伦理（Morale Professionnelle）规范下形成法团（Corporation），具有经济和政治的双重功能，被视为整合社会的重要力量。②在英语里，职业的原始意义是指声明或宣誓（Professing）的行为。1934年，卡尔-桑德斯和威尔逊在《职业》（*The Professions*）一书中把职业界定为由用高深的知识解决特定问题的专家组成的集体。他们还探讨了评定某种社会活动是否构成一个职业的标准，这一系列属性成了之后职业社会学界定职业的核心要素，包括需要复杂的教育体系，通过考试筛选成员，有专门的伦理规范，有作为身份识别的形式要求。20世纪60年代初，贝克（Beker）指出职业不仅是指在那些在工作世界中拥有并维持荣誉性称号的行业，还具有丰富的文化意义。也就是说，它本质上是一个符号，赋予行业以职业自主性，使从业者的社会声望合法化。1989年，迈克尔·曼主编的《国际社会学百科全书》认为职业是作为具有自我利益的职业群体在分工中力图保护和维持其垄断领域而予

①马克斯·韦伯．经济与社会（第一卷）［M］．阎克文，译．上海：上海人民出版社，2009：243

②涂尔干．职业伦理与公民道德［M］．渠敬东，译．北京：商务印书馆，2017：44.

以运用的工具。[1]在汉语中，职业更多包含工作、劳动的意义，是个人参加生产、参与分配的途径。从个人层面和心理学角度看，职业是一种在道德上可欲的工作，也蕴涵了职业生涯的辩证发展过程。美国职业心理学家施恩(Schein)认为职业有内职业和外职业之分。外职业是指一种职业化路径，包含受教育、工作期，直到退休的各个阶段，反映了职业生活的内外分化，易于认识。内职业是指从业者个人的职业生活经历，是对外职业的主观反映，表现为蕴涵了价值判断和选择的主观情感，与主体的动机密不可分，且复杂多变，往往需要深入分析。

归结起来，从经济学角度看，职业类似于工作，是社会劳动分工的产物，是个人的谋生手段。从政治学角度看，职业是能够整合社会的共同体。作为社会事实的职业，是指一些把某种抽象知识用于特定事项的排他性的行业群体。而作为心理现象的职业，则主要指群体或个人的专业态度、事业追求等。

荣誉感在哲学上属于意识范畴，由于“人的本质不是单个人所固有的抽象物，在其现实性上，它是一切社会关系的总和”。因此，是在一定社会历史条件下和特定的伦理关系中形成的，其内涵具有时代性。比如在社会主义市场经济条件下，一方面是指个人所具有的义利统一、大公无私、先予后取的荣誉观，另一方面是指个人在这种观念指引下的道德行为符合社会发展需要、获得社会认同后产生的道德情感。另外，从荣誉感产生的心理机制出发，分为道德荣誉感和非道德荣誉感。前者是由于行为的合理合宜而产生的合乎自己内心善恶标准的光彩、体面的心理；后者是因个人拥有卓越能力或拥有显著优势的其他方面的资源而产生的自豪心理。(汪凤炎，2006)个人的良心水平和理智水平在不同程度上决定了这两种荣誉感能否产生以及产生后的程度高低。总体而言，荣誉感是指个人因受到外在的褒奖和肯定而产生的自我体验，它是一种肯定性评价的主观感受。

职业荣誉感属于职业伦理范畴，是对职业声望的主观印象，也是职业价值观的情感表现。按照职业荣誉感生成的条件结构(主体、德行或功名、强度、恰当性)，分为依赖型、独立型和共生型。依赖型职业荣誉感是指职业群体或个人对职业影响力的正向体验和肯定性评价；独立型职业荣誉感是指职业群体或个体因职业成功和需求满足而产生的积极情感；共生型职业荣誉感是指能够支持个体恪尽职守的特定性格组合：高亢而有原则的野心、勇气、骄傲，以及对自尊

①迈克尔·曼.国际社会学百科全书[M].袁亚愚，译.成都：四川人民出版社，1989：725.

和公共声誉的渴望。这种作为性格品质的荣誉感有四个特征:高亢的野心、对敬畏与反身性的平衡、片面性、对认可与抵抗的混合。

(二)中学政治教师职业荣誉感

从职业价值观方面理解“中学政治教师”,有三层含义:最表层的是指从事初中道德与法治课程和高中思想政治课程教学工作的职业人;较深层的是指在中国共产党领导下对中学生进行思想、政治、道德教育的专业人;更深层的是指以立德树人为使命的政治强、情怀深、思维新、视野广、自律严、人格正的教育人。从教师专业成长和职业生涯发展视角看,中学政治教师包括新手、熟手、专家型教师,具有不同的心理特征,表现出不同的职业人格。

教师的职业荣誉感既离不开职业本身的社会价值,更取决于从业者本身对这种社会价值的认知水平和实现程度。故作为研究问题的中学政治教师职业荣誉感,具有共时性和历时性两个维度,既指职业荣誉感样态的主体分化现象,也描述它的阶段分层现象。如果笼统地进行描述性定义,主要是指中学政治教师主观上的一种“职业爱”,包括了对从事教师职业的热爱感、认同感,对完成本职工作的责任感、使命感,对实现立德树人的成就感、幸福感。实证研究中,进行了操作性定义,是指中学政治教师在其职业生涯中内生的职业信念、使命感和责任感及获得外在肯定性评价后产生的职业成就感和幸福感。整体上是职业责任感和职业幸福感所构成的二维结构,具有道德约束、自我评价和精神激励功能。

“中学政治教师职业荣誉感”是全书的研究主题和核心概念。当然,为了构建理论模型以深入分析这个职业群体及个体从业者的职业荣誉感样态,为了真实刻画职业荣誉感的异化——主体分化和阶段分层现象,为了阐释异化及后果,提出有价值性的纯化策略,也必须引入一些次要概念。比如系统动力学、羞耻心、责任心层级论、精神幸福感、平庸之恶,等等。

五、研究思路及框架

(一)研究思路

本书立足国内外关于教师职业情感及职业荣誉感的相关文献,对中学政治教师职业荣誉感的概念、生成机制、结构、现状特点及影响因素等进行研究。主要采取量化研究方法。通过卡方检验、描述性分析、因子分析、回归分析、方差分析等一系列统计方法设计问卷，分析调查结果。本书的目的是了解当前川渝地区中学政治教师职业荣誉感的现状及成因。

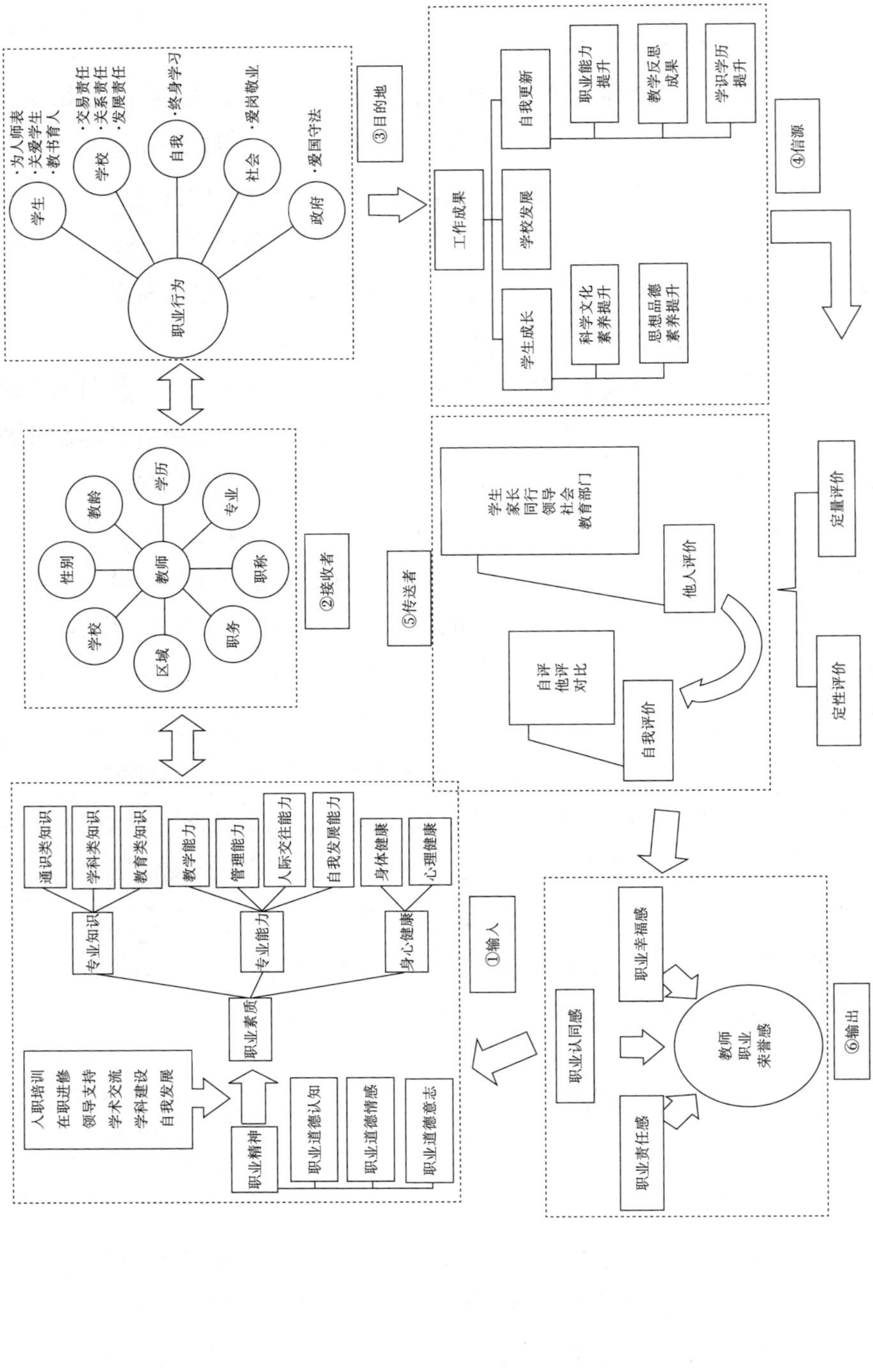

图1 中学政治教师职业荣誉感的生成过程模型图

首先是通过文献综述、开放式问卷调查等方式,从理论上构建中学政治教师职业荣誉感的概念、生成机制和结构维度,形成理论研究框架;其次是运用问卷调查法,量表项目分析、探索性因素分析等方法和手段,在实证中检验、修订中学政治教师职业荣誉感的结构维度,并按照心理学测量的要求编制具有一定效度和信度的职业荣誉感测量表;再次是运用自编量表和问卷对川渝地区的中学政治教师进行抽样调查,分析目前川渝地区中学政治教师职业荣誉感的状况及其在人口学变量和社会经济变量上的差异及特征;最后是通过理论研究和实证研究结果相结合的方式,对中学政治教师职业荣誉感现状的影响因素进行分析,并探讨提升对策。

(二)研究框架

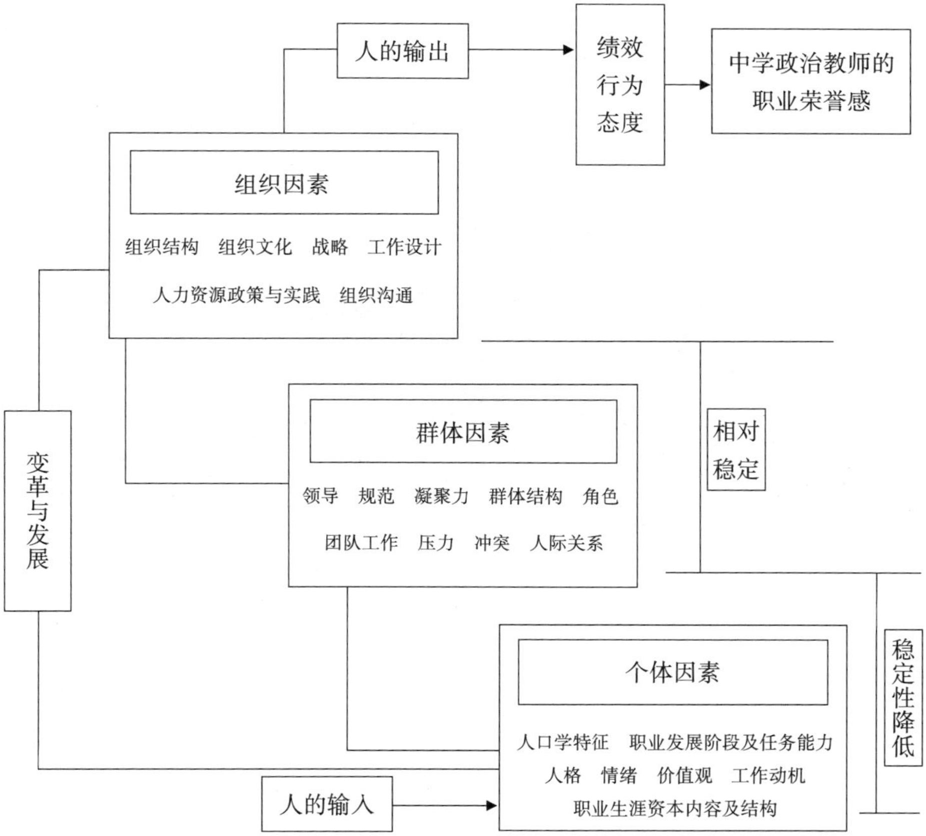

图2 研究框架

第一篇

中学政治教师职业荣誉感的道德心理学研究

第一章

职业荣誉感的理论界定

“职业荣誉感”属于职业伦理范畴，是对职业声望的主观印象，也是职业价值观的情感表现。按照职业荣誉感生成的条件结构（主体、德行或功名、强度、恰当性），分为依赖型、独立型和共生型。它本质上是一种积极的道德情感，对个体的心理和行为具有导向和制约作用，具体表现为道德约束、自我评价、精神激励和情境适应的功能。职业荣誉感是功利性与超功利性、自律性与他律性的辩证统一，具有实践性、数量性、层次性，其产生与发展具有阶段性。职业荣誉感兼具个体属性、社会属性和文化属性，可以从社会比较、适应、自我效能感和控制点等理论构建形成机理的分析框架。

第一节 职业荣誉感的含义、特征与功能

一、职业荣誉感的含义

(一)"荣"的含义

1.语义分析

"荣"字从构造上看,它属象形字。金文像两支交叉的开满花朵的枝条形。此形与两支交叉的火把形相近,故篆文变为从木从炏省,炏也兼表声的会意兼形声字。表示红花如火。隶变后楷书写作"榮"。如今简作荣。从本义上看,《说文·木部》:"榮,桐木也。从木,炏省声。"当为花朵:绿叶素~,纷其可喜兮。引申为繁茂:木欣欣以向~。又引申为显贵:一损俱损,一~俱~。再引申为光荣:死有遗业,生有~名|~耀|~军。从组字上看,既可单用,也可作偏旁。凡从荣取义的字皆与荣光等义有关。根据《汉语大词典》解释,荣的含义有15种:

(1)桐木。《尔雅·释木》:荣,桐木。(2)草木的花。(3)繁茂,茂盛。《素问·四气调神大论》:春三月,此为发陈,天地俱生,万物以荣。(4)盛多;丰富。《荀子·大略》:宫室荣与? 妇谒盛与?(5)乐,快乐。(6)显荣;富贵。《吕氏春秋·务大》:三王之佐,其名无不荣者。《红楼梦》第四回:四家皆连络有亲,一损俱损,一荣俱荣。(7)光荣,荣耀。与"辱"相对。《易·系辞上》:枢机之发,荣辱之主也。《文选·张衡〈南都赋〉》:曜朱光于白水,会九世而飞荣。李善注:荣,光荣也。唐韩愈《赠崔复州序》:丈夫官至刺史,亦荣矣。如:不以为耻,反以为荣。(8)称誉,赞扬。汉刘向《列女传·班婕妤》:美皇英之女舜兮,荣任姒之母周。《三国志·蜀志·霍峻传》:遂亲率群僚临会吊祭,因留宿墓上,当时荣之。金王若虚《新唐书辨》中:其后同台为监察御史,世荣其友。(9)谓虚费。《列子·周穆王》:而况鲁之君子迷之邮者,焉能解人之迷哉? 荣汝之粮,不若遄归也。杨伯峻集释引俞樾曰:荣者对实而言,荣犹华也……《后汉书·马融传》注曰:"华誉,虚誉也。"训"华"为"虚",则荣亦可为虚矣。荣汝之粮,言其虚费而无实用也。(10)屋檐两端上翘的部分。(11)美好的气色。(12)中医指人体的营养作用或血液循环功能的一个方面。

(13)通营。迷惑,惑乱。(14)古国名。《晏子春秋·问上十三》:不为行以扬声,不掩欲以荣君。(15)姓。①

从含义演变历程上看,直到“荣”用作指称一个人的品德修养,或因优于他人的才能、取得某方面的成就后体验到的一种情感——荣誉感时,才具有了道德含义,“荣誉感”也才被用来描述一种道德心理现象。在心理学范围内研究“荣誉感”,其义有二:一指物质满足感,荣显、富贵;二指声望满足感,光荣、美誉、荣耀。就本文的旨趣,主要指后者。《易·系辞上》:“枢机之发,荣辱之主也。”道出了荣誉感产生的心理机制:一个人的荣誉感正如房屋的飞檐,由于高于屋檐,在其所处的群体中“扬起”,也就是比其他成员更卓越而产生的。后来在日常用语中泛化为一个人因品行高尚、能力突出或成绩斐然而产生的自尊感和自豪感。

2.心理意涵

从心理学角度看,可以从“伦理道德领域”和“非道德性成就”两方面宽泛地理解所谓荣誉感。如果将其视为伦理范畴,它指一个人因自己品行的合宜性或高尚性而产生的,表现为对自己合乎良心(内在的善恶、荣誉观)而产生的体面、光彩或自豪心理,或因重要他人肯定、赞扬或赞赏自己的品行而产生的体面、光彩或自豪心理;或因自己合理合宜的品行受到社会认可、赞美或褒奖而产生的体面、光彩或自豪心理。如果用在非道德领域,它指一个人因自己获得或拥有的非道德性成就而产生的,表现为因自己目标达成或超越成就预期而产生的体面、光彩或自豪心理;或因重要他人肯定、赞扬或赞赏自己的非道德性成就而产生的体面、光彩或自豪心理;或因自己的非道德性成就受到社会认可、赞美或褒奖而产生的体面、光彩或自豪心理。

由此,主体的荣誉感并不局限于伦理道德领域。换言之,一个人或集体的荣誉感可能与道德行为有关,也可能与伦理道德无关。前一种是由于主体做了一件或多件合乎道德的行为而生,与个人或集体的道德修养水平相关;后一种则是由于主体的非伦理道德成就而生,与成就大小及被认可度相关。前者很好理解,后者所谓“非伦理道德性成就”,指不涉及伦理道德的成就。它既可以是一个人良好的身体状况(体形优美或容貌出众),良好的背景出身,也可以是一个人拥有的可支配性社会资源(财富和人脉等),还可以是一个人通过某种方式

①汉语大词典编纂处.汉语大词典(第4卷)[M].上海:上海辞书出版社出版,1986:1226.

获得的优越的财富、社会、政治、权力、学识、心理地位等。

无论是道德或非道德领域,“荣誉感”与“荣誉心”都是一对既相互联系又相互区别的概念。二者之所以相互联系,是因为它们都可以指“一个人由于自己言行的合理合宜而产生的,表现为对自己合乎内心的善恶、荣辱标准而产生的体面、光彩或自豪心理,或因周围的人的褒奖或赞赏而产生的体面、光彩或自豪心理”;或者指“因重要他人肯定、赞扬或赞赏自己的非道德性成就而产生的体面、光彩或自豪心理;或因自己的非道德性成就受到社会认可、赞美或褒奖而产生的体面、光彩或自豪心理”。另外,它们都不是抽象存在的实体,而是具体的情境性心理现象。

两者的区别主要表现在两个方面。其一,“荣誉心”的外延比“荣誉感”大。一个人只要做出合乎道义的行为或取得非道德性成就,都可以被视为是有荣誉心的人。但如果这个人对此没有意识地进行反思,形成元认知,那么就不能断言他(她)产生了荣誉感,因为,促发行为的有可能只是他(她)的习惯、直觉,或社会模仿、社会压力等。换言之,荣誉感属于意识层面,只有当一个人意识到自己做了合宜性行为,或拥有、获得某种优势与成绩时,才能产生相应的荣誉感。其二,荣誉心比荣誉感更稳定、持久。因为荣誉心一旦形成,往往比较内在化;荣誉感因属于情感,相比较而言,更易受外在环境的调控。荣誉心受主体信念的影响更大,荣誉感具有更多情境促发性、易变性,更难测量,但也因此对主体的整体体验有更明显的效应。

综上所述,职业作为一种社会存在,有相应的职业道德规范,也有自身的职业价值和成就诉求。故若无特别说明,本书会在较为宽泛的意义上使用“职业荣誉感”这个概念。

(二)职业荣誉感的含义

当代社会,职业支配着我们的整个世界,它们治愈我们的身体,衡量我们的收益,拯救我们的灵魂,是一个具有丰富内涵的概念,既可以指社会事实(Fait),如职业结构;也可以在心理的意义上使用,比如职业价值观等。

社会学意义上的职业起源于中世纪,而今日所见的职业及其形态主要是从19世纪发展而来。随着经济社会的发展,行业形态的变迁,以及社会科学的兴起,20世纪开始了有关职业的系统化、理论化尝试。由于职业的实践特性,在不同社会语境下的意涵有很大区别。在德语里,职业(Beruf)被用于指称一个人的功能专门化、具体化与结合的模式,[①]是当代社会一个人持续获得收益或收入机会的基础,同时意味着一种宗教的感召(Calling)。在法语里,职业(Profession)与行业(Occupation)的意思更接近,职业群体在特殊职业伦理(Morale Professionnelle)规范下形成法团(Corporation),具有经济和政治的双重功能,被视为整合社会的重要力量。[②]在英语里,职业的原始意义是指声明或宣誓(Professing)的行为。1934年,卡尔-桑德斯和威尔逊在《职业》(*The Professions*)一书中把职业界定为由用高深的知识解决特定问题的专家组成的集体。他们还探讨了评定某种社会活动是否构成一个职业的标准,这一系列属性成了之后职业社会学界定职业的核心要素,包括需要复杂的教育体系,通过考试筛选成员,有专门的伦理规范,有作为身份识别的形式要求。20世纪60年代初,贝克(Beker)指出职业不仅是指在那些在工作世界中拥有并维持荣誉性称号的行业,还具有丰富的文化意义。也就是说,它本质上是一个符号,赋予行业以职业自主性,使从业者的社会声望合法化。1989年,迈克尔·曼主编的《国际社会学百科全书》认为职业是作为具有自我利益的职业群体在分工中力图保护和维持其垄断领域而予以运用的工具。[③]在汉语中,职业更多包含工作、劳动的意义,是个人参加生产、参与分配的途径。从个人层面和心理学角度看,职业是一种在道德上可欲的工作,也蕴涵了职业生涯的辩证发展过程。美国职业心理学家施恩(Schein)认为职业有内职业和外职业之分。外职业是指一种职业化路径,包含受教育、工作期,直到退休的各个阶段,反映了职业生活的内外分化,易于认识。内职业是指从业者个人的职业生活经历,是对外职业的主观反映,表现为蕴涵了价值判断和选择的主观情感,与主体的动机密不可分,且复杂多变,往往需要深入分析。

归结起来,从经济学角度看,职业类似于工作,是社会劳动分工的产物,是个人的谋生手段。从政治学角度看,职业是能够整合社会的共同体。作为社会事实的职业,是指一些把某种抽象知识用于特定事项的排他性的行业群体。而作为心理现象的职业,则主要指群体或个人的专业态度、事业追求等。

通过上文分析,“荣誉感”在哲学上属于意识范畴,由于“人的本质不是单个

①马克斯·韦伯.经济与社会(第一卷)[M].阎克文,译.上海:上海人民出版社,2009,243.

②涂尔干.职业伦理与公民道德[M].渠敬东,译.北京:商务印书馆,2017:44.

③迈克尔·曼.国际社会学百科全书[M].袁亚愚,译.四川:四川人民出版社,1989:725.

人所固有的抽象物,在其现实性上,它是一切社会关系的总和。”因此,是在一定社会历史条件下和特定的伦理关系中形成的,其内涵具有时代性。比如在社会主义市场经济条件下,一方面是指个人所具有的义利统一、大公无私、先予后取的荣誉观,另一方面是指个人在这种观念指引下的道德行为符合社会发展需要、获得社会认同后产生的道德情感。另外,从荣誉感产生的心理机制出发,分为道德荣誉感和非道德荣誉感。前者是由于行为的合理合宜而产生的合乎自己内心善恶标准的光彩、体面的心理;后者是因个人拥有卓越能力或拥有显著优势的其他方面的资源而产生的自豪心理(汪凤炎,2006)。个人的良心水平和理智水平在不同程度上决定了这两种荣誉感能否产生,以及产生后的程度高低。总体而言,荣誉感是指个人因受到外在的褒奖和肯定而产生的自我体验,它是一种肯定性评价的主观感受。

“职业荣誉感”属于职业伦理范畴,是对职业声望的主观印象,也是职业价值观的情感表现。按照职业荣誉感生成的条件结构(主体、德行或功名、强度、恰当性),分为依赖型、独立型和共生型。依赖型职业荣誉感是指职业群体或个人对职业影响力的正向体验和肯定性评价;独立型职业荣誉感是指职业群体或个体因职业成功和需求满足而产生的积极情感;共生型职业荣誉感是指能够支持个体恪尽职守的特定性格组合:高亢而有原则的野心、勇气、骄傲,以及对自尊以及公共声誉的渴望。这种作为性格品质的荣誉感有四个特征:其高亢的野心、对敬畏与反身性的平衡、片面性,以及对认可与抵抗的混合。

二、职业荣誉感的特征

总体考察职业荣誉感的特征,是功利性与超功利性、自律性与他律性的辩证统一,具有实践性、数量性、层次性,其产生与发展具有阶段性。

(一)职业荣誉感是功利性与超功利性的辩证统一

无论是道德领域或非道德领域的职业荣誉感,既不是完全的先人后己的利他主义,也不是目中无人的利己主义,而是功利性与超功利性的辩证统一。与西方自由主义,或绝对的集体主义不同,中国特色社会主义主张在个人与集体之间构建协调关系,尊重个人利益、选择,也需要个人在必要时做出一定的自我节制和牺牲。即使到了共产主义社会,实现了所有人自由全面发展,也需要个体的开放和包容。从个人角度看,实现个人价值的根本途径也在于对他人、集体和社会做出贡献。

职业荣誉感的最高价值即体现在它有超功利性的道德追求的一面。当道德成为个人美德时,也就是彰显个人责任感式的职业荣誉感时,就具有了人格上的崇高、圣洁,之所以能够体现出高层次的道德需要和精神价值,原因就在于它的利他性、非功利性。表现出这类职业荣誉感的道德主体,行为动机不是向外索取而是付出、奉献、甚至牺牲,追求的是内在的自我道德人格的完善。

与此同时,作为外在化的荣誉激励,在对个人或集体的调节与发展中也赋予了自身以功利性的一面。从道德发生的角度和社会物质发展现状看,道德需要的功利性无可厚非。从人的生存本能和生活得更好的自然欲求出发,人能够在社会角色互动中自发地展现道德需要功利性的一面。任何人的行为动机中,必然都有一定的自我利益关怀,其构成了一切行为的出发点。从这种意义上说,人们遵循道德要求的行为中包含了利益诉求,只是数量、程度不同罢了。

(二)职业荣誉感是自律性与他律性的辩证统一

职业荣誉感兼具功利性与超功利性,功利性成分多的自然表现出更多他律性质;反之,则具有明显的自律性。

一方面,对于一些职业道德水平不高的人而言,他们只是被动地偶尔做值得赞许之事,并且,如果回报率低于预期,还会产生“感觉很亏”“很不公平”的负面情绪。这种与外在“报酬”相关的职业荣誉感,具有明显的他律性。承载荣誉的行为与主体的关系状况取决于认同感,个体一旦认同,就能从内心体验到真正的荣誉感;假若不认同,即使获得正面反馈,也无法激发真正的荣誉感。例如,现实生活中,有的人在行善之后,如果被广泛传播,就会产生无上的荣耀感,如果没被及时知晓和褒奖,就会产生白忙一场的感觉。

另一方面,对于一些有高职业道德素养的人而言,行为“报酬”本身不重要,只要做到了符合良心的事,在关键时刻做好职业“本分”,就会产生强度不等的职业荣誉感,而且还会对将来的积极职业行为形成正反馈。这种与“报酬”几乎无关的职业荣誉感,具有明显的自律性。因为个体是凭借内在良心体验到职业幸福感,这往往成为个体坚守专业主义、崇高职业理想的内在动力之一。比如,抗日战争时期,无数的教师、医生等终其一生奉献给自己的岗位,甘愿做无名英雄，从保留下来工作日志中，不难探视出他们内心常常体验到光荣感。

综上所述，从职业道德行为动机的主要来源上看，存在“自律型”（义荣）与“他律型”（势荣）的分别，从个体职业道德发展的规律上看，通过道德教育和工作实践，个体的职业荣誉感有从他律向自律发展的趋势。

（三）职业荣誉感具有实践性

1.职业荣誉感具有客观物质性

无论是把职业荣誉感视为一种心理现象，还是看作一个观念，都不是天赋的、抽象存在的，而是后天习得的，具有客观物质性。中西方的文明历程，都说明了这一点，即在人类早期阶段，没有现实意义上的荣誉感，就更不要说职业荣誉感了。即使从生物进化的角度看，知耻而后求荣，耻辱感是荣誉感的基础，荣誉感是耻辱感进一步发展演化的结果。荣誉是人的道德行为受到社会的肯定和赞誉以及人对这种赞誉的追求；耻辱是人的行为受到社会的否定和谴责以及人的灵魂深处形成的羞耻心。“荣”是外在的激励，“辱”是内在的心理束缚，是个体的一种内在自觉，两者相辅相成，相互作用。

个体道德发展心理学的研究也表明，一个人的荣誉感不是与生俱来的。无论是皮亚杰还是柯尔伯格，都认为个体在进入道德发展阶段之前，有一个“非道德发展阶段”，该阶段的个体不具有道德意义上的善恶之分。皮亚杰的儿童品德发展四阶段论指出，2~5岁的儿童处于“自我中心阶段”，没有羞耻心，也就没有荣誉感。而柯尔伯格的道德发展三水平七阶段论认为，在道德发展的第一阶段——“服从与惩罚取向”——之前还有一个“阶段零：前道德阶段”（汪凤炎，2006）。

所以，无论是从主体还是客体的角度看，荣誉感、职业荣誉感都不是与生俱来的，而是后天习得的，具有客观物质性。

2.职业荣誉感具有社会历史性

作为道德概念，职业荣誉感是后天习得的，相应地，它必然具有浓厚的社会性与历史性。它的社会性主要表现在两方面，一方面是与自然界相对，另一方面是跨文化意义。它的历史性主要表现在传统与现代的辩证统一关系上，也就是现代对传统职业荣誉观念、规则及评价标准的继承与发展。

从自然与社会的区别上看，只有人类有（职业）荣誉感，其他动物连荣誉感都没有，更不存在职业荣誉感了。动物的基本行为机制是趋利避害，而人除了动物性的一面，还有社会性、政治性的一面。比如，动物在海滩救人不是“义举”，它既不是出于良心，也不会以此为荣。但人类不同，当一个人救起溺水者，在没有旁观者的情况下，他内心仍能体验到自豪感，而如果有旁观者在场，来自他者的认可，会让此人体验到更强烈的荣誉感。又如，教师能从胜任工作中获得成就感，外界广泛的认可与褒奖则更能激发内在的荣誉感，对职业的认同度会更高。

从跨文化的角度看，职业荣誉感的具体内容存在社会文化差异。西方文化背景下，职业荣誉感中的非道德性更多，而中国受传统儒家荣辱观的影响，职业荣誉感中的道德色彩更浓厚。在中国社会，一个人倘若仅仅局限于“知耻”阶段，或仅仅满足于做人的基本要求，而没有更高的道德名声追求，就无法“成人”，无法实现人生价值，无法达到“精神不朽”。比如文天祥的一句“人生自古谁无死，留取丹心照汗青”就是士人对流芳百世之执着心态的典型。名是社会对于一个人的正面评价的舆论广度，是社会给予道德主体的荣誉，所以，古人对“名”的追求也就是对荣誉的追求。这在孔子本人那里也有表现。“君子疾没世而名不称焉。”屈原在《离骚》中写道：“老冉冉其将至兮，恐修名之不立。”表现的也是同样一种心理。“立名者，行之极也。”司马迁遭受腐刑后，支持他活下去的恰恰是扬名后世的追求。由此可以推断，中学政治教师群体的职业荣誉感中会包含大量伦理道德成分，尤其是传统师道，可以看成是当代教师职业荣誉感的DNA。

由此看来，个体或集体的职业荣誉感的历史性就不言自明了。比如社会主义荣誉观就是对中国儒家传统荣誉观的继承与超越。职业道德观是社会主义荣誉观的组成部分，自然也是适用。社会主义职业荣誉观虽然产生于社会主义现代化建设的新时期，但从思维方式到理论渊源、从表达方式到文化背景都带有传统的特征，是儒家荣辱观在新时期的继承和发展。其中最明显的一点就是，传承了儒家“修齐治平”的伦理精神，把个人对民族、国家、社会的责任和自我完善有机统一起来形成了当代中国的道德精神（冯芸，2010）。与西方的荣誉观念不同，个体的完善并不是职业荣誉的全部，其更为宏远的旨意在于“治国”“平天下”。“穷则独善其身，达则兼济天下”体现了儒家“家国同构”的济世情怀，其以修身为本，倡导公忠为国、以身许国、济世利民，这对于中学政治教师更有指引价值。

3.职业荣誉感具有直接现实性

职业荣誉感既是一种特定的(道德)观念，也是一种重要的(道德)评价手段。作为一种观念，是良心中自尊、自爱、羞耻感的表现，促使人们好荣恶辱、求荣避辱，并最终外化为追求崇高道德理想的积极行动。作为一种评价手段，以其明确的价值导向，告诫人们何为荣，何为辱，并通过舆论压力等形式对相应的行为给予褒奖或贬抑。

从职业荣誉感的心理机制上看，它能对人形成道德激励，把道德的潜在力量转化为现实的精神动力，不断改变主体的道德面貌和精神状态，激发主体行为积极性，让主体在自我构建的理想人格引导下，大概率地做出合理合宜的道德行为。因为道德激励从人的属性出发，立足人的利益，借助人的需要，最终促进人的全面自由发展，这相当于在主体的内在世界安装了一种“精神装置”，在“知”与“行”之间搭建桥梁，保障了主体的认知一致性。

所以，由于职业荣誉感能够在“知善”与“行善”之间发挥道德激励的桥梁作用，可以说其具有直接现实性，这也是它在道德维度上的价值所在。

(四)职业荣誉感具有数量性与层次性

职业荣誉感的主体是个体或集体，真实的个体或集体具有整体性和层次性。这意味着，不同个体或集体的职业荣誉感有数量、水平上的差异。所谓职业荣誉感的数量性，是指荣誉感在数量上有大小或多少之分。具有较大社会影响力，或享有较高经济、政治、社会地位的职业，会让人产生很大的荣誉感，而有的事情，即使做了，可能只产生极小的荣誉感；不同个体，或不同性质的组织，也会有不同数量的荣誉感。比如在中国现代商业社会的职业价值观念体系中，非体制内的从业者，职业荣誉感主要源于高自主性、高收入等，体制内的则更多来自高稳定性、高社会赞许性等。

所谓职业荣誉感的层次性，是指思想道德觉悟和职业道德境界有高低之分。在我国社会主义初级阶段，(职业)道德境界大体上可分为极端自私自利的，追求个人正当利益的，先公后私的社会主义的，大公无私的共产主义的四个层次。①

①罗国杰.伦理学[M].北京:人民出版社,1989:468.

既然不同对象的道德境界不同，就应该采取差异化的评价标准，应用不同层次的道德要求来激励，体现先进性与广泛性的统一，不能整齐划一。就中学政治教师而言，职业道德的最高境界是职业崇高感。崇高(Sublime)是道德的、超感性的成分在人的存在中对感官本性的胜利(张学智，2010)，这种着眼于为大多数人服务的价值取向，需要后天培养和合宜的道德激励。职业荣誉感是外在肯定与内在驱动的交汇点，能激励道德主体逐步从实然的走向应然的状态，并最终达到崇高境地。

(五)职业荣誉感产生与发展具有阶段性

结合大量研究结论与日常经验，从个体发展的角度看，职业荣誉感的产生与发展都遵循着“混沌—他律—自律”的规律。换言之，在职业的前专业化时期，类似人类社会或个体的童年阶段，心理尚处于混沌状态，职业荣誉感没有明确所指为何；只有进化到了专业化或职业主义阶段，职业再生产体系成熟，即有专门的资格认定组织，专业的技能教育，物化的职业道德规范等，职业类主体或个体才发展出他律与自律程度的职业荣誉感，逐渐将其所处社会的外在的道德规范内化于心，外化于行，表现出他律与自律程度不一的职业荣誉感。

三、职业荣誉感的功能

职业荣誉感本质上是一种积极的道德情感，对个体的心理和行为具有导向和制约作用，具体表现为道德约束、自我评价、精神激励和情境适应的功能。

(一)道德约束

职业荣誉感能够推动中学政治教师自觉遵守职业道德规范，承担职业责任。教师能否获得社会的肯定评价，产生强烈而持久的职业荣誉感，有赖于教师个人的道德品性和职业行为，反之，其又可以提升教师的道德修养，约束其职业行为。社会贡献多少决定了个人的自我价值和社会价值的大小，这种道德评价方式和标准会渗透到教师的个人意识当中，内化为个人的良知，对职业道德行为产生引导和约束作用。具体表现就是教师在自尊心、名誉心的驱使下，不断涵养和提高自我道德修养。所以，职业荣誉感能够有效地约束中学政治教师的职业行为。

(二)自我评价

职业荣誉感作为教师的一种主观感受和体验,能够帮助教师正确看待他人评价,并做出理性而客观的自我评价。

一名有着强烈职业荣誉感的中学政治教师,必定对自己的和职业的荣誉倍感珍惜,当受到社会和他人的负面评价时,会产生羞耻心,会受到自我良心的考量,深感愧疚和自责。而一个对荣辱毫不关心的教师则不会受到这种内心感受的影响,意识不到自己的职业义务和职业行为的社会影响,也就无法进行正确的自我评价,无法体验到积极的职业情感。所以,职业荣誉感能够使教师认同职业的道德和职业的社会价值,并将这种评价尺度转化为内在需要,从而努力地趋荣避耻。

(三)精神激励

职业荣誉感作为个人生活的精神支柱,是中学政治教师奋发向善、向上的内在动力,能够有效地激发其发展潜力。

根据马斯洛的需要层次理论,每个人都有得到他人尊重的需要,中学政治教师也一样。教师职业的助人性质使这个职业更需要得到他人及社会的理解、信任与支持。所以,当外界给予教师个人价值及教师职业的社会价值以肯定和褒奖时,教师的这种精神需要就会得到满足,从而发挥出比一般的物质激励更稳定、更持久的推动作用,激发着教师在职业生活中不断发挥潜力、克服困难、奋发向上,树立起献身教育事业的职业理想和信念。

(四)情境适应

根据当代进化心理学理论的研究,人的情绪,比如荣誉心、羞耻感等,是进化的产物。职业虽然是现代社会的产物,但就荣誉感的心理机制而言,可以说其部分是进化的产物,具有情境适应的功能。表现出来就是因恐惧而向往荣誉,或为生存而追求荣誉。羞耻感使人保持警觉,促发防御行为。

另外,荣耻感是一体两面的心理现象,故每个人都有潜在的感受羞耻、向往荣誉的能力。人类利他行为中包含“炫耀假设”(showoff hypothesis)。这是人类学家Hawkes从生物进化角度提出的一个概念。他认为采取冒险的狩猎(炫耀)策略的男性可以获得多方面的收益,所付出的代价并不巨大。

第二节 职业荣誉感的类型

为了准确把握职业荣誉感,有必要梳理职场生活中各种形态的荣誉感类型。主要的分类标准有:依据内容差异,分为“义荣”与“势荣”,即道德与非道德的职业荣誉感;依据主体不同,分为个体的与集体的职业荣誉感;依据情感的性质,分为错误的与正确的职业荣誉感;依据职业规范的运行过程,分为他律型与自律型职业荣誉感;根据情感强度,分为一般性的荣誉感与无上光荣。最后,从职业荣誉感的“恰当”性整合上述分类。

一、“义荣”与“势荣”

“义荣”与“势荣”是荀子在《荀子·荣辱》中提出的一对概念。他认为,人之间的区别,不在于是否追求荣誉,“材性知能,君子小人一也。好荣恶辱,好利恶害,是君子小人之所同也”。而在于因何而求,“若其所以求之之道则异矣”,便有了“义荣”与“势荣”的不同结果。

所谓义荣,是指以修身养性为荣,因美德而荣;所谓势荣,是指以功名利禄为荣,因富且贵而荣。在荀子看来,荣誉感是人之常情,是人欲中的一种,无所谓道德上的善恶之分。不过“先义而后利者荣,先利而后义者辱”。如果积财的目的是积德,那么追求功成名就也是值得赞扬的;但原则上,积德更重要,因为建立在道德修养基础上的荣誉,才是实现精神不朽的最佳方式。正如清代思想家顾炎武所言:“人生富贵驹过隙,唯有荣名寿金石。”

所以,保证义利统一的荣誉感具有道德价值,是道德规范发挥激励和约束作用的重要心理机制。这对于加强职业道德建设的启示是:首先,要正视人避免死亡、追求不朽的需要;其次,注意将这种需要和道德上的荣誉结合起来,引导个体以获得道德荣誉的方式达到精神上的不朽;最后,还要完善监督机制,做到名副其实,保证个体所获荣誉与所做事迹相符。具体到中学政治教师这个群体,他们既是国家公职人员,又是思想政治教育者,应该具有较高的道德素质和道德责任感,道德品行是确定从业资格的重要参考因素。而他们的羞耻心和对荣誉的追求,对追求精神不朽的意识则是判断其道德水平的抓手。

二、道德与非道德的职业荣誉感

职业荣誉感也有伦理道德与非伦理道德之分。在伦理道德领域,它指一个人的言行符合职业道德时而产生的,或因受到重要他人的褒奖或赞赏而产生的自豪感。在非伦理道德领域,它指一个人因拥有卓越的工作能力、取得职业成就、做出贡献或拥有显著优势的资源时而产生的自豪感。

只要符合时代需要,这两种职业荣誉感都是正确的。只是前一种与道德修养高低有关,后一种与成就大小有关。无论获得荣誉的手段如何,取得名誉本身就是可欲的。例如,中国古代士人有三大人生追求:“太上有立德,其次有立功,其次有立言,虽久不废,此之谓不朽”,这就是所谓的君子“三立”。但这两种荣誉地位不等,甚至有可能相互矛盾。在这三大追求中,“立功”“立言”属于非伦理道德的荣誉,“立德”属于伦理道德领域的荣誉,是首位的,是君子立身之本。

例如,中西方都很推崇生命素质的优秀和伦理道德的优秀,但是如果在奥运会中,为达目的而采取服用兴奋剂等违背伦理道德要求的行为,非但不会获得应有的荣誉,反而会被其他公平参赛的人们所鄙视,成为一种耻辱。再比如,为了取得高分,教师“帮助”学生徇私舞弊;为了维护秩序,教师滥用教育惩戒权;为了保住“饭碗”,教师高举教育保守主义大旗;等等。由此可见,职业荣誉感并不局限于伦理道德领域;换言之,一个人的职业荣誉感,既可以由其做了合乎职业道德的行为而产生,也可以由其做了杰出行为而产生,这两者并不矛盾,但是却有轻重、缓急、高下之分。

三、个体的与集体的职业荣誉感

从荣誉感所涉主体的不同,可以分为个体的与集体的职业荣誉感。个体的职业荣誉感,是指个体由于自己在职业道德修养、占据职场优势或取得事业成就而产生或体验到的一种愉悦、自豪、幸福。集体的职业荣誉感,是指个人因所在的组织、集体或群体取得荣誉而产生或体验到体面、自豪等。

个体的与集体的职业荣誉感是相互联系的。从特定文化背景看,无论是传统社会,还是现代消费主义主导的职业社会,“面子”“单位”等始终是中国人价值判断的底色。在中国,一个人的存在往往不是以个人为目的,而是为了家庭、家族、单位或国家的存在和延续。一个人的名誉与组织、集体的声誉紧密相连。“一士登甲科,九族光彩新”,哪怕个人没有突出的财富、社会地位、文化修养等,只要他的家庭、家族、单位或国家是值得骄傲的,自己也会感到无上光荣,体验到荣誉感。按照帕森斯(T. Parsons)的说法,中国人活着就是为了获得一个好名声。从荣誉感产生的条件看,“卓越”是必不可少的元素,而它总是被指定给公共领域的,因为只有在那里,一个人可以胜过其他人,让自己从众人中脱颖而出。每一个公开展示的活动都能获得它在私人场合下无法企及的一种卓越;因为按照定义,一个人的卓越总是需要他人的在场,而他人的在场又需要形成一个由他的同侪所组成的公共领域,而不能是一些他的同等者或地位低下者的偶然或随便到场。①

四、错误的与正确的职业荣誉感

职业荣誉感的主观形式是主观感受,但这种感受产生的根据是荣辱观。荣辱观的正确与否直接决定了荣誉感道德与否。而荣辱观以善恶观为基础,是善恶观的体现。因而荣辱观的正确性取决于善恶观。与善恶范畴一样,荣誉和正确的荣誉感,都不是抽象的、永恒的,而是具体的、历史的。它们在不同社会、阶级、职业、年龄,具有具体不同的内容和表现形式。在资本主义社会,个人成就被视为首要荣誉;而在社会主义社会,全心全意为人民服务被看作是光荣。在商业世界,诚信是硬通货;而在职业世界,则提倡敬业奉献。律师的职业伦理与教师的又有所不同。

职业是现代社会的基本生存途径,也是公民实现自身社会价值最重要的场所。职业生活之中的道德要求是社会一般道德要求在职业生活之中的具体体现。因此,错误的职业荣誉感就是指违背职业道德要求的荣誉感,表现为“无耻感”“虚荣心”“犬儒主义”。正确的职业荣誉感就是指符合职业道德要求的荣誉感,表现为“职业责任感”或“职业幸福感”。

①汉娜·阿伦特.人的境况[M].王寅丽,译.上海:上海人民出版社,2009:31.

无耻感就是不知道什么是耻辱，即不知道什么样的行为以及品质和人格是可耻的。孟子曾说:“人不可以无耻。无耻之耻，无耻矣。”之所以无耻，是因为没有培养出耻辱感。只有知道什么是耻辱，并在此基础上对不道德行为感到耻辱，才能将知耻变为去耻。因此，知耻不仅在于知道何为耻，更在于恶耻，即耻辱感。如果一个人不具有荣辱感，特别是缺乏耻辱感，就无道德操守可言。“廉耻，士君子之大节，罕能自守者，利欲胜之耳。”无耻化倾向几乎表现在日常生活中的方方面面，从日常言行到各种电视综艺节目，都充斥着各种各样的“无节操”“无下限”“秀下限”，其尺度之大实在令人咋舌。这种无耻化倾向在网络狂欢中得到了最极致的体现，各种网络流行语蕴含着泄愤心态和戏谑心态（王佳鹏，2016）。比如，人民论坛问卷调查中心对6027人的调查发现，近九成的受访者认同“全民焦虑”已经成为当下中国的社会病。其中，青年群体面临职业规划、置业成家等诸多人生问题，更面临着巨大的工作压力与激烈的社会竞争态势，因此青年群体成为社会性焦虑的主要群体（张潇爽，徐艳红，2013）。目前青年群体是中学政治教师群体的主力军，社会性焦虑在他们之中亦有表现。

相反，过分追名逐利，就是所谓的虚荣心了。荣誉能带给人价值认同和情感满足，也具有某种实用价值，因而有可能导致为了获得荣誉而发生欺骗组织、舆论的行为。职业荣誉是社会对个体的社会贡献的认可和褒奖，贡献是赢得职业荣誉的前提。然而，现实生活中，不乏为荣誉而荣誉，分裂荣誉与道德的弄虚作假、沽名钓誉的行为。荣誉感总能激发美德和善行，而虚荣心则会腐蚀人的德性与创造力。部分教师就在追名逐利过程中，失去了自我、忘却了师德。之所以如此，从社会维度来看，是受中国传统文化的影响，“官本位”思想仍然深入人心，公众对社会等级浮动的追求亦未曾改变。尤其是公办学校的教师所在的工作环境、所处的社会地位，意味着可以兼享精神和物质上的优越感。

从道德心理学角度看，职业责任感是个体在与社会环境的交互作用中，形成的一种反映个体对职责的承担程度的心理及行为的特征和倾向。它具有情境性、系统性和相对稳定性。同时，其具体体现又受个体情绪体验等因素影响，所以，个体的责任感又具有波动性、起伏性及角色规定性，即个体的性别、年龄和名声等都会影响到一个人社会责任行为的表现。不同的职业活动要求基本的责任感，也要求特定职业责任心成分（张大均，2002）。表现为同情心、义务感、良心、羞耻感、爱心与奉献精神等。现当代以来，为教育事业奉献一生、为学生成长呕心沥血的令人敬仰的教师比比皆是，优秀教师的典型事例更是不胜枚举，如谭千秋、瞿万荣、袁文婷、李吉林、顾明远、朱永新等。

与此同时，当今中国也存在带有犬儒主义面相的职业荣誉感。具体而言，就是一种放弃求变希望，自我劝说顺从、服从和随遇而安的理性生活方式。换言之，就是缺乏生活勇气，逃避职责。比如，已经出现在现实教育生活中并逐渐蔓延的"不出错"师德观。它的主要表现有：第一，教师的简单"在场"，即侧重完成教书育人任务的显性可查层面；第二，教师的有意"缺场"，即理性确立较少产生教育事务的观念或情境（孔祥渊，2019）。教师之所以秉持这种"不出错"的师德观，本质上是为了减少自己的"付出"或者避免"出错"带来的惩罚或者利益损失。由此可以说，"不出错"的师德观主要是指一种得过且过、精心算计的师德观，是一种不恰当地回避教育教学工作、过度关注个人利益或欲望的师德观。这种价值观念的背后，既有其社会根源，也有个体内在因素的影响。

心理学家区分了属于认知因素的职业满意度、属于感情因素的情感，以及主观幸福感，而主观幸福感是指幸福的状态，它是情感因素和认知因素经过长时间的结合的产物。就收入而言，起初人们会因为收入的增加而提升其快乐感，但是当人们适应了收入增加这一事实之后，快乐便不会再增加。当然，如果人们对职业稳定性、发展前景等持悲观预期，却会对职业幸福感产生极大的负面效应。研究表明，相对收入差距对个人如何评价自己的幸福感有着重要影响。那些在收入分配中处于中间位置或中间偏下位置的人比起最穷困的群体来更有可能感到不满。此外，收入流动中的波动性对人们所认知到的幸福感有着负面影响，即使对那些向上流动的人来说亦如此。另外，当个体觉得在做"正确的事情"时，他们是快乐的，无论判断标准是伦理、准则、宗教、习俗还是社会环境。例如，许淑莲等人以Ryff的心理幸福感（Psychological Well-Being，PWB）量表为工具的研究表明，处于不同年龄阶段的个体，其PWB的影响因素也各不相同：年轻人受教育程度、工作学习影响较大；中年人受教育程度、文体活动满意、工作学习量、健康满意影响较大；而老年组受人际交往、工作学习、个人收入、健康满意的影响较大（许淑莲，2003）。可以看出，个体所从事的活动以及个体在活动中所展现出的功能或价值是幸福感产生的两个客观条件。

五、他律型与自律型职业荣誉感

职业规范的运行过程就是规范发挥其约束和引导作用的过程，这个过程不仅仅包括规范自身对于主体进行外在的约束和引导，还包括主体将规范转化为个体自身的需要，并主动地适应规范的外在要求。简言之，规范运行的过程就是规范由他律向自律转化的过程。

六、一般性的荣誉感与无上光荣

依据体验心理学原理，情感是人们内心体验的结果，没有体验就没有情感。职业荣誉感作为一种道德情感，自然也是主体主观感受的结果。道德情感体验是一个独立、复杂的心理过程，反映了道德主体与客体之间的一种特殊关系。道德情感的体验强度，与人的认知水平、情感体验的时间节点直接相关。据此，可以按照主体体验到的情感的不同强度，把职业荣誉感分为一般性的荣誉感与无上光荣。

之所以有强度区别，有三方面的原因：第一，从认识论角度看，“体验”指人的一种意识内容及其情绪状态，一个人的情感体验总是在特定的社会实践中产生的，并且以主体对客体的认识程度为转移，认识、判断和实践是情感体验的基础。知之深，爱之切。认识越肤浅，情感体验就越平淡。同时，特定时代的人有特定的“重要性”，对体验对象的选择和评价具有时代性。也就是符合价值取向、偏好的事物，就会给主体带来强烈、积极的情感体验，否则就会“视而不见”或“日用而不知”。比如，同样是师德，中国的当代师德比传统师德更强调专业属性，职业道德先于角色道德，所以教师荣誉感的主要形式表现为职业荣誉感；同样是获得表彰，获校级或市级表彰的教师，体验到的荣誉感，不如获得全国表彰的。

第二，心理学上的峰终定律（Peak-End Rule）表明，人对体验的记忆由高峰和结束时的感受决定（Kahneman，1993）。即人们在评判一段体验的时候，会很容易忘记或忽略这段体验持续时间的长短——这种现象被称为“时长忽略”。人们通常会根据两个关键的时刻来评判一段体验的好坏：（1）最好或是最坏的时刻，也就是“峰值时刻”。（2）结尾。换言之，我们在评判自己的职业状态时，受工作体验影响大；但并不会取每分钟、每天感受的平均值，而是容易记起意义重大的时刻：高峰、低谷，以及转折点。

第三,强度差异还可以用期望效用理论解释(Morewedge,2015)。有证据证明,一段体验的初期带来的信息会得到更多注意和重视。人们的回忆大多会表现出初始效应(在一系列事件中,对刚开始的事件的记忆更加清晰)以及近因效应(对事件结尾的记忆更加清晰)。比如,有研究探讨了新手、熟手、专家型教师幸福感的差异,发现新手型教师在职业幸福感上比熟手型和专家型教师的得分高(凌辉,2016)。一个可能的原因就是新手型教师处于职业起步的阶段,对工作充满憧憬,新鲜感较强烈,满腹心思放在自己所喜爱的职业上。再者,由于新手型教师刚入职,校方会对他们抱有更大的期待,给他们安排更多的工作,故新手型教师在职业上感受的幸福感更强烈。

七、多维度视阈下的职业荣誉感

上述六个维度的区分,主要还是停留在概念层面。如果要启发有关师德师风建设、学校教师管理等现实问题,那么还需要整体把握职业荣誉感性质。本文认为,人的职业荣誉感应是恰当的,而恰当的标准便是中庸。实现职业荣誉感恰当的关键在于运用理性。只有运用理性人们才能明晰谁之责任、何种荣辱与哪个标准等问题。豁达大度、坚韧不拔、忍辱负重均是职业荣誉感恰当的具体表现。

每一个人都有荣誉感,而且每一个从业者都应该有正确的职业荣誉感。更进一步,人也应该是把握好职业荣誉感的恰当性与适度性。一个人的职业荣誉感既不应太强也不应太弱,最好要做到恰到好处。然而,判定恰当的标准是什么? 又该如何实现呢?"中庸"是衡量的标尺。过犹不及,最好的就是居于中间。"德性就是中间性,中庸是最高的善和极端的美。"[①]比如,勇敢就是恐惧与鲁莽的中间,淡泊就是好名与自谦的中间,等等。当然,中庸不是一种纯粹的理论理性而是一种实践理性,中庸是人们处世之原则与方法,它要求人们行为做事要合乎中道而行。亚里士多德认为:"人们应该选取中庸,既不过度,也非不及。而中庸是作为正确的原理或理性来表述的。"也就是说,中庸既是一种极为高明的生存智慧又是极为高超的人生境界。

如果行动违反了中庸之道,有可能会出现种种不愉快的结局。"举凡一切人世间的事物——财富、荣誉、权力、甚至快乐痛苦等——皆有其一定的尺度,超

①亚里士多德.尼各马科伦理学[M].苗力田,译.北京:中国人民大学出版社,2003:34,118.

越这尺度就会招致沉沦和毁灭。”[①]人的职业荣誉感自然也应如此。职业荣誉感是指个人因自己的行为、动机和道德品质受到外在的褒奖和肯定而产生的自我体验，它是一种肯定性评价的主观感受。如果职业荣誉感太弱，就极可能出现这样的情况：“那些丝毫不关心荣誉和耻辱的事例也从反面证明了这一点。那些没有什么荣誉可以丧失因而也不再有任何对于耻辱的恐惧的人们最为堕落。”[②]故人的职业荣誉感太弱不好。但是，一个人的荣誉感如果太强，也会出问题，极有可能走向虚荣。虚荣自身很难说是一种恶行，不过许多恶行往往因虚荣而萌生。为了虚荣，有人可能打肿脸充胖子；为了虚荣，有人可能夸大其词；为了虚荣，有人可能弄虚作假。其实，虚荣只不过是基于他人意见上的自鸣得意，均是过眼云烟式的情绪性表达。因而，职业荣誉感应是恰当与适度的。

职业荣誉感的确立与形成受诸多因素与环节的影响，既有社会的荣辱观及客观伦理精神影响的因素，也有个体的主观精神与自由意志选择的因素。其中最关键的就是个体选择以何种评价标准来对自我加以评判。在评价我们自己的优点，评判我们自己的品质和行为方面，具有两种不同的、我们必然据以衡量的标准。一种是完全合宜和尽善尽美的观念，这是我们每个人都能够理解的观念。另一种是接近于这种观念的标准，通常是世人所能达到的标准，是我们的朋友和同伴、对手和竞争者中的大部分或许实际上已经达到的标准。当我们的注意力指向前一种标准时，我们中间最有智慧和最优秀的人，在自己的品质和行为中所能见到的只是缺点和不足；除了能找到许多理由来表示谦卑、遗憾和悔改以外，找不出什么理由来妄自尊大和自以为是。当我们的注意力指向后一种标准时，我们可能受到这样或那样的影响，感到自己真正处在我们用来衡量自己的那个标准之上或之下。[③]因而，对于普通人而言，应该更多运用“所能达到”的标准，而不是“能够理解”的标准。如果选择“能够理解”的标准，那么自我感受、评价可能更多的是差距、不足和渺小。即便有其可取之处，但长期易使人产生自卑心理从而无法客观、正确地评判自己。若采取“所能达到”的标准，就能够对自己进行真实的评价，形成正确的自我认识。后一种做法，看似平庸，实际上更真实可行。人总是生活在现实物质世界之中，那种拔高到空中去的神圣

①黑格尔．小逻辑[M]．贺麟，译．北京：商务印书馆，1980：235.

②包尔生．伦理学体系[M]．何怀宏，廖申白，译．北京：中国社会科学出版社，1988：495.

③亚当·斯密．道德情操论[M]．蒋自强，等译．北京：商务印书馆，1997：321.

生活的想法既不现实,也不合理。当然,并不是说要躲避崇高,放弃理想,抛弃信仰,而是说在平凡中发现伟大,将神圣与日常有机结合。

第三节 职业荣誉感的生成

职业荣誉感是一种重要的社会情感和道德情感,在激发和调节人们的思维、情感、行为和社会适应等方面起着重要作用。有荣誉感的人,一般也具有较强的羞耻感。羞耻感强烈的人很容易产生心理障碍;反之,则容易产生过失行为。相比之下,职业荣誉感处在个人—集体关系光谱的中间地带,将个人羞耻感维持在合理范围内,是进行情感方面的自我调节的有效机制。研究职业荣誉感产生、发展的规律,有助于解决许多心理学、社会学方面的问题,有助于培养职业人良好的心理素质和道德品质,进而有助于社会主义情感文明建设。目前对羞耻感的研究较多,20世纪90年代,西方心理学界开始关注羞耻感(sense of shame),主要形成了有关羞耻感发生与发展问题的三种理论:客体关系/依恋理论、机能主义理论和认知归因理论(竭婧,杨丽珠,2009)。但羞耻感与荣誉感是对立统一的矛盾体,并且对荣誉感的研究大多停留在哲学层面,从心理学角度探讨职业荣誉感的研究相对较少。另外,以教师群体为研究对象的也不多。未来研究应注重研究教师职业荣誉感的发生、发展,以及引发条件等方面的问题。本节将尝试系统阐释职业荣誉感的来源、形成过程及层次等问题;然后在此基础上,将理论框架发展到中学政治教师群体。

一、职业荣誉感的来源

职业荣誉感的道德心理基础是良心,也就是所谓的德性。中西方哲学关于德性起源问题有天赋与外铄两种假说。一种是以柏拉图、孟子为代表的“天赋假说”,认为人性善,“仁义礼智,非由外铄我也,我固有之也”。这句话的意思就是人的道德情感是天赋的。另一种是以马基雅维利、荀子为代表的“外铄假说”，主张人性恶，认为“人之性恶，其善者伪”，人的荣辱心是后天道德教化或学习的产物。另外，还有一种以洛克、王廷相为代表的，基于性无善恶的外铄假说。天赋假说未能说明遗传在荣辱感的生成过程中发生作用的机制；外铄假说则面临“由外入者，假学以成性者也。虽性可学成，然要当内有其质，若无主于内，则无以藏圣道也”的困境。而它们均有先验论与单因素论之嫌。为了弥补这些不足，本文主张基于普列汉诺夫“五项因素公式”的交互假说。因为影响个体心理发展的因素复杂多样，应从遗传、成熟、环境、教育和主体性五个变量综合考察职业荣誉感的生成与发展问题。

（一）天赋假说

“道德情感天赋假说”认为，人天生有“善端”，个体荣誉感便是从这种“德之端绪”中产生与发展来的。此观点的典型代表是孟子、柏拉图；现代心理学里的机能主义理论也主张荣誉感的内求说。

以孟子的四端说为例，孟子曰：“人皆有不忍人之心。先王有不忍人之心，斯有不忍人之政矣。以不忍人之心，行不忍人之政，治天下可运之掌上。所以谓人皆有不忍人之心者，今人乍见孺子将入于井，皆有怵惕恻隐之心——非所以内交于孺子之父母也，非所以要誉于乡党朋友也，非恶其声而然也。由是观之，无恻隐之心，非人也；无羞恶之心，非人也；无辞让之心，非人也；无是非之心，非人也。恻隐之心，仁之端也；羞恶之心，义之端也；辞让之心，礼之端也；是非之心，智之端也。人之有是四端也，犹其有四体也。有是四端而自谓不能者，自贼者也；谓其君不能者，贼其君者也。凡有四端于我者，知皆扩而充之矣。若火之始然，泉之始达。苟能充之，足以保四海；苟不充之，不足以事父母。”现代学者从进化论角度，进一步阐发了该观点。比如，有人认为由于人类整体社会实践的作用，祖先们无数次的道德操作实践会在文化心理的层面上得到一定程度的遗传，形成了孟子所讲的良心或善端（檀传宝，2002）。西方的机能主义理论也强调荣辱心是人类适应环境的产物。但是，他们都没有深入探究荣辱感的具体遗传机制。

（二）外铄假说

“道德情感的外铄假说”主张，人的荣辱心完全是后天环境作用的结果，没有与生俱来的尚荣之心。根据人性观的不同，还可以将其进一步细分为“性恶外铄假说”与“无善恶外铄假说”。他们的共同点是，都认为个体的荣誉感需要后天道德教化才能逐渐习得。而区别是，前者认为人性本恶，故要改变人性的难度很大，这便是荀子在《荀子·劝学》开篇就强调“学不可以已”的原因之一；后者认为人如同一块“白板”，可塑造性很强。

以荀子的性恶论是“性恶外铄假说”的典型代表，他认为要想人产生尚荣之心，必须先生出良知，而后天的道德教育和个体的修身养性是有效途径。《荀子·性恶》有言：“故枸木必将待檃栝、烝矫然后直；钝金必将待砻厉然后利；今人之性恶，必将待师法然后正，得礼义然后治，今人无师法，则偏险而不正；无礼义，则悖乱而不治。古者圣王以人性恶，以为偏险而不正，悖乱而不治，是以为之起礼义，制法度，以矫饰人之情性而正之，以扰化人之情性而导之也，始皆出于治，合于道者也。今人之化师法，积文学，道礼义者为君子；纵性情，安恣孳，而违礼义者为小人。用此观之，人之性恶明矣，其善者伪也。”

洛克的“白板说”则代表了“无善恶外铄假说”。他认为，“良心不足以证明任何天赋的道德规”，因为“许多人心上虽然没有写上任何标记，可是他们却亦逐渐能同意一些道德的原则，相信那些道德的束缚力；亦正如他们逐渐能知道别的事物是一样的。其余的人们则亦可由其教育、交游、同本国的风俗，逐渐得到这种信念”①。

（三）交互假说

在西方宗教观念里，荣誉感来自上帝的启示。在规范伦理学视域中，作为一种社会意识的荣誉感是社会存在在观念中的反映。在中国古代哲学思想的语境里，荣誉感有三个来源：天道、性道和人道，即自然、人性和社会。然而，无论是哲学上的人性假说，伦理学的内生外生假说，抑或是经济学的经济人/社会人假设，都只抓住了复杂人性的一个侧面，把复杂事物的系统生成过程简化为线性因果关系，很难解释各种涌现现象。从马克思的实践理论来看，人的实践存在性决定了人性处于动态生成中。实践的历史性决定了人性的复杂性。实践活动构成人在具体情境中的场，复杂的人性只能在具体的情境中才能被确定，复杂人性的具体表现是依情境而变化的（冯周卓，2005）。

①洛克．人类理解论[M]．关文云，译．北京：商务印书馆，1981：30.

本书主张基于普列汉诺夫“五项因素公式”框架，融合了社会认知理论的交互假说，即从遗传因素和社会环境因素综合考察职业荣誉感的生成与发展问题，具体包括遗传素质、环境条件、学习经验、工作胜任力、主体性。前面四个变量易于辨识和理解，之所以强调主体性，也就是个体的需要、动机、偏好、观念等，以及个体的认知、决策、创造能力。根据辩证唯物主义的哲学原理，外因是变化的条件，内因是变化的根据，外因通过内因而起作用。据此，前四个因素是外因，主体性是内因，职业荣誉感就是外部因素借助主体性这个桥梁作用于个体，它们之间的交互作用最终决定了个体心理发展的程度大小与质量高低。

二、职业荣誉感的形成

（一）心理过程机制

从心理过程看，人的心理现象分为认知、情感、意志。本书的研究对象职业荣誉感，是人们在道德实践过程中产生的一种特殊的道德情感，它体现了人与动物之间的本质区别，也是个体道德良心发生作用时所产生的一种特殊的心理体验。道德主体对社会的普遍赞誉以及精神生命的“不朽”的追求是产生荣誉感的真正动因。

尽管情感波动大，具有情境性、私人性。但与情绪相比，具有一定的社会制约性和稳定性，它在职业生活中受社会规范和情感法则制约的特征更明显。1983年，美国社会学家阿莉·霍克希尔德通过考察职业中的情感管理，正式提出“情感劳动”（Emotional Labor）概念。它被视为区别于体力劳动和脑力劳动的第三种劳动。这在教师的专业实践中十分常见。例如，同情、关怀、教育、爱等通常被看作教师职业道德中最重要的伦理品质，好的教学常伴随兴趣、愉悦、挑战、创造、兴奋等情感性因素的卷入（高晓文），由此推断，职业荣誉感的心理机制与教师情感劳动的工作机制同构。那么，情感劳动在工作中是如何运行的，制约情感劳动的影响因素有哪些，情感劳动的前因变量和结果变量又是什么？以情绪调节理论为基础，格兰迪提出了一个系统性的模型来说明情感劳动的工作机制（见图1-1）。

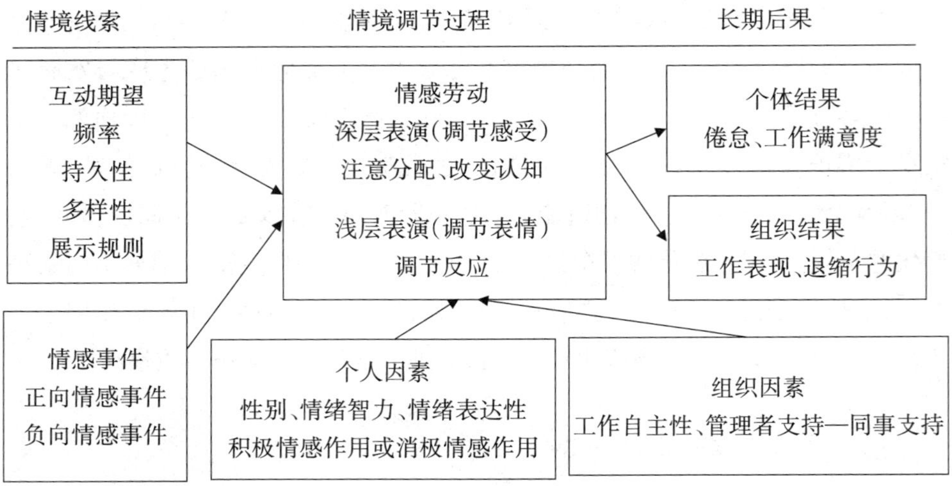

图1-1 情感劳动的工作机制模型

模型按照时间序列,把情感劳动的工作机制分为前因、过程和结果三个阶段。前因是指情境中的情感诱发因素。个体的期望和情感事件的性质,对情感的频率、持久性、多样性及展示规则均有影响。一般而言,正向情感事件能引发教师的积极情感体验,能帮助个体减少情感资源消耗,有利于提升职业幸福感。在情感调节过程中,差异性个人因素和组织的文化氛围是重要变量。就个体差异而言,教师的性别、年龄、情绪敏感性都会影响情感表达的丰富程度。而在组织因素中,教师是否得到管理者和同事支持、工作环境中的自主性氛围制约着情感调节策略的选用(高晓文,2018)。最终表现为内隐的工作满意度,外显的工作行为及绩效。一般来说,如果教师的内心感受与外在表达之间的失调程度越低,其工作满意度就会越高;反之,如果教师的情感卷入度越高,则越有可能导致情感衰竭。

根据这个模型,职业荣誉感的心理机制应该是,外在情感事件诱发,经过个体自我—人际情感双调节机制的处理,输出被增强或削弱的职业荣誉感,最终表现为情感资源耗竭程度、工作投入度和职业满意度等。

(二)社会认知机制

社会认知理论认为,人格、行为和环境三者是相互作用的,人格需要通过行为影响环境(Bowers,1973)。如果只考虑时间因素,职业荣誉感的发展阶段特征在不同时长下,表现出不同情况。长时段视野下,个体的职业荣誉感以个体的职业生涯为轴，经历一个从无到有、从低级到高级、从他律到自律的逐步发展的过程。短时段视野下，个体的职业荣誉感主要受关键时刻（Moment of Time，MOT）影响。由于后者的偶发性较大，且考虑到研究对象，本书侧重考察受教师生涯发展阶段调节的职业荣誉感发展的特征，提出了“职业生涯荣誉感”概念（详见第四章）。

职业荣誉感是主体职业价值观的情感表现，是一个动态、变化的过程；也是与关键他人及环境互动的结果。因此，应该从系统的角度，审视个体职业荣誉感的变化、发展。职业荣誉感系统分为内部系统和外部系统。具体而言，内部系统是指影响职业荣誉感的主体因素，也就是前文所分析的心理机制；外部系统是指影响职业荣誉感的非主体因素，包括文化因素和社会因素。

三、职业荣誉感的层次

（一）道德心理发展视角

道德心理学认为，职业荣誉感兼具利他性与利己性。根据职业荣誉感包含的性质比例，可以把它区分成：利他、利己、混合与超越自我。如果从实用角度出发，这几个可依次排列在职业荣誉感的道德光谱上。因为无论利他与利己成分的比例如何，都不影响个体层面的工作投入，及职业成功，只会在职业呼唤水平上有区别。而如果以当代师德规范作为标尺，那么彼此间就可能存在递归效应了。换句话说，可以借助个体动机和环境影响的双重机制，改变职业荣誉感的性质，引导个体向高道德层次的职业荣誉感，即高利他性的方向发展。以职业道德心理为存在方式的职业荣誉感的发展，可以分为四个阶段。

第一阶段是大小和力量取向（orientation to size and power）阶段。在这个阶段中，教师以一种最简单的方式——大与小进行分类，他们对教师的职业角色并无固定的认识，也没有形成相应的抽象概念。他们开始对工作意义有了深入了解，体会到职业是成人的主要任务，工作是自我世界的一部分。

第二阶段是性别角色取向（orientation to sex role）阶段。在这个阶段中，教师开始发展性别角色意识。这一阶段教师的职业荣誉感主要反映在他们认为什么工作是与一个人的性别相符合的工作。这一阶段的教师，认为自己的性别是最好的，可以说，职业认同本质上是性别认同，还不是身份认同或专业认同。

他们潜意识里拒绝那些跨性别的行为。

第三阶段是社会评价取向(orientation to social value)阶段。在这一阶段中,教师对社会评价非常敏感,无论这种评价来自同伴或是其他人。这一阶段教师关心的职业问题已不再是男女的问题而是社会地位的高低问题。他们开始建立更抽象的概念,更关心他人的看法和意见。这一时期的教师对社会阶层更加敏感,并能够意识到教育、职业和收入之间的关系,他们知道存在着职业结构的社会分层,并懂得职业分层影响着人们如何过自己的生活以及他人如何看待自己。这一时期的教师知道相对于同事而言,他们自己的一般能力水平是怎样的。他们也已经开始知道他们成就的上限和下限。开始把社会阶层、能力等因素纳入自己的自我概念,他们拒绝接受那些与自我概念中这些新元素不相符合的工作,特别是那些在他们自己的参照群体中被认为是不能接受的、低社会声望的事,这一时期建立的可容忍的最低水平的边界即社会空间的下限。工作中低于这一水平的事情,他们不会予以考虑。同时他们也拒绝那些太困难、不可能得到的工作,或是那些高风险的工作。他们开始为自己设立了一个可以通过努力达到的边界即社会空间的上限。在此之上的他们也不会考虑。社会空间的下限和上限的建立基于教师对自己的能力和竞争力的自我认识。

能力和家庭社会经济地位或社会阶层对范围的限定有重要影响(Gottfredson,1996)。那些高职业能力的教师,其家庭、师长及其他人会鼓励他们追求更高水平的教育和职业成功,因此,相对于同样社会经济地位的同伴,他们的职业抱负社会空间的上限更高。同样,那些来自高社会经济地位家庭的教师,他们也倾向于有较高的职业期望,他们职业抱负的社会空间的下限高于低社会经济地位家庭中的个体。由此,教师的职业能力以及他们的家庭背景决定了他们社会空间的上限和下限。处在这一阶段的教师可能还不确定当前职业是他们喜欢的,但他们已经有了比较明确的标准,知道他们在社会中应处的位置,并把他们选择的可能性逐渐缩小。

第四阶段是内在的、独特的自我导向(orientation to the internal, unique self)阶段。这个时期教师的职业自我逐渐发展成熟,即使对自己的兴趣、能力、人格特征、价值观等的看法还是可能存在不一致性。但处于这一阶段的教师,更关注工作领域,也就是说,他们更看重他们希望实施的、与他们内在而独特的自我概念相一致的工作类型,对他们个人而言,就是他们内心的职业呼唤。

前三个阶段都是拒绝不能接受的选择，而第四阶段是找出那些可以接受的选择。这些选择是他们认为最喜欢的同时又是最可能进入的。这个时期，他们开始把人格、价值观、经验、特殊才能、家庭需要等各种因素加以考虑。同时，他们还会考虑实施不同的选择时可能遇到的困难和障碍。这一阶段开始了妥协过程。确定范围是个体拒绝那些他们认为不能接受的选择，而妥协是个体放弃那些他们最喜欢的选择，为了那些虽然不太喜欢但更可能得到的机会，个体需要调整抱负以适应外界世界。

妥协有两种，一种是预期性妥协，即个体根据自己对现实的知觉，意识到他们最喜欢的选择不可能实现，于是调整自己的希望。另一种是经验性妥协，即个体在实施自己最喜欢的选择时遇到障碍，他们不得不放弃他们先前的选择（Gottfredson，2007）。在某一维度上的妥协可能比另一维度上的妥协更令人不安。因此，妥协会遵循一定的次序进行。当人们必须选择时，首先让步的是个人的兴趣，其次是社会声望，最后是性别类型。性别类型、社会声望和兴趣的相对重要性取决于所需要妥协的严重程度。对性别类型的威胁比对声望和兴趣的威胁严重，因为错误的性别类型通常对自我概念有更大的威胁。一旦达到了性别类型的可接受阈限，那么就可以牺牲性别类型的相容性而避免丧失声望或兴趣。在妥协兴趣之前要避免对声望的丧失。如果声望可接受阈限达到，兴趣就是主要要考虑的因素。当个体需要处理选择中较小的不一致时，兴趣是优先要考虑的。当需要有中等程度的妥协时，人们最要回避的是声望的丧失。此时人们很少考虑性别类型。当面临很重要的妥协时，人们会首先牺牲兴趣，其次是声望水平，然后是性别类型的界限。在特定的维度上，个体对不同程度妥协的敏感度不同。在任何特定的环境中，自我概念最核心的要素并不必然是最重要的。性别类型的阈限对女性比对男性更宽松。跨性别的工作在女性中引起的焦虑低于男性。

范围限定是教师职业生活中的各种因素相互作用的结果。入职后，不断接受各种来自其所工作环境的信息，并且在头脑中形成了心理上的结构。首先，工作是成人的角色，然后是性别，最后是社会阶层。他们在处理这些信息时，几乎都是按照一定的标准，即社会期望来进行的。先天因素与后天环境的交互作用而使个体获得各种经验（如何感知自我——自我概念，以及如何感知外部世界——工作的认知地图），通过范围限定和妥协两个过程，缩小生活选择并开始与他人不同的生活(Gottfredson,2007)。在这个逐渐缩小范围的过程中,不仅反映了环境强加的限制,也反映了个体可以利用的机会。因此,范围限定和妥协代表了自我确定和自我创造。从这个角度看,职业荣誉感首先是社会认同,其次是个人认同。最具体的和可见的社会特征最早对个体产生影响,也因此最重要。换言之,这种情感实际上是一种群体参照的结果。个人在很大程度上受其所在群体期望和标准的影响,这些群体是他们比较的参照群体。

(二)组织文化类型视角

美国管理学家Dave Loga等人在《部落领导力》(*Tribal Leadership*)一书中指出,每个团队中会有一种主流文化。它决定了团队能够达到的境界,分别有五个阶段或五种境界。

第一阶段——“生活烂透了”(Life sucks),人生就是个悲剧,没有谁的生活是好过的。常常抱怨别人不行,自己也不行。价值观表现出强烈的反社会情绪。

第二阶段——“我的生活烂透了”(My life sucks),我就是个悲剧,能够看到别人生活美好的一面,只是觉得自己的生活很糟糕。折射出消极的人生价值观,个人行为是得过且过。

第三阶段——“我很棒”(I am great),话外音是“但你不行”(But you are not)。觉得自己的生活不错,可以登上事业的巅峰,但总是很难和别人合作。觉得周围的人不支持自己,因此无法完成更伟大的目标。这类人自我感觉良好,但内心深处却充满了焦虑。因为在当今时代,越来越多的工作已经不是一个人孤军奋战能够解决的,必须依赖团队力量。

第四阶段——“我们很棒”(We are great),“但你们不行”(But you are not)。觉得自己的团队很牛,竞争对手都不如自己。在团队内部,人们对组织文化高度认同,整个团队的氛围非常融洽。成员彼此合作,憋着劲想超越其他的团队,要做同行业最优,要成为世界一流。

第五阶段——世界很美好(Life is great),只专注于做崇高的事业,无视竞争对手的存在。作者曾经问一家研发型的医药企业“你们的竞争对手是谁?”他们本来以为会听到的答案是医药行业的龙头老大,但这个企业的管理层和研发人员听到这个问题,说:“我们的竞争对手是谁? 我们是一家药企,我们的竞争对手是疾病和癌症。"这一阶段,人们已经不关心竞争对手,他们唯一关心的是如何最大限度地发挥自己的潜能,他们的竞争对手是自己所选择并且热爱的事业,价值观是:"我们在改变历史"(We are making the history)。

的确,观察教育家、名师和名校长,他们的崛起进程是众目睽睽之下的凤凰涅槃,更是有温度、有筋骨、有情怀的文化事件。中学政治教师要实现突破,必须先放下个人利益得失,要推动整个团队的进步,要推动整个社会的进步,需要拥有崇高的目标和坚定的价值观。

(三)职业自我概念视角

职业自我概念的形成,就是个体在职业生涯中不断追求主观自我与外在客观世界相互适应的动态建构过程。一般而言,中学政治教师成长道路上会出现三种境界:一是走出混沌的境界;二是问道求真的境界;三是敬天爱人的境界。教师的自主性在这个过程中不断增强,自我变得愈加清晰、复杂,产生或体验到的职业荣誉感自然不同。根据个体在三个问题上的自主性,把职业荣誉感分成工作导向的事务型职业荣誉感,社会导向的社会型职业荣誉感,以及任务—他人综合导向的平衡型职业荣誉感。分别对应教师的三种职业动机:期望、信念和渴望,即外在动机主导,过渡到内外混合,最终发展出自我驱动的内在动机。

第四节 职业荣誉感的表征

前面三节的内容,只是在概念上研究了职业荣誉感。通过访谈我们发现,中学政治教师的职业荣誉感是很难量化的,他们在表述判断标准和衡量指标时,更多是在表达一种态度、一种倾向、一种价值理念和行为取向。这些都说明生活自由、健康、家庭和谐平衡、人际关系在人们价值取向中占据不可或缺的地位。因此,有必要从心理—行为的双重维度观察职业荣誉感的表征,并借助多学科理论进行阐述,从而形成对它的系统性认识。

按照职业荣誉感的内涵，职业成功（Career Success）是个体产生及体验到强烈职业荣誉感的必要条件，也是个体具有职业荣誉感的最直接的外在表现。无论个体的职业荣誉感属于何种类型、强度、层次，都必然表现出高工作投入（Job Engagement），这是个体有职业荣誉感的直接的行为表现；但如果没有把握好工作投入度，或长期处于高投入低回报状态，不仅可能削弱个体的职业荣誉感，甚至会导致职业倦怠、离职等。感受到职业呼唤（Calling）的个体，其职业荣誉感的综合水平最高，换言之，他的职业荣誉感的利他性、内驱性特征更明显。支持这三种行为的心理动机分别是：因期望而追求职业成功，因信念而增加工作投入，因渴望而回应职业呼唤。

一、三种动机

上一节提到，职业荣誉感的底层心理动机可能有三种：期望、信念、渴望。它们虽然都是个体行动的动力来源，但对个体心理与行为的作用效果是不同的，无论是就性质而言还是程度，都不一样。其中，渴望是本文所指的中学政治教师职业荣誉感的心理存在形式。

渴望与成就动机的概念具有很强的相关性，成就动机（Achievement Motivation）是指个体对自己认为重要的，有价值的事情乐意去做，努力达到完美的一种内部推动力量（Nicholls，1982）。渴望与成就动机都具有目标导向性，对个体的行为均具有激发作用，均是决定个体行为和努力程度的动力因素。两者虽然相关，但并不是完全相同的概念，个体的成就动机是在其生活环境的影响下形成，其中家庭的特点与生活方式对个体成就动机的形成和发展具有重要的作用（彭聃龄，2012）。但就渴望而言，个体经历和周围环境对个体的渴望具有重要塑造作用，尤其受到个体渴望窗口内其他群体状态和行为的影响。因而，与成就动机相比，渴望在形成和发展中受到的影响范围更广。此外，渴望比成就动机的稳定性和适应性更强，即个体会根据外在环境和过去表现调整其渴望，相应地其行为也会随之改变。

渴望与信念、期望等概念同样具有差异。信念（Belief）是个体或群体的一种精神状态，即认为某件事就是如此，而不管是否存在经验或证据表明某件事真的如此，即不强调观念或主张的科学性或逻辑性。心理学理论认为，信念是指个体或群体对世界现状和其他潜在状态的本质认识和建构、行动与结果间的联系认识以及其他人的可能行为的立场(North,1994),是人们认识和改造世界的精神源泉,是从事一切活动的激励力量(余国良,2000)。与信念相比,渴望具有现实性,以未来可能实现的目标为导向,且是个体的一种能力。期望(Expectations)在《心理学大辞典》中的解释为在有关经验或内在需求的基础上产生的对自己或他人的行为结果的预测性认知。而渴望不仅仅是对未来的期望,还是个体行为的内生激励因素。但渴望与信念、期望之间也存在联系,行为人所处环境及其自身持有的信念、期望,都会影响渴望。

基于上述分析,将渴望定义为:渴望是决策主体以未来可能实现的目标为导向,识别能够激发和引导调整人们自身行为选择的能力,且这种能力随着决策主体的经历和外在环境的变化而变化,并具有相对稳定性。由此可以判断,具有职业荣誉感的个体因期望而追求职业成功,因信念而增加工作投入,因渴望而回应职业呼唤。

二、职业成功

职业成功标准是人们对职业成果意义的认识和评价,它取决于人们自身的需要和愿望。而人的需求是多种多样的,职业成功标准必然就是多元化的。职业成功的标准是一个有层次的结构,与其内在的需求体系相对应。一位受访者谈到他对职业成功标准的理解时强调,职业成功的标准不是单一的,而是复合的。他认为所谓的职业成功,首先要有一份高收入的工作,能挣很多钱,在物质上很富足。但如果只是挣很多钱,干的这件事自己一点也不喜欢,那也不能算是职业成功。一定要是自己喜欢的工作,还能有较高的经济收入,同时还必须对社会有所贡献,能满足这几个条件,那才叫职业成功。另外,职业成功标准不是固定不变的,和职业生涯发展的不同阶段相关联,人们的职业成功观也在发生变化。年轻时一心想的是自己的事业,认为在事业上出人头地才算职业成功。人到中年想法有了很大的变化,会更多地考虑孩子和家庭,会把家庭和事业的平衡看作是职业成功。职业是一个人安身立命的根基,成功的职业生涯是人们孜孜以求的人生目标。但很多人在追求职业成功的道路上体验不到成功的快乐和幸福,反而感受到了越来越大的职业压力。中学政治教师也不例外。

现实的矛盾和困惑促使人们思考:职业成功的内涵究竟是什么?职业成功有没有一个客观公认的标准?职业成功标准具有哪些特征?这些内容也适用于中学政治教师吗?研究结果表明职业成功不仅与个人的生活满意度和总体心理健康水平有正向关系(Hall,2002),同时也会在很大程度上促进组织发展和绩效提升(Judgeetal,1999)。因此,学者们对这一研究领域抱有极大的兴趣,并积累了大量研究成果,形成了包括内涵、理论模型、维度、测量及影响等的系统框架。

职业成功(Career Success)是指个体在工作经历中逐渐积累和获得的与工作相关的成就以及积极的心理感受(Seibertetal,1999)。随着研究的深入,学者们进一步将职业成功区分为客观成功和主观成功(Kuijpersetal,2006)。客观成功是指外部可以观察到并可以数量化的一些指标,如物质成功(财富、财产、收入);晋升次数、地位和头衔(等级位置)、可支配的权力、威望,影响力、知识与技能(Dries,2009)。而主观成功则是个人从其所从事职业的内部或外部获得的满意度,是个体的主观评价(Greenhaus,1990)。对个体而言,客观职业成功和主观职业成功的价标准并不总是重合的,高报酬和高职位并不能必然带来自豪感和成功感,有时它却恰恰带来了个人和工作的异化(Korman,1981)。故要同时考察职业成功的客观方面与主观方面。因此,有国内学者探究了中国情境下职业成功观的内容和结构(周文霞,孙健敏,2010)。他们运用深度访谈、焦点小组讨论的研究方法,通过归类、提炼主题,得到了职业成功观的九个类别:物质报酬、权力地位、绩效贡献、关系网络、安全稳定、才能发挥、获得认同、自由快乐、和谐平衡。依据西方文献中关于职业成功外部标准和内部标准的总体框架,将九个类别进一步抽象化,得到了职业成功观的三维结构:外在报酬、内在满足与和谐平衡(周文霞,孙健敏,2010)。归纳起来,职业成功包含四个要素。(见表1-1)

表1-1 职业成功的理论模型

	要素	含义	表现
客观职业成功	人际成就(Inter-personal achievement)	职业中达成的来自于个人以外的组织资源环境实际成就	晋升(advancement) 实际贡献(factual contribution)
	个人成就(Intra-personal achievement)	职业中达成的来自于个人自身实际成就	自我发展(self-development) 创造性(creativity)

续表

	要素	含义	表现
主观职业成功	人际情感体验（Inter-personal-affect）	职业中得到的来自于个人以外的组织资源环境的内心感受	认可（reorganization） 合作（cooperation） 感知到的贡献（perceived contribution）
	个人情感体验（Intra-personal-affect）	职业中得到的自于个人自身的内心感受和体验	安全感（security） 满意度（satisfaction）

依据智能职业生涯理论和积极组织行为学原理（POB），可以用职涯资本（Career Capital）概括个体层面的职业成功影响因素，即人力资本（HC）、社会资本（SC）和心理资本（PsyCap）是预测个体职业成功的三大类变量，其中心理资本是最基础的变量，它通过影响个体人力资本和社会资本的获得，进而影响职业成功。（详见本书第三章）职业生涯阶段和职业类型是人力资本和社会资本影响职业成功的调节变量。在职业生涯早期阶段，人力资本对职业成功的预测力更强，在职业生涯的中期阶段，社会资本具有更强的预测力。对于中学政治教师这种社会型的职业来讲，社会资本更有助于职业成功。职业适应性（Career Adaptability）是职涯资本影响职业成功的中间变量。（详见本书第四章）

研究表明，职业荣誉感是职业成功的结果变量，但职业荣誉感与客观成功和主观成功之间具体的作用机制尚不明确。如果再加入个体所处的职业生涯阶段、职业发展类型等变量，职业成功对职业荣誉感的作用关系就变得更加复杂了。另外，相比有统一、清晰的标准的客观职业成功，主观职业成功难以量化。有学者提出了职业成功感（Subjective Career Success）作为衡量中小学教师职业发展状况的指标，结果表明该指标能有效反映教师的获得感（赵小云，李福华，2019）。其内涵是指个体在职业发展过程中薪酬获取、晋升发展等客观情况及个体对自身职业的主观心理感受，它对个人的职业生涯发展和组织发展具有积极影响。因此，职业成功能预测职业荣誉感状况；学校和社会可以通过辅助教师管理职涯资本，提高职业适应性，获得职业成功，从而增强他们的职业荣誉感。

三、工作投入

工作投入(Work Engagement)描述的是个体工作中从生理(Physical)、认知(Cognition)和情感(Emotion)多方位积极融入的状态,是个体面对工作而产生的一种持久的心理行为状态,具体表现为个体在工作中积极的情绪体验、谨敏专注的认知和高度激发的体能状态的同时性、整体性的存在。其中积极的情绪体验表现为在工作过程中产生积极、快乐和热情的情绪体验;谨敏专注的认知表现为在工作中集中注意力和高专注度;高度激发的体能状态体现为主动、精力充沛地参与到工作中(胡少楠,2014)。作为个体的一种积极特质,它是最早由Kahn (1990)基于Goffman(1961)的理论得到的新概念。他将其定义为组织成员能够全身心融入工作角色,自由表达自我。通过深度采访和人种志研究,Kahn发现工作投入的个体会表现为:生理上积极主动参与到任务中;认知上保持谨敏、专注;情绪上能够表达自己在工作中的思想和感受,自己的创造力、信仰和价值,而且能够在工作中与他人产生共情、建立良好的个人关系。并认为意义感、安全感和可获得性是影响工作投入的三个心理前提条件。

与工作卷入(Job Involvement)、工作满意度、心流(Flow)等概念相比,工作投入的概括性更强,内涵更丰富。工作卷入的个体会发现工作有动力且具有挑战性;对工作、特定的任务和组织有承诺,且不倾向于离职;在职业关系上与管理者关系较近,因此会获得良好的反馈(Hallberg&Schaufeli,2006),主要是个体通过投资到工作中的认知能量来维持与工作相关的角色(Richetal,2010)。工作满意度主要是个体对工作本身和工作结果的一种情感体验,而工作投入不仅包括积极的情绪感受,还包括认知和行为的正向体验。心流是当人们完全融入所从事的活动时所体验到的一种整体感受(Csikszentmihalyi,1990),处于心流状态的个体会高度集中注意力于当下活动,暂时丧失自我意识,以及出现暂时性失真体验(任俊,施静,马甜语,2009)。换言之,心流是一种基于当下活动的高峰体验,是人们在特定活动上的一种短暂积极体验。而工作投入则是一种长期的、持久的状态。实证研究也表明,工作满意度是工作投入的结果变量;工作卷入及心流状态有利于工作投入(Akiva,2013)。

相关研究表明,工作投入的前因变量及结果变量均涉及个人因素和环境因素两方面。就其前因变量而言,个人因素包括生理(睡眠、专念),及心理状况

(积极情绪、积极情感、主动性人格、自我效能感、核心自我评价、角色清晰性、身份认同);环境因素包括组织支持、工作资源和工作特征。就其结果变量而言,工作投入有利于身心健康,有利于职业成功(工作满意度、工作能力、工作绩效、经济收入、工作重塑)正向预测个体的主动学习行为和亲社会行为。作为调节变量,它能巩固关系契约,激发创新行为和组织公民行为(Kataria,2013)。由此可见,工作投入与职业荣誉感之间存在"飞轮效应"。换言之,工作投入是职业荣誉感的表现,职业荣誉感有利于工作投入;工作投入的结果反馈会进一步激发职业荣誉感。因为驱动个体产生职业荣誉感及其强度和持久性的,是个体特质、工作因素以及个体与工作间的相互关系,而工作投入是以上动机条件下形成的一种心理状态。

如何提升中学政治教师的工作投入?本研究认为,工作投入的提升不仅取决于个体的内在个人资源,还取决于他们从组织获得的外在激励性诱因。因此,从资源保存理论和社会交换理论的双重视角出发,分析心理资本、职业成长机会对工作投入的影响及作用机制,研究发现:

第一,心理资本对个体工作投入有显著正向影响。资源保存理论认为,个体不仅会尽力维持和保护他们已有的资源,还会尽力获取和发展新的资源(Hobfoll,1989)。在获取和发展新资源方面,相对于个人资源池中拥有较少资源的个体而言,那些个人资源池中拥有更多资源的个体不仅不容易遭受资源损失,而且更有能力获取新的资源(Hobfoll,2011),从而表现出更少的压力和倦怠、更多积极的心理状态和行为(Halbesleben&Wheeler,2008)。具体到工作投入,资源丰富的个体更有可能带着能量和热情趋向他们的工作,因而表现出更高水平的工作投入(Gorgievski&Hobfoll,2008)。所以,拥有心理资本的个体在工作中出于投资以获取更多资源的动机,更可能表现出工作投入。说明不仅自我效能、乐观等心理资本构成要素对工作投入产生影响,整体心理资本亦有助于提升工作投入。

第二,职业成长机会对个体工作投入有显著正向影响。Kanter(1989)曾问:"如果员工被鼓励仅依靠他们自己,那组织如何去依靠他们呢?"在员工与组织的交换关系中,组织给予员工的诱因是员工为组织做出贡献的重要因素。从社会交换理论的视角解释职业成长机会与工作投入的潜在关系具有重要意义。本质上来说,员工与组织是一种社会交换关系(March&Simon,1958)。社会交换理论指出,当员工从组织中获得所期望的经济性或非经济性报酬时,就会产生回报组织的义务感,并通过积极投入工作、完成任务目标、维持良好人际关系和履行组织角色期望等方式回报组织(Blau,1986)。职业成长机会作为一种重要的非经济性报酬方式,是指员工在工作中所体验到组织为其提供学习、成长及职业发展的机会(Meijman,1994)。因此,当中学政治教师在工作中获得更多职业发展机会时,他们就会更愿意通过积极投入工作完成任务目标以回报组织。另外,职业成长机会还具有内在激励性,能显著提升工作意义感,从而为工作投入创造必备心理条件(Kahn,1990)。

第三,职业成长机会在心理资本与工作投入的关系中起到正向调节作用。职业成长机会作为组织抛出的"胡萝卜",具有划定边界的作用,职业成长机会是促进拥有心理资本的个体进行工作投入的有效催化剂。在同样心理资本水平的情况下,相对于职业成长机会低的员工而言,职业成长机会高的个体的工作投入水平更高。个人—情境互动学派指出,个人因素对个人心理与行为的影响常常受到外部情境因素的调节,即二者以交互作用的方式对个人心理与行为产生影响(Kahle,2013)。因此,作为个人内部资源的心理资本对教师工作投入的影响会受到作为外部激励因素职业发展机会的调节。即当教师在组织中感知到职业成长机会越多,心理资本与他们工作投入的关系越强。之所以如此,是因为:自信、乐观等积极心理资源只是为教师工作投入提供了良好的心理基础,这种基础能否转化成实际工作投入,还需要组织提供良好的外部条件(Barrick,2015),而职业发展机会则是组织为教师创造良好工作条件的重要方面之一;对于教师,职业发展机会是重要的组织诱因,具有非常强的激励性,职业发展机会能动员个人心理资源,从而增强心理资本与工作投入之间的正向关系。由此,职业成长机会对心理资本与工作投入之间的关系具有调节作用。即当教师拥有更多职业成长机会时,心理资本与工作投入的正向关系更强。

对于学校管理实践的启示主要有:首先,学校要关注教师的心理资本,建立科学的招聘与选拔机制。研究结果表明,心理资本影响个体的工作投入,而内在心理资源具有相对稳定性。考察中学政治教师的工作特征,不难发现,他们多从事智力型工作,一般具有工作任务复杂、工作边界模糊和非常规化及需求技能多样性等特点。与职业荣誉感弱的个体相比,高荣誉感的个体在工作中会大量投入脑力、精力及体力。因此,学校在教师招聘、晋升选拔等管理活动中,建立科学的甄选机制,注重对教师心理资本的测评,从源头保证高荣誉感者具备表现出更多工作投入的潜能。其次,学校要向教师提供充分的职业成长机会。具有职业荣誉感的教师获取职业发展的资源和途径多于其他教师,同时,职业成功的预期也大于其他教师。而传统“官本位”的组织结构中,职业荣誉感过强的教师所面临的职业发展障碍是当不愿意或者不擅长从事管理性工作时,他们会遭遇“玻璃天花板”和“职业高原”。若组织不能给予这部分群体学习、成长的机会或多通道的职业发展机会,他们容易产生怀才不遇的心理压力,更无法尽力投入工作。因此,学校不仅要为高荣誉感者提供一份付出与回报平衡的经济报酬,而且要充分了解他们的个人需求和职业发展意愿,为其提供合适的多元化通道,给他们创造个人职业成长的空间。最后,由于高荣誉感教师的管理颇具复杂性,想要激发他们的工作投入,不仅要关注内在个人资源,比如心理资本的测评和开发,也要关注外在的组织诱因,比如提供职业成长机会,充分发挥二者的协同作用,才有助于提高他们的工作投入。

四、职业呼唤

“呼唤”作为一个源于神学与宗教的术语,已成为社会学和组织行为学领域逐渐明晰的一个新构念,用以描述个体选择对自己和社会更有意义的职业的行为,并表现出强烈的职业责任感、体验到真实的职业幸福感。目前为止,还没有明确定义,但在这个概念的演进过程中,其内涵本质逐渐显现出来。

第一,职业或工作本身就是一种呼唤。Weber(1956)认为,呼唤指个体受上帝的召唤从事的遵从道义或对社会有意义的职业。Davidson(1994)等将呼唤定义为受上帝的召唤而从事的职业。类似地,Colozzi和Colozzi(2000)认为,呼唤是个体须要做出一定牺牲而从事的职业,它虽然无法给个体带来多少物质利益,但却能使整个社会更加美好。Hall和Chandler(2005)指出,响应呼唤是主观职业成功的最高标准,是个体一生追求的目标。从这个角度说,因为中学政治教师这个职业本身具有亲社会性,只要个体的天分和特质与职业相匹配,他就会在职业生涯中努力追求职业,而职业荣誉感只是这种追求行为取得实际结果后的副产品。

第二,因符合职业价值观而产生呼唤。个体有三种导向的职业价值观,即谋生导向(Job Orientation)、职业导向(Career Orientation)与呼唤导向(Calling Orientation)(Bellah,1986)。职业对不同导向的个体具有不同的意义。谋生导向的人认为职业的意义在于获得符合预期的报酬;职业(狭义)导向的人认为职业的意义在于获得晋升、权利与声望;呼唤导向的人则把职业视为人生的一部分,认为其是内在激励和职业成功的源泉,谋求职业不完全是为了物质与名望,更多的是为了实现个人的主观成就。

第三,指向某种职业路径的激励力量。呼唤可能是一种外部召唤或内心感悟,因此,可以视为一种激励力量。Dik 和 Duffy(2009)就把呼唤理解为个体感受到的指向特定职业并超越自我的力量。这种力量来自别人的需要与社会利益,也是个体追求生活意义与目标的动力。

可见,职业呼唤包含了主观幸福感、工作投入等概念的内涵,是具有强烈职业荣誉感的个体表征。因为它具有意义性、亲社会性;响应呼唤的个体会产生高度的工作卷入感、激情与责任感。呼唤具有清晰的目标性,行为人能感受到呼唤指向何处,为何而存在,因此会产生对呼唤指向领域的激情与追寻呼唤的责任感,并愿意为响应呼唤而做出牺牲(Duffy,2011)。信念、价值观是呼唤产生的基础,而行动激情则是呼唤形成的外在表现。呼唤感强的人往往具有高度的工作卷入感,愿意主动承担更多的工作,易产生更多的工作激情与责任感,其共同的行为特征是主动、坚韧、顽强和有活力。

职业呼唤感的来源有三类:(1)来自外部(社会需求、他人引导)或内部(天资与才能)的指引力量;(2)来自人职适配,当个体的能力、特征与工作特点高度匹配时,呼唤感就容易产生,同时个体能够体验到积极情绪;(3)能导致利他意愿与行为(田喜洲,2012)。

呼唤对在职者的影响表现在:响应呼唤能对个体的工作变量(工作满意度、工作热情、职业认同、职业重要性感知、工作意义感、组织责任感、自觉性)产生积极影响,即强烈的呼唤感能导致有利的工作结果。具体而言,对工作的呼唤感越强烈,工作满意度就越高,生活也越有意义,越容易做出职业决断,同时对职业和组织的承诺水平也越高。有学者以教师为研究对象,发现它是激励教师专业(尤其是教学)发展的重要动力机制(Bullough,2012)。

随着落实立德树人根本任务的实践推进,使命感会成为广大教师坚守教育事业、坚持教育工作的精神支柱和思想指南,时刻指引着他们的行动。从内容上看,它涵盖了广大中学教师对国家和社会赋予的教书育人、培养人才、传道授业、教化文明的职业使命的认知、情感和行为,涉及品行道德、工作成就、事业追求、社会奉献等。从功能上看,使命唤起是教师的职业动力;利他奉献是完成职业使命的基本要求;职责担当是对教育职业的认同和内化;职业坚守是教师履行职业使命的效果。高职业使命感的人更可能具有高度的职业责任感、更积极的工作态度、更多的自我牺牲和更努力的职业投入。职业使命感各因素的功能是环环相扣、不断递进的,教师在追求学习、工作、教育的同时,不断提升自身对教师的职业态度和责任心水平,以完成对事业终身追求过程。

当然,一味追寻呼唤也可能产生负面影响。如能使个体体验到幸福、加深个体的工作卷入、使个体产生较强的内在激励,追寻呼唤是件好事。但追寻呼唤可能是一把双刃剑:它一方面是工作意义、身份认同的基础,但另一方面也会带来更多的工作负荷、责任与牺牲,而且响应呼唤者容易受到雇主的剥削(Bunderson&Thompson,2009)。

职业呼唤作为一种新的工作动力来源,与传统的物质或外部精神激励手段不同。根据动机的三要素理论和工作要求与资源模型,在主要的工作资源和个人资源相当的情况下,职业使命感仍能够额外对工作投入的变异进行解释。同时,职业使命感对工作资源的效应具有强化调节作用,即职业使命感对工作动力的调动和杠杆作用,对组织管理调动和发挥员工的内在激励源泉有重要的启示。

总之,职业呼唤的本质特征是亲社会性,使命感、身份认同、工作意义是呼唤产生的心理基础,而激情、身心投入、才能展示则是其积极结果,是使响应呼唤成为现代主观职业成功的重要标志之一。由此可见,职业呼唤可以很好地解释主观主导型职业荣誉感。它是个体职业荣誉感的心理标志,也是衡量个体职业荣誉感适度、恰当与否的指标之一。也就是说,响应职业呼唤的个体,其职业荣誉感强,而且具有明显的利他性,内在动机主导职业行为;更具有企业家精神,即为了追求职业(工作),愿意冒险和承担责任。另外,从应用层面看,可以从职业呼唤的三类来源入手,提升中学政治教师的职业荣誉感。

五、理论研究结论

综上所述,通过对心理学、伦理学和人类学等学科中与职业荣誉感相关文献的梳理与整合,笔者对职业荣誉感的概念、属性及特征进行了厘定,详细回答了是什么的问题,并初步分析了为什么的问题。

(一)研究结论

本书认为职业荣誉感本质上是个体的自主能动性,有三种存在形式:性格特质,主体能力及行为状态。

就性格特质而言,表现为一组品质:高亢而有原则的野心、勇气、骄傲,以及对自尊以及公共声誉的渴望。这种作为性格品质的职业荣誉感有四个特征:其高亢的野心;对敬畏与反身性的平衡;片面性;对认可与抵抗的混合。

就主体能力而言,是主体的一种能力。这种主体能力的特征是:第一,意味着目标或目标导向,即追求未来的最终状态。这种以未来为导向的特征,决定了职业荣誉感只能是在未来某些时刻得到满足的目标,而并非能即刻得到满足。第二,因个人经历和周围环境的变化而变化,即受到个体的自身经验和情感窗口内其他群体状态和行为的影响。因此,在不同的社会经济背景下,个体或群体的职业荣誉感具有不同的特征,即具有个体属性和社会属性。第三,具有相对稳定性,人们可能不会因为相信改变当前的状态是必要的而去追求不同的生活。但当人们暴露在与自己背景相似但社会经济地位不同的榜样情境中,根据"替代性经验",他们将会调整自己的职业荣誉感。第四,是主体行为内生的激励因素。即能够激发个体的行为,能够调动和引导个体的能量转化为行为,驱使个体为实现目标而投入时间、资源,并成为行为的内生动力。这种作为主体能力的职业荣誉感集中表现为个体的职涯资本,即心理资本、人力资本、社会资本各自的数量和质量,以及彼此的协同作用。

就行为状态而言,是个体因期望而追求职业成功,因信念而增加工作投入,因渴望而回应职业呼唤。这种作为行为状态的职业荣誉感需要一个多维生态系统的支持,即由参与者系统、组织行为系统和制度规范系统构成的生态系统。其中参与者系统是根本动力,组织行为系统是理解心理与行为变异的关键,而制度规范系统则是中学政治教师职业荣誉感生成演变的文化底色。

（二）启示及意义

职业荣誉感作为影响主体行为的内生动力因素，对主体行为具有重要影响，在学校管理中运用本文的理论能够有效激发工作效率、降低离职率、提高管理效率。

无边界职业生涯背景下，教师的流动性较强，如何留住优秀教师是教师队伍建设与管理的战略性问题。对教师的职业荣誉感进行管理有助于匹配教师的工作内容与其荣誉感，对提高教师的忠诚度、满意度及帮助学生长期发展具有重要意义。首先了解并密切关注教师的自我概念和渴望，分析教师的兴趣与实际工作的差距；其次，据此发掘其具有的能力优势，并提供发挥其优势的机会与平台；再次，结合教育目标对教师的职业荣誉感进行引导和塑造；最后，有针对性地培养其能力，实施持续性的绩效考评，帮助教师实现目标，就能基于职业荣誉感原理构建有效的管理策略。

对教师的职业荣誉感进行管理是创建有效工作环境的重要工具，有助于实时了解员工的职业荣誉感，实现与其工作内容的动态匹配，让目标实现途径有迹可循。教师的职业荣誉感能得到实现，有助于提高学校的管理效率和教师的工作效率、工作满意度，并促进教师的归属感，降低离职率。

（三）形成机制假说

无论是性格品质、主体能力还是行为状态的职业荣誉感，都让主体以未来可能实现的目标为导向，并且能够激发和引导主体调整其行为；具有相对稳定性，但会随着决策主体的经历和外在环境的变化而变化。因此，职业荣誉感兼具个体属性、社会属性和文化属性。可以初步从社会比较、适应、自我效能感和控制点等理论构建形成机理的分析框架。形成机理与的特征具有密切的关系，其中社会比较对应个体职业荣誉感受其外在环境影响的特征，适应与个体职业荣誉感受其自身经历影响的特征相契合，自我效能感与职业荣誉感以未来可能实现目标导向性和能力特征相对应，控制点与职业荣誉感所具有的相对稳定特征保持一致。四个作用机制相互协作共同发挥作用，有机促成个体的职业荣誉感。

首先，个体通过与其所生存的环境中的他人进行比较而促成其对未来的定位，形成对自身的初步认识，即社会比较在职业荣誉感的形成过程中体现为个体受外在环境决定的特征。个体社会比较的方向(上行比较、下行比较、平行比较)不同,所形成窗口或宽或窄,相应的选择集也不同。

其次,个体的荣誉感受到其先前实现情况的影响,随着成功经验的增加而提高。因此,适应对职业荣誉感所产生的影响具有阶段性或周期性,遵循荣誉感→实现情况→职业荣誉感的心理逻辑,即在某个阶段内具有相对稳定性,这个阶段长短受制于个体的某些特征。如对新手型教师而言,适应速度异常缓慢;每个循环阶段结束,意味着在适应的作用下,情感得到调整,进入新一轮循环。

再次,个体的自我效能感决定其对行动结果的预期与职业荣誉感的未来导向特征之间具有内在的一致性。而个体的自我效能感影响其在行动中付出的努力、面对逆境的坚持性及其对实现既定目标表现出的处理、执行、成功的能力等信念。具有高自我效能感的个体的职业荣誉感往往较高,而具有低自我效能感的个体则较低。

最后,控制点关注的是个体对其是否能控制生活事件的信念。内控者的荣誉感通常较强,而外控者的则通常较低。个体的控制点在短期内是稳定的,尤其是当个体浸入在一个固定的社会结构时,往往很难相信自己有能力改变或控制自己的生活(Flechtner,2014),而呈现出低荣誉感特征。

故本书接下来就采用综合分析的方法,分别从微观、中观及宏观三个维度分析中学政治教师职业荣誉感的不同存在形式的生成条件、发展动力和变化规律。本篇中的第二、三章是关于微观维度的分析,内容包括中学政治教师职业荣誉感的心理结构,以及塑造其心理结构形态,并直接影响职业成功的三大"职涯资本"——心理资本、人力资本、社会资本。第二篇是关于中观及宏观维度的分析,依据系统动力学原理,研究了影响中学政治教师职业荣誉感发展状况的三大动力系统——参与者系统、组织行为系统、制度规范系统。第三篇则主要着眼于理论应用的问题,在基于前两篇的理论分析基础上,结合实证研究结果,归纳出中学政治教师职业荣誉感变化的三个规律。

第二章

中学政治教师职业荣誉感的结构分析

在对中学政治教师职业荣誉感内涵、特征、功能及生成进行理论界定的基础上，要编制一份具有良好信效度，能够调查分析中学政治教师职业荣誉感现状及成因的问卷，还需要通过先理论假设，后实证分析的方法，进一步研究中学政治教师职业荣誉感的结构。理论假设其是一个包含了职业认同感、职业责任感和职业幸福感的三维结构。而实证分析表明其实际上是一个由职业责任感和职业幸福感两个并列一阶因子构成的二维结构。

第一节　理论假设:三维结构

一、中学政治教师职业荣誉感的生成

中学政治教师的职业荣誉感作为一种主观意识,不是抽象的、固定的存在物,而是一个历史的、具体的生成过程。不仅受特定的社会制度和文化环境的制约,还会受到教师价值观、职业观的影响。因此要通过静态与动态分析相结合的方法探究中学政治教师职业荣誉感的生成因素、生成过程和生成的阶段性特征。

(一)中学政治教师职业荣誉感生成因素

中学政治教师职业荣誉感的生成因素指的是影响教师职业荣誉感水平、程度的各类影响因素,主要包括生成的环境因素和生成的心理因素两个方面。

1.中学政治教师职业荣誉感生成的环境因素

教师职业荣誉感作为一种主观意识和情感体验,客观环境是其产生、变化和发展的现实基础,包括了社会环境和组织环境两个层面。

第一,社会环境层面。社会环境的影响主要表现为中学政治教师职业声望与主观期望之间的矛盾,二者的矛盾调和状况影响着教师职业荣誉感的强弱。具体而言就是教师现实的社会、经济、法律和专业地位与其主观期望的符合程度。符合程度越高,教师的职业荣誉感就越强,反之,符合程度越低,教师的职业荣誉感就减弱。

第二,组织环境层面。组织环境的影响主要表现为学校的组织管理方式与教师的组织需要之间的矛盾,二者的契合程度影响着教师职业荣誉感的强弱。学校与教师之间除了签订法定契约外,还会形成一种心理契约关系。研究表明,中学教师心理契约的违背与离职意愿和教师职业倦怠之间存在密切联系(吴萌,2008)。所以,学校对教师心理契约责任的履行状况是教师职业荣誉感状况的组织成因,即当学校越能了解和满足教师的需求与期望时,中学政治教师心理契约违背的程度越低,其职业荣誉感也就越强。

2. 中学政治教师职业荣誉感生成的心理因素

“如果一位教师选择为他人、为社会做有益的事情，为国家发展、民族复兴培养更多更好的人才，并以此为人生大乐，那么他的人生就有了永恒价值，他所从事的这一职业就获得了伟大意义。”①要使中学政治教师体验到职业荣誉感，尊重自己、岗位和社会，固然需要职业本身具有较大的社会价值，需要外界提供坚实的物质环境基础，但归根到底，职业荣誉感终究是教师自身内在的心理活动，关键还在于自己的判断和选择。所以，中学政治教师的心理因素是教师职业荣誉感产生、变动和发展的心理基础，是客观环境因素发挥不同程度制约作用的调节器，即教师心理调节能力越强，其受到不利环境因素影响的程度就越小，就越能有效地调节现实环境与心理需要之间的落差，表现出更强烈的职业荣誉感。

中学政治教师职业荣誉感生成的心理机制是指教师整合关于自身职业荣誉的外部评价和自我评价的心理过程，主要包括了教师的职业道德认知、道德情感和道德意志。其中，“职业道德认知”是指教师对教师职业道德理论内容的认识和理解，是情感和意志产生的前提；“职业道德情感”是指教师依据教师职业道德标准，对教育教学中的道德关系和自己或他人的道德行为等所产生的爱憎好恶等心理体验，②能够深化认知，坚定道德意志；“职业道德意志”是指能够促使教师在自身道德认知和道德情感作用下将内生的动机外化为职业行为的心理力量，会通过职业道德行为反作用于道德认知和情感。三者关系平衡与否决定了教师能否建立应对环境的强大心理基础，任何一个要素发生失衡，都会导致教师对外部的反馈作出消极判断，从而挫伤其职业荣誉感。

（二）中学政治教师职业荣誉感的生成过程

教师的职业荣誉感是心理和环境因素共同作用的结果。结合过去的研究成果，借鉴管理学中的信息传输模型，参考国内学者提出的沟通单元模式图（陈亮，2005），从理论层面构建中学政治教师职业荣誉感生成图式（见图2-1）。

沟通单元中的六个环节：①输入→②接收者→③目的地→④信源→⑤传送者→⑥输出，分别被赋予特定含义，将中学政治教师在一定背景变量下，心理与

---

①于洪良．略论潘懋元的教师职业荣誉感[J]．山东高等教育，2015(12)．

②黄蓉生．教师职业道德新论[M]．北京：人民教育出版社，2014：154．

环境互动后产生的结果串联成一个闭合的回路模型，通过这个模型可以清晰地看到影响教师职业荣誉感的各因素及作用过程。

各环节具体含义是：①“输入”指的是中学政治教师的职业素质，是其从事教学工作，担任政治教师角色的前提和基础，也是影响其入职后职业荣誉感体验的个人原因，包括了专业知识、能力，职业精神及健康状况。②“接收者”指的是产生职业荣誉感的主体，中学政治教师。教师的背景信息影响着他的职业行为和职业情感，包括了性别、教龄、学历、专业、职称、学校等。③“目的地”指的是政治教师的职业行为。教师职业行为类型的划分标准多种多样，按照行为对象的不同，可将其划分为中学政治教师对学生、对学校、对社会、对教育行政部门和对自我行为五类。④“信源”指的是教师在上述职业行为过程中取得的成果，包括三类，完成对学生的立德树人任务，通过学生科学文化素质和思想品德素质的提升表现出来；履行对学校的组织承诺，通过各种有利于学校发展的成果表现出来；促进自我的发展和实现，通过职业能力提升、教学反思成果、学识学历提升表现出来。⑤“传送者”指的是政治教师职业行为对象对其工作成效的评价，按照评价形式划分为定性和定量评价两种，按照评价主体的不同可以进一步划分为自我评价和他人评价。这些都是中学政治教师职业荣誉感的直接来源。⑥“输出”指的是中学政治教师的职业荣誉感，包括了职业认同感、职业责任感和职业幸福感三个方面。整个模型不断循环往复，随着教师职业生涯的推进，各个环节都在发生着相应的变化，其中某一个环节一旦发生异常，也会对其他部分造成相应的影响，这说明提升中学政治教师职业荣誉感是一个系统工程。

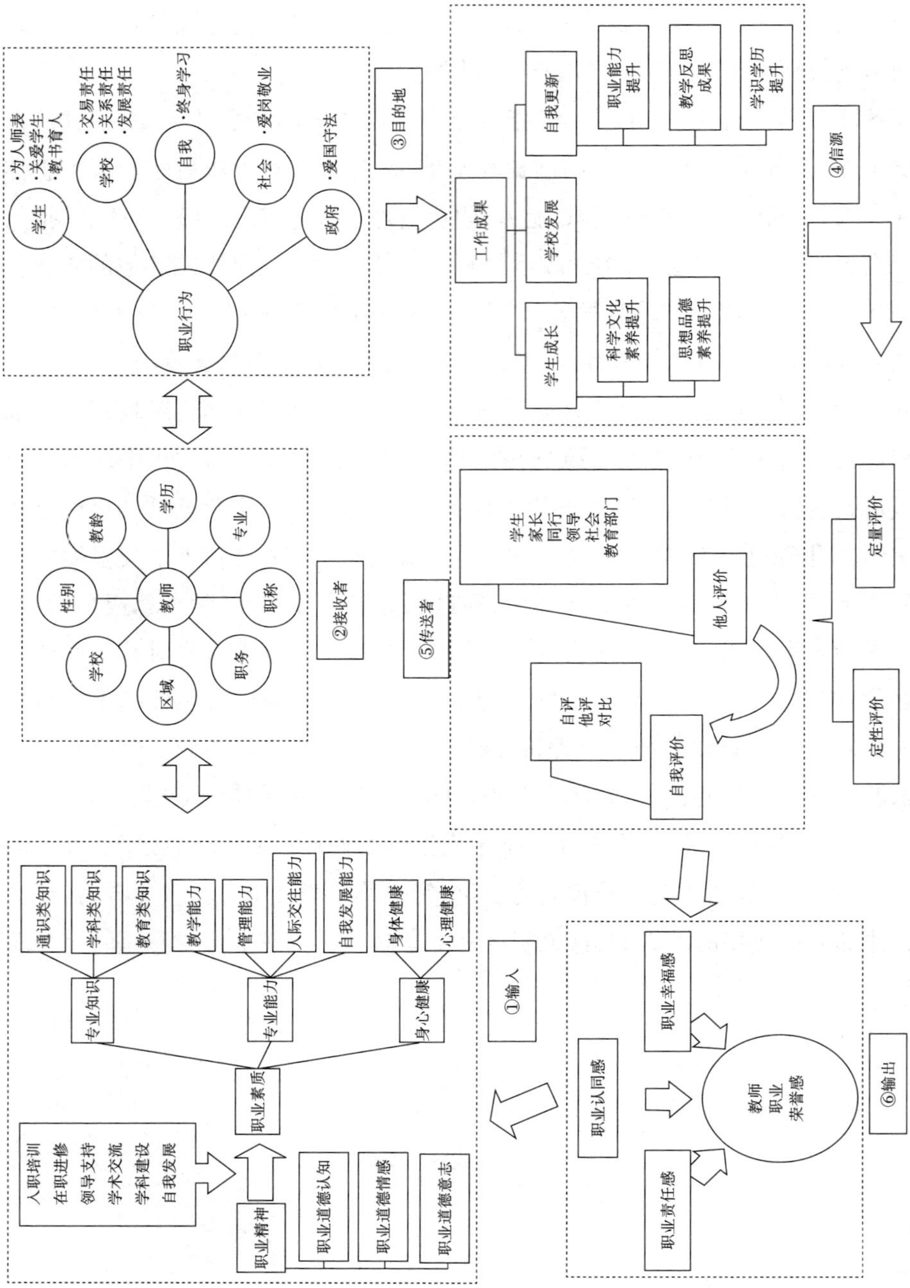

图 2-1　中学政治教师职业荣誉感的生成过程模型图

（三）中学政治教师职业荣誉感生成的阶段性特征

中学政治教师的职业荣誉感会随着教师职业生涯的发展而变化。在不同的职业生涯阶段，教师的职业需求和在职业生活中关注的内容不同，[①]其职业荣誉感的生成呈现出阶段性特征（见表2-1）。

表2-1　中学政治教师职业荣誉感生成的阶段性特征

职业生涯阶段	职业荣誉感生成类型	职业荣誉感生成特征
预备职业生涯阶段 教龄：0~4年	客观因素主导型	职业荣誉感不稳定，其状态、水平、性质易为客观环境所左右，忽高忽低、忽强忽弱。
专家职业生涯阶段 教龄：5~16年	主观因素主导型	职业荣誉感趋于稳定，能够在较高的成就动机和教学热情的支持下，有效地调节主观认识，以适应不利环境造成的消极情感体验。
退缩职业生涯阶段 教龄：17~21年	主客观因素相持型	主客观因素的矛盾突出，主体期望与现实条件落差很大，教师心理防线崩塌，缺乏调节矛盾的有效手段或积极性，而现实环境又始终没有得到改善，从而导致职业道德情感、意志失衡，行事极端，经常感到愤懑和焦虑，面对压力下产生的消极情绪要么无动于衷，要么刻意回避，要么应付了事，要么进行错误的归因，造成"习得性无助"，在教育教学过程中不愿迎难而上，躲避挑战。
更新职业生涯阶段 教龄：22~27年	主客观因素协调型	成功地克服了主观心理失衡状态，客观环境也得到了令人满意的改善，职业荣誉感呈现出高水平和高稳定状态。
退出职业生涯阶段 教龄：28年及以上	主观因素主导型	客观环境的变动对主观感受的影响越来越小，主要依靠教师职业理想及已取得的成就进行维系和调节。

二、职业荣誉感三维结构的理论假设

中学政治教师职业荣誉感是指中学政治教师主观上的一种"职业爱"，这种爱包括了对从事教师职业的热爱感、认同感，对完成本职工作的责任感、使命感，对实现立德树人的成就感、幸福感。故假设中学政治教师职业荣誉感的心理结构是一个由职业认同感、职业责任感和职业幸福感组成的三维结构（见图2-2）。

①杨秀玉.教师发展阶段论综述[J].外国教育研究，1999(6).

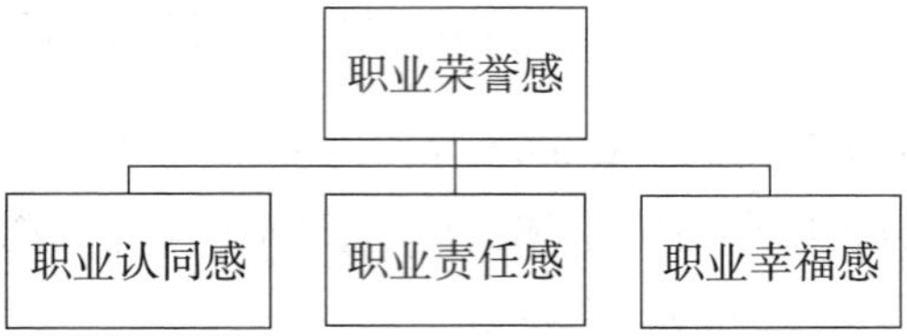

图2-2 理论视域中的中学政治教师职业荣誉感结构

(一)职业认同感

从职业认同感产生的原因看,它既是教师的主观感受,也是教师与社会环境交互作用的产物;从其发展的动力看,它不是外界强加给教师的既定的观念、感受,而是教师通过发挥主观能动性构建的;从其发展的过程看,它会随教师职业生涯发展到不同阶段,而呈现出不同的水平和特征。因此,中学政治教师的职业认同感主要是指政治教师接受、认可自己的职业,主动建构教师角色的一种自我概念的情感体验,直接表现为从业者的择业观,出于兴趣选择教师职业的人,职业认同感都比较强。比如17岁就投身教育事业并终身从教的苏霍姆林斯基,那些放弃城市优渥条件到边远地区支教的“春蚕”们,都具有强烈的职业认同感。

(二)职业责任感

在职业认同的基础上,个体会产生完成本职工作、获得社会认可的需要,这就是职业责任感。中学政治教师的职业责任感主要表现在对学生成长、学校发展、对自我提升的关心与关注,是一种教师在坚定的职业理想推动下产生的一种持久而坚定的道德情感。强烈的职业责任感是教师具有职业荣誉感的表现,但现在有的中学政治教师,虽然在理智上认可这个角色的职责,但却没有在情感上接受这个角色,缺乏责任感和使命感。所以,要增强中学政治教师的职业荣誉感,关键是教师自身要认清自己在教育事业中扮演的角色,承担角色赋予的职责,只有这样,才能赢得他人真正的尊重。

(三)职业幸福感

职业幸福感是指中学政治教师在职业生活中因取得各类成就,并得到外界认可后产生的一种积极的职业情感,是提升其职业荣誉感的必要保证。无私奉献是教师职业的一大特性,但根据马斯洛的需要层次理论,每个人都有生存、安全、交往、获得尊重及自我实现的需要。所以,在要求中学政治教师树立坚定的共产主义信念,为培育建设社会主义的“四有”新人而无私奉献的同时,还要构建增强教师职业幸福感,提升职业荣誉感的外部机制,比如良好的职业声望、恰当的社会地位、合理的经济待遇、宽阔的发展前景,等等。当然,人并不是被动地接受环境的影响和改造,中学政治教师要获得稳定的职业成就感与幸福感,还必须加强自己的道德修养,提升发现、感受职业幸福的能力。

第二节　实证确认:二维结构

在三维结构理论假设的基础上,根据社会科学领域量化研究方法,通过文献研究法、开放式问卷法和专家评估法编制结构量表,及分层抽样调查法、项目分析法和因素分析法测试结构量表两个环节,对中学政治教师职业荣誉感的结构进行了实证分析,最终确定中学政治教师职业荣誉感是一个包含了职业责任感和职业幸福感的二维结构。根据这一结构修订的自编的《中学政治教师职业荣誉感调查问卷》(见附录三)具有良好的信效度,可以作为调查分析现状及成因的工具。

一、量表项目库的设置依据

根据职业荣誉感三维结构的理论假设,初步设计的量表由三部分组成,问卷项目有两个来源:一是借鉴已有的成熟量表,根据需要筛选和调整题目表述方式;二是通过发放开放式问卷,从现实生活中获得题目素材。

(一)文献研究

量表编制的文献来源主要包括:第一,教师职业倦怠感量表。马斯勒(Maslach,1986)的教师职业倦怠问卷(MBI-ES)。第二,教师职业幸福感量表。Ryff的心理幸福感量表,邓睿的我国中学教师职业成就感量表,曾瑜的中学教师职业幸福感调查问卷。第三,教师职业认同感量表。魏淑华的教师职业认同量表,李晔等人的中小学教师职业认同问卷。第四,中学政治教师职业情感量表。李磊的中学政治教师专业素质调查问卷,陈梅英的中学政治教师职业幸福感现状调查表,陈辉的中学政治教师职业认同问卷。林红斌的中学政治教师工作状况调查问卷。

(二)开放式问卷

开放式问卷(见附录一)包括两个部分。第一部分是被试的基本信息,第二部分包括了四个问答题:您认为一名具有职业荣誉感的中学政治教师会有哪些表现;请您回忆自从教以来,激发您职业荣誉感的事情;请您回忆自从教以来,挫伤您职业荣誉感的事情;请问您认为目前影响您从工作中获得职业荣誉感的因素有哪些;以及一个图形测试题(见图2-3),图中灰色圆圈代表职业荣誉感,白色圆圈代表教师的主观感受,两个圆圈重合部分越大代表教师体验到的职业荣誉感越强、程度越深,持续时间越长,其测量结果将与中学政治教师职业荣誉感量表进行皮尔逊相关系数测量,如果达到0.001的显著水平,则证明量表效度良好。

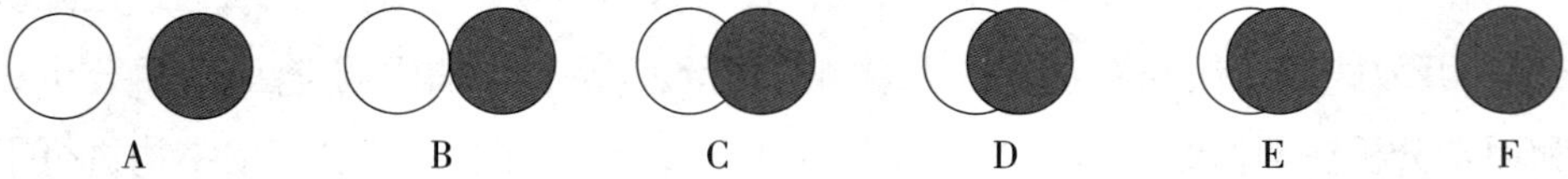

图2-3 中学政治教师职业荣誉感的图形测试

以网络电子版问卷的形式发放了40份,回收35份,有效问卷30份。通过四个题目的调查,收集了中学政治教师具有职业荣誉感的表现,其主要来源及影响因素等信息。在不进行类别区分的前提下,参与问卷填写的教师提供了共计50条表现,90条激发职业荣誉感的事,73条挫伤职业荣誉感的事以及50条影响因素。对结果进行归纳总结后,得出几点启发:

首先,评价教师职业荣誉感强弱的标准主要是教师自身的职业道德行为,即教师对国家、社会、学生及自我的一种责任意识,即职业责任感。其次,教师职业荣誉感的强弱,受教师扮演不同职业角色时获得的反馈的性质与时效影响。包括三方面反馈:第一是师生关系,对教师职业荣誉感影响最大。第二是家长和学校对工作的支持和成果的认可程度。第三是教师自我实现需要的满足程度。最后,图形测试一题大部分被试选择了B选项,一定程度上说明当下存在中学政治教师职业荣誉感不足的问题。

下面整理了被试关于自从教以来挫伤职业荣誉感的事的描述(见表2-2)。

表2-2　自从教以来挫伤中学政治教师职业荣誉感的事

	项目	被试中具有代表性的说法
教师与学生关系	科学文化素质	·即使花了许多精力,学生依然无法取得理想的成绩 ·学生学习政治的态度差,动机不足 ·差生转化困难
	思想品德素质	·学生在课堂上和老师顶嘴 ·学生的反感和不解 ·课堂纪律差,学生不尊重 ·学生不良的言行举止
	学科地位	·学科分值太低,部分学生不重视 ·课堂上得不到学生的回应 ·政治课沦为副科,却要求政治老师担任班主任
教师与学校关系	交易型责任	·工资待遇低 ·学校下达的任务繁重,收获与付出不成正比 ·考核多,工作时间太长 ·聘任制搞得“人心惶惶”
	关系型责任	·以升学率衡量教学效果,同事之间存在“恶性竞争” ·交往圈子太小
	发展型责任	·晋升空间狭窄 ·学校领导不重视政治,所以学科建设资源匮乏
教师与社会关系	职业压力	·社会对教师的期望值太高 ·因为个别事件导致社会对教师群体的道德水平存在偏见 ·教学之外杂务缠身 ·劳动价值与劳动报酬相背离,家庭生活压力大
	人际关系	·老教师不认可自己的工作 ·同事的轻视 ·朋友对我角色价值的否定 ·学生家长的不理解、不尊重 ·对学生表示关心,但学生不理解
	专业权利	·社会认为中学政治教师没有含金量 ·“新课改”后政治教师地位更尴尬了
教师与自我关系	职业能力	·网络时代的学生视野更开阔,思维更灵活,教学压力比较大 ·参加赛课,成绩总不理想 ·课堂组织管理能力欠缺
	学识学历	·学校年轻教师多研究生,在做研究型教师成为必然趋势的当下,感觉自己即使经验丰富,依然缺乏竞争力 ·因为学历限制无法参加评优和职称评定
	教学科研	·感觉自己教学反思能力不足,难以转化成实在的科研论文

依据理论分析及开放式问卷调查的结果，整理量表题库如下（见表2–3）：

表2–3 中学政治教师职业荣誉感问卷题库及结构

<table>
<tr><th colspan="2">问卷结构</th><th>题目维度</th><th>对应题数</th><th>对应部分</th></tr>
<tr><td colspan="2" rowspan="2">背景信息</td><td>人口学变量</td><td>9</td><td rowspan="2">第一部分</td></tr>
<tr><td>社会经济地位变量</td><td>5</td></tr>
<tr><td colspan="2" rowspan="3">中学政治教师职业荣誉感的表现</td><td>职业认同感</td><td>7</td><td rowspan="3">第二部分</td></tr>
<tr><td>职业责任感</td><td>9</td></tr>
<tr><td>职业幸福感</td><td>10</td></tr>
<tr><td rowspan="8">调节变量</td><td rowspan="4">心理因素</td><td>教师职业道德认知</td><td>6</td><td rowspan="8">第三部分</td></tr>
<tr><td>教师职业道德情感</td><td>9</td></tr>
<tr><td>教师职业道德意志</td><td>6</td></tr>
<tr><td>教师职业道德行为</td><td>21</td></tr>
<tr><td rowspan="4">环境因素</td><td>社会氛围</td><td>10</td></tr>
<tr><td>组织环境</td><td>11</td></tr>
<tr><td>师德建设</td><td>8</td></tr>
<tr><td>人际关系</td><td>2</td></tr>
<tr><td colspan="2" rowspan="4">提升中学政治教师职业荣誉感的对策</td><td>自身</td><td rowspan="4">6</td><td rowspan="4">第四部分</td></tr>
<tr><td>学校</td></tr>
<tr><td>政府</td></tr>
<tr><td>社会</td></tr>
</table>

（三）专家评估

在形成上述成果后，最终确定以李克特量表法测量职业荣誉感二阶一因子一阶三因子的理论构念，每个因子分别编制5~6个项目，3个因子共编制18个项目，构成初始问卷（见附录二），然后将影响因素及对策整合到第一部分以单选题的形式调查。

表2–4 中学政治教师职业荣誉感预测试量表结构

<table>
<tr><th>问卷结构</th><th>题目维度</th><th>对应题数</th><th>对应部分</th></tr>
<tr><td rowspan="2">背景信息</td><td>人口学变量</td><td>3</td><td rowspan="4">第一部分</td></tr>
<tr><td>社会经济地位变量</td><td>5</td></tr>
<tr><td rowspan="2">中学政治教师职业荣誉感的影响因素及对策</td><td>因素</td><td>2</td></tr>
<tr><td>对策</td><td>1</td></tr>
</table>

续表

问卷结构	题目维度	对应题数	对应部分
中学政治教师职业荣誉感状况	职业认同感	6	第二部分
	职业责任感	8	
	职业幸福感	4	

二、职业荣誉感的结构量表

（一）测试目的

通过预测试自编的量表，探索中学政治教师职业荣誉感的结构，以修订前述理论假设，为后面进行正式调查提供一份具有一定效度、信度，符合心理学测量学要求的中学政治教师职业荣誉感量表。

（二）测试工具

根据文献研究、开放式调查问卷及专家评估的结果自行编制的《中学政治教师职业荣誉感预测试问卷》（见附录二）和《中学政治教师职业荣誉感调查问卷》（见附录三）。第一部分是单选题形式，第二部分采用李克特量表计分法；应用SPSS20.0for Mac OS X软件进行数据分析。

（三）测试对象

1.初始测试对象（表2-5）

问卷初测采取整群分层抽样的方法，选取了成都市、川北、川东、川南和甘阿凉地区的200名中学政治教师作为调查对象，回收200份，有效问卷200份。回收率100%，有效率100%。

表2-5　初始测试对象基本情况表

	初中	高中	缺失值	合计
男	26	80	0	106
女	64	30	0	94
缺失值	0	0	0	0
合计	90	110	0	200

2. 正式测量对象(见表2-6)

正式测量采取整群分层抽样的方法，选取了川渝地区的200名中学政治教师作为调查对象，发放问卷200份，回收200份，有效问卷200份。回收率100%，有效率100%。

表2-6 正式测试对象基本情况表

区域	性别		学校类型				缺失	合计
	男	女	重点公办	重点民办	普通公办	普通民办		
成渝中心城区	25	33	25	23	5	5	0	58
成渝北	24	20	21	10	13	0	0	44
成渝东	18	14	12	11	9	0	0	32
成渝南	22	18	23	0	17	0	0	40
甘阿凉	17	9	15	0	11	0	0	26
合计	106	94	96	44	55	5	0	200

(四)数据分析

对初始测试问卷结果进行项目分析和因素分析，形成正式问卷并再次发放回收，对正式问卷的结果进行探索性因素分析和验证性因素分析，确认其建构效度，最终形成《中学政治教师职业荣誉感调查问卷》(见附录三)。

1. 项目分析(Item Analysis)

由于测试问卷的主体部分采取的是李克特五点量表法，因此采用极端组法和同质性检验两种方式对量表第二部分进行项目分析。极端组法又称为临界比值法(critical ration，简称CR值)，可以用于检验量表题项的鉴别度(discrimination)。它是先将每位受试者的总分区分成高分组(总得分前27%)与低分组(总得分后27%)，在利用独立样本T检验求出两组在每个题项的平均数差异的显著性，将CR值未达显著，即t统计量小于3.000(表明该题项鉴别度较差)，显著性概率值未达0.05显著水平的题项删除。

同质性检验法包含了三种鉴别题项的标准：第一，通过检测个别题项与总分的积差相关系数来提供个别题项筛选的指标，个别题项与总分的相关系数越高，表明该题项与整个量表的同质性越高，越接近所要测量的心理特征。一般认为相关系数小于0.4的题项应考虑删除。第二，在不区分因子的前提下对量表进行信度检验，观察每个题项删除后整体量表克隆巴赫α(Cronbach α)系数与之前相比的情况，如果高出许多，则考虑删除此题项。第三，在不区分因子的前提下对量表题项的共同性和因素负荷量进行测验，将共同性值低于0.20，因素负荷量小于0.45的题项删除。

表2-7 "中学政治教师职业荣誉感量表"项目分析摘要表

题项	极端组比较	题项与总分相关		同质性检验			未达指标数量	备注
	CR值	题项与总分相关	更正题项与总分相关	题项删除后的α系数	共同性	因素负荷量		
Q1	5.887	.516**	.409	.489	.288	.537	0	保留
Q2	8.212	.519**	.495	.486	.378	.614	0	保留
Q3	6.822	.491**	.466	.492	.331	.575	0	保留
Q4	8.334	.620**	.509	.464	.567	.753	0	保留
Q5	−2.708	−.156*	−.344	.630	.349	−.591	5	删除
Q6	−.324	−.412**	−.192	.607	.283	−.532	5	删除
Q7	.883	.283**	−.123	.589	.087	−.295	6	删除
Q8	9.764	.646**	.536	.456	.573	.757	0	保留
Q9	11.084	.711**	.631	.451	.677	.823	0	保留
Q10	8.641	.640**	.551	.467	.538	.733	0	保留
Q11	10.968	.667**	.565	.453	.507	.712	0	保留
Q12	10.207	.659**	.561	.457	.586	.766	0	保留
Q13	−3.370	−.268**	−.415	.624	.372	−.610	5	删除
Q14	−1.252	−.059	−.212	.586	.236	−.486	5	删除
Q15	9.567	.586**	.465	.470	.563	.751	0	保留
Q16	10.438	.647**	.534	.454	.729	.854	0	保留
Q17	−4.238	−.257**	−.406	.623	.500	−.707	5	删除
Q18	9.473	.624**	.509	.462	.566	.752	0	保留
指标	≥3.00	≥.400	≥.400	≤.537	≥.200	≥.450		

注：0.537为量表的内部一致性α系数

项目分析结果(见表2-7)显示，初始测试问卷第二部分的18个题项中，有6个CR值小于3.00，$p>0.05$，相关系数小于0.4，因素负荷量小于0.45的题项，其中有一个的共同性值低于0.20。综合上述项目分析，剔除6个题项（Q5、Q6、Q7、Q13、Q14、Q17），在此基础上又进行一次项目分析，剩余12题项均达到显著性水平。

2.探索性因素分析

项目分析完成后形成正式问卷，为检测正式问卷的建构效度通过发放经过项目分析修订后的正式问卷，回收200份有效问卷，对该样本进行探索性因素分析。

因素分析前先运用反映像矩阵（Anti-image Matrices）、KMO取样适当性检验（Kaiser-Meyer-Olkin Measure of Sampling Adequacy）和Bartlett's球形检验（Bartlett Test Sphericity）对题项及整体量表参与因素分析的适合度进行检测（见表2-8和表2-9）。

表2-8 KMO与Bartlett's球形检验

Kaiser-Meyer-Olkin 测量取样适当性		.879
Bartlett's 球形检验	大约卡方	1732.515
	df	66
	显著性	.000

表2-9 取样适切性数量

题项	Q1	Q2	Q3	Q4	Q5	Q6
MSA值	.868[a]	.794[a]	.783[a]	.888[a]	.909[a]	.913[a]
题项	Q7	Q8	Q9	Q10	Q11	Q12
MSA值	.923[a]	.853[a]	.858[a]	.909[a]	.890[a]	.917[a]

检测结果显示量表中每一个题项的MSA值均大于0.50，表示个别题项都可以投入因素分析；KMO值为0.879，呈现“良好的”标准，此外，Bartlett's球形检验的值为1732.515，（自由度为66，P=0.000）达到0.05显著水平，可拒绝虚无假设，即净相关系数矩阵是单元矩阵，说明变量有共同因素存在，适合进行因素分析。

本研究运用主成分分析法（principal component analysis；简称PCA）提取因素，用Kaiser特征值大于1法和陡坡图检验法（scree plot test）筛选因素，并配合直接斜交转轴法确定因素结构。一般认为，在抽取主成分后的共同性低于0.20的题项可以考虑删除。本量表12个题项全部达标，最终确定2个因子（见表2-10和图2-4）。

表2-10　中学政治教师职业荣誉感认同问卷因素分析结果

	1	2	共同性
Q11		.868	.754
Q6		.858	.741
Q9		.812	.660
Q5		.804	.646
Q12		.799	.644
Q10		.782	.614
Q7		.771	.596
Q8		.755	.573
Q4	.644		.610
Q3	.903		.819
Q2	.897		.805
Q1	.753		.571
特征值	1.482	6.550	
贡献率	12.352	54.583	合计66.935

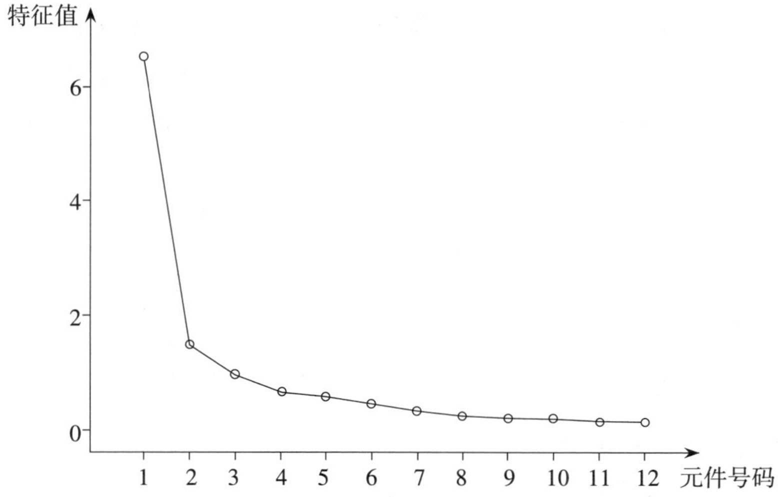

图2-4　中学政治教师职业荣誉感陡坡图

由表2-10可知，2个因子共可解释全量表66.935%的变异量，题项最高负荷为0.754，最低负荷为0.571。因子命名应该遵循参照理论模型的构念及因素中负荷值最高的题项所蕴含的意义两个原则。据此，抽取出的2个因子描述如下：

第一个因子共4个题项，特征值为1.482，直接斜交转轴后方差贡献率为12.352%，命名为中学政治教师职业责任感；第二个因子共8个题项，特征值为6.550，直接斜交转轴后方差贡献率为54.583%，命名为中学政治教师职业幸福感。转轴结果显示因子相关系数绝对值0.502，高于0.30，表明蕴含高阶因子，即中学政治教师职业荣誉感。由此，将理论分析得出的二阶一因子一阶三因子修正为二阶一因子一阶二因子的实证结构。

3.效度分析

通常量表的效度分为内容效度、效标关联效度和建构效度，其中内容效度在专家评估阶段已经完成，但由于缺乏外在效标，就不进行效标关联效度检测，只开展建构效度检验。建构效度是指能够测量到理论建构心理特质的程度。本研究采用因素抽取方法——主成分分析法&转轴法——直接斜交法检测量表的效度。中学政治教师职业荣誉感由两个因子构成，其总方差解释量达到66.935%。

4.信度检验

本研究使用的是态度量表，因此采用α系数(Cronbach′s α)和折半信度系数(Split-half Reliability)检验信度。从表2-11可以看出，自编问卷各因子的α系数为0.829和0.923，总量表α系数为0.922，表明量表内部一致性信度良好。各因子的斯布校正折半信度(Spearman-Brown)系数为0.897和0.847，总量表为0.845，表明量表具有良好的折半信度。

表2-11　中学政治教师职业荣誉感的信度统计量

因子	职业责任感	职业幸福感	总体量表
Cronbach’s α系数	.829	.923	.922
折半信度系数	.897	.847	.845

(五)结果讨论

研究中学政治教师职业荣誉感的结构是调查分析该群体职业荣誉感现状的基础，经过实证分析后得出以下三点结论：

第一，关于中学政治教师职业荣誉感的结构。在以往的研究结果中，魏淑华、李晔等研究“教师职业认同”的学者指出职业认同包括职业情感，而后卫建国、陈鑫等研究“教师职业情感”的学者指出职业情感包括职业认同感、职业荣誉感和职业敬业感三个层次。本研究在此基础上提出假设:中学政治教师职业荣誉感包括了职业认同感、职业责任感和职业幸福感。通过实证研究的方法对这个理论构念进行检验和修正,根据探索性因素分析结果,最终保留职业责任感和职业幸福感两个因子。在此基础上对该模型进行验证性因素分析,各项指标均表明重新修订的二阶一因子一阶二因子模型是合理的,即中学政治教师职业荣誉感包括了中学政治教师的职业责任感和职业幸福感。

第二,关于中学政治教师职业荣誉感结构的量表。本量表的编制经过了核心理论界定—文献研究和开放式问卷基础上建立题库—专家评估—预测试结果分析—正式测试结果分析—形成正式问卷的步骤,严格遵循了心理量表编制程序。项目分析及因素分析结果表明量表具有良好的信度和效度,可以作为调查中学政治教师职业荣誉感现状的工具。

第三,中学政治教师职业荣誉感是有一个由政治教师主观意识为主导的职业责任感、政治教师职业生活环境为主导的职业幸福感两个因子构成的二维结构,在此基础上编制的《中学政治教师职业荣誉感调查问卷》(见附录三)具有较好的信度和效度,可以用于中学政治教师职业荣誉感现状的调查分析。

三、中学政治教师职业荣誉感的二维结构

(一)二维心理结构

最初,根据以往研究结果提出假设:中学政治教师职业荣誉感包括了职业认同感、职业责任感和职业幸福感。而后,通过实证研究方法进行检验和修正。根据项目分析法和探索性因素分析的结果,保留职业责任感和职业幸福感两个因子。在此基础上对该模型进行验证性因素分析,各项指标均表明重新修订的二阶一因子一阶二因子模型是合理的,即中学政治教师职业荣誉感包括了中学政治教师的职业责任感和职业幸福感。(见图2–5)

图2–5　中学政治教师职业荣誉感的二维结构

职业荣誉感及各维度的内涵表述如下(见表2-12):

表2-12 中学政治教师职业荣誉感及其各因子的内涵

因子	内涵
职业责任感	指中学政治教师对本职工作中责任、义务的一种主观意识。
职业幸福感	指教师因取得成就并得到外界认可而产生的情感。
职业荣誉感	中学政治教师的职业荣誉感是在其职业生涯中内生的职业信念、使命感和责任感及获得的外在肯定性评价后产生的职业成就感和幸福感。

(二)现状调查问卷

根据心理量表编制程序,对基于中学政治教师职业荣誉感二维结构编制的调查问卷进行了效度和信度分析。结果表明,问卷具有较好的信效度,可以用于中学政治教师职业荣誉感现状的调查分析。

1.效度分析

通常量表的效度分为内容效度、效标关联效度和建构效度,其中内容效度在专家评估阶段已经完成,但由于缺乏外在效标,所以就只开展建构效度检验。建构效度是指能够测量到理论建构心理特质的程度。[①]本研究采用因素抽取方法——主成分分析法&转轴法——直接斜交法检测量表的效度。中学政治教师职业荣誉感由两个因子构成,其总方差解释量达到66.935%。

2.信度检验

本问卷采用α系数(Cronbach's α)和折半信度系数(Split-half Reliability)检验信度。从表2-4可以看出,自编问卷各因子的α系数为0.829和0.923,总α系数为0.922,表明量表内部一致性信度良好。各因子的斯布校正折半信度(Spearman-Brown)系数为0.897和0.847,总量表为0.845,表明量表具有良好的折半信度。

表2-13 中学政治教师职业荣誉感的信度统计量

因子	职业责任感	职业幸福感	总体量表
Cronbach's α系数	.829	.923	.922
折半信度系数	.897	.847	.845

①吴明隆.问卷分析统计实务——SPSS操作与应用[M].重庆:重庆大学出版社,2010:266.

第三章

中学政治教师职业荣誉感的职涯资本

心理资本、人力资本、社会资本辩证统一,以系统协同的方式影响个人潜能发挥,作用于职业成功、职业荣誉感。对于职业荣誉感,三者缺一不可。人力资本与社会资本的投资是人力资源创造竞争优势的重要源泉,心理资本的投资与开发是创造竞争优势的基础和动力。心理资本、人力资本、社会资本的协同集约是开发个人潜能、形成竞争优势、增强职业荣誉感的关键。

如果说职业道德是中学政治教师职业荣誉感的意愿来源,那么职涯资本就是中学政治教师职业荣誉感的能力基础。随着组织环境变化、学习观念变迁,中学政治教师,尤其是新生代教师的自我管理意识增强,更注重职业发展能力和可雇佣性。职涯资本正是在无边界职业生涯状态下产生。埃森哲的调查显示,全球有超过89%的技术人员认为“职涯资本”是职场成功的关键,84%的受访者表示他们正在努力积累职涯资本。美国竞争力研究院调查显示,员工将自己视为独立于组织的个体,只有在职业发展历程的不同阶段积累“职涯资本”,才能在职业舞台上大放异彩。在中国,目前无边界职业生涯的概念也已深入人心,职涯资本的积累对个人的职业发展及组织竞争力至关重要。

职涯资本(Career Capital),是指个体通过发展职业能力所获得职业成功的要素,包含工作技能、知识和经验。就投资积累讲,教师通过将个人的时间、精力、技能和关系网络投入组织而获得职业进步,如更高的薪水、更多的认可、更强的成就感(Inkson & Arthur,2001)。这些职业进步不断积累,提高了教师的职业胜任力(Career Competencies)。在资本构成上,如果个体想要获得竞争优势也需要具有独特的资本构成。从个体层面和关系层面进行分析,职涯资本由心理资本、人力资本和社会资本构成(DiRenzo,2010)。心理资本是指积极的心理状态,如自我效能感、乐观自信、坚持目标、不畏困难等;或主动性人格,比如高自主性、社会型人格特质等。人力资本是创造价值的能力,通过专业培训和非正式工作及学习获得。社会资本是与他人积极相处并向他人学习的能力。职涯资本中,个体层面的职业知识和工作动机,属于人力资本和心理资本范畴;关系层面的辅导关系和社交网络(DiRenzo,2010),属于社会资本范畴。立足智能型职业生涯框架,心理资本为主体提供价值、意义和动机,回答职业或工作中为什么(know-why)的问题。人力资本为主体提供职业或工作相关的技能和知识,包含专业技术、能力、隐性和显性的知识,回答如何做(know-how)的问题。社会资本为主体提供与职业相关的关系网络,回答认识谁(know-who)的问题。

影响职涯资本的前因变量有工作特点、个体因素和情境因素（见图3-1）。其中，工作特点中的工作职责范围对职涯资本的三个维度都有影响，个体因素中的自主能动性对心理资本有显著影响（Suutari，2007），积极的人格特质及积极的社交活动对社会资本有正面的影响（黄良志，陈维宁，等，2012；Suutari，2007）。情境因素中的跨文化差异、家庭因素和国际环境会影响心理资本和社会（Suutari，2007），而外派次数会影响社会资本。

研究显示，职涯资本能促进职业成功。职涯资本对主观职业成功（满意度、个人价值、成就感）和客观职业成功（雇佣、晋升、报酬）都有促进作用（卿涛2015）。如果一名中学政治教师的职涯资本包含了职业发展的“必备资本”（核心竞争力：理解为什么、知道如何做、认识谁、清楚何时、何时做及匹配）和职业成功的“拓展资本”（了解自己、EQ<情绪智力/成熟>、机会识别、情景管理、内控点和行动方向），那么可以预测他能够产生或体验到合宜的、恰当的、强烈的职业荣誉感。

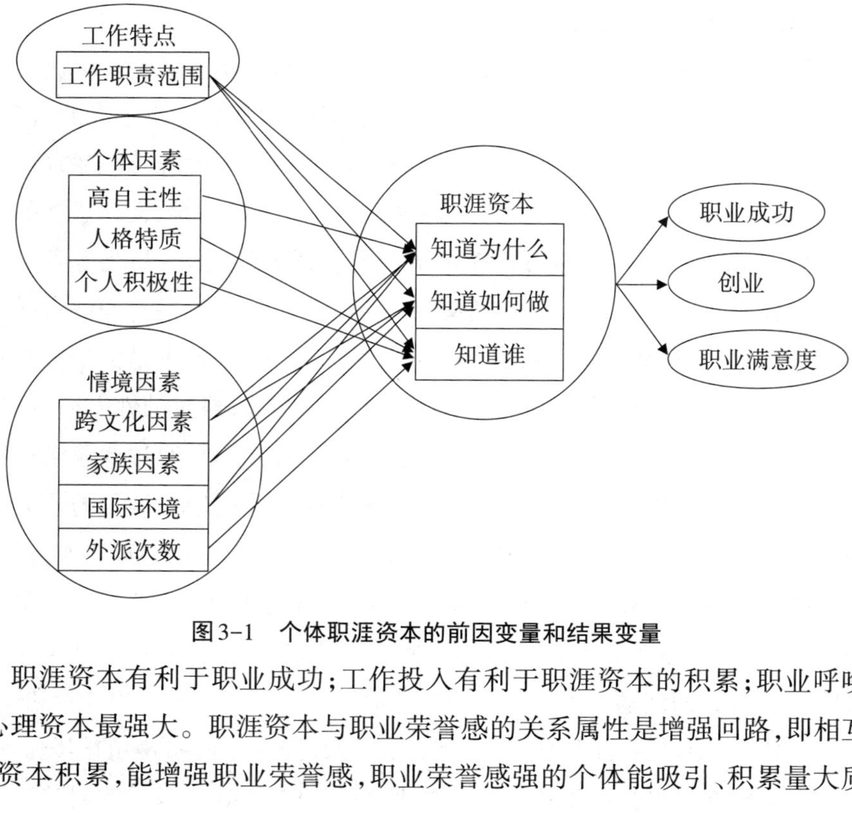

图3-1　个体职涯资本的前因变量和结果变量

职涯资本有利于职业成功；工作投入有利于职涯资本的积累；职业呼唤者的心理资本最强大。职涯资本与职业荣誉感的关系属性是增强回路，即相互促进，资本积累，能增强职业荣誉感，职业荣誉感强的个体能吸引、积累量大质优的职涯资本。在新手期,人力资本是职业荣誉感的主效应变量。在熟手期,心理资本是职业荣誉感的主效应变量。在专家期,社会资本是职业荣誉感的主效应变量。

社会资本对传统职业生涯路径下个体的职业荣誉感影响最大。心理资本对易变型职业生涯路径下个体的职业荣誉感影响最大。三大资本对无边界职业生涯路径个体的职业荣誉感均有显著影响。所以,我们可以基于这组概念,进一步把握具有职业荣誉感的中学政治教师的特征。通过清晰地描绘他们的职涯资本结构,有利于识别、鉴定、引导和调控中学政治教师个体和群体的职业荣誉感。

第一节　中学政治教师职业荣誉感的心理资本

根据心理资源理论(Hobfoll,2002),高水平的心理资本能够促进员工目标的实现和职业的成功。与职业成功相关的“心理资本”,被界定为四种心理状态:希望、乐观、坚韧及自信。大量研究表明,心理资本是个人或组织价值创造的重要来源,它对工作绩效、工作满意度及组织承诺等结果变量具有积极的影响,例如,积极的心理状态能够有效提升员工工作中的任务绩效和周边绩效(仲理峰,2007)、绩效工资、上级评价、工作满意度(Luthansetal.,2008)。但是,关于心理资本与职业成功的关系,几乎没有学者进行单独研究。然而,员工的工作绩效或绩效工资将直接影响员工的薪酬、晋升等客观职业生涯成功评价指标。另外,工作满意度本身就是主观职业成功的评价标准之一。Larson和luthans(2006)表明四种积极心理状态与员工的满意度有显著正相关,他们认为一种普遍的解释是因为具有积极心理状态的员工会期望在工作中有好的事情发生,并且相信能够获得个人的成功,在遇到挫折时能够坚持,也更容易保持较高热情和投入。因此,四种心理状态的心理资本与职业成功也应是积极相关的。

教师的职业生涯时间跨度长，且由持久的态度与行为所驱动，所以那些较稳定的性格特质类心理资本对个人职业成功有重要作用。如主动性人格、核心自我评价、内控型等积极心理特质都倾向于积极寻求、建立和影响那些能够提供职业发展机会的工作条件和环境，大量的实证研究表明它们与工作投入、工作绩效呈正相关。元分析表明责任心、宜人性、外向，经验的开放性、主动性和控制点对晋升、薪酬、职业满意度均有积极影响(Ngetal,2005)。基于中国文化背景，对中国职工心理资本的实证研究，发现：(1)中国职工心理资本包含冷静、希望、乐观、自信。(2)影响因素是控制点和组织支持。控制点对心理资本的4个方面均有显著的正影响，内控型人格的个体在心理资本方面优于外控型人格的个体。组织支持对4个方面均有显著的正向影响，且影响程度较大。(3)心理资本对态度行为变量有显著影响，表现为整体对组织承诺、利他行为、工作满意度等有显著的正向影响，对离职意向有显著的负向影响。(4)心理资本各个维度存在显著的人口学、组织差异(惠青山,2009)。

经文献梳理和归纳发现，职业荣誉感、心理资本及职业成功三者之间存在密切联系。心理资本对职业成功具有显著的正向预测作用。员工参与企业社会责任实践以及对企业社会责任的感知能够增强员工外部荣誉感，最终对员工的组织承诺产生影响，进而影响员工具体的态度与行为(Kim,2010)。心理资本的作用不仅局限于以往研究中的企业组织内部，对企业职工的职业成功具有积极的促进作用(任皓，等,2013)，心理资本对主观职业成功的积极预测作用高于客观职业成功（周文霞，等,2015)，其正向的影响效应同样适用于学术组织内的教师，对教师的职业成功同样具有显著的正向预测作用，可以对教师产生积极的正面效应(强光昊,2016)。所以，教师的心理资本越高，则其职业成功越高。根据“一个人的荣誉感是他最真实、最基本的自我，它直接影响他的行为”[①]，可间接地推断出职业荣誉感能够预测个体的职业成功。这可能是因为，教师心理资本与工作投入正相关，可通过补充能量，提高认同，激发动机，促进工作投入(毛晋平，谢颖,2013)。职业荣誉感通过心理资本变量影响教师的职业成功(陈晨,2018)。这说明了职业荣誉感能够通过心理资本对教师产生积极的正面效应。

另外，与职业成功相关的心理资本与职业幸福感正相关，这也进一步证实

①库利.人类本性与社会秩序[M].包凡一，王源译，北京：华夏出版社，1989:169.

了心理资本对职业荣誉感的正面效应，以及具有职业荣誉感的中学政治教师在心理资本方面的表现。有学者综合资源保存理论、工作要求—资源模型和本土心理资本理论，分析了教师的心理资本结构。结果表明，本土心理资本包含“事务型心理资本”（希望、乐观和坚韧）与“人际型心理资本”（自谦、感恩、利他、情商/情绪智力和信心/自我效能）。他们还使用了2280名教师的有效数据，构建并检验了本土心理资本对职业幸福感的影响模型。结果表明：职业幸福感（工作投入、工作倦怠、离职意愿和工作满意度）的积极情感体验（工作投入）与认知评价（工作满意度）存在增益螺旋过程；心理资本通过能量补充和动机激发双过程促进职业幸福感。在中国文化背景下，人际型心理资本对职业幸福感的作用更大（吴伟炯，等，2012）。职业荣誉感能够预测职业成功，心理资本也能够显著预测职业成功；优质的心理资本能够增强职业责任感，持续的职业成功能够提升职业幸福感。总之，与职业成功正相关的心理资本能够预测职业荣誉感状况。

本章所探讨的心理资本，是指个体拥有的那些能提高职业胜任力以及生涯适应力的性格品质。一个中学政治教师，要产生或体验到职业荣誉感，需要一定的心理基础。性格品质是个人基于禀赋特别是气质所形成的、体现在心理和行为活动中的比较稳定的独特心理特征。比认知、情绪、情感、意志等更稳定，与习惯相近，能够潜移默化地、持久地影响人的生活。故职业荣誉感的心理基础就是它内含的那些性格品质。具体而言，包括勇气、骄傲、高亢而有原则的野心，对自我的义务感，以及对自尊和出人头地的渴望等。

一、良心与野心的协调

个体需要将个人野心与有原则的行为准则相互结合，才可以称得上具有职业荣誉感。换言之，强调荣誉感中受良心统摄的责任感；同时，也肯定潜藏其中的出人头地的野心。只要个体能够协调好良心与野心，那就具有了合理的、恰当的职业荣誉感。虽然行为准则的具体内容可能发生变化，会受到良心谴责的情境有所改变，但职业荣誉感的一个界定特征是，对一系列独立于主观（欲望或意志）的原则和规范的敬畏，总是限制着、指导着、升华着那种渴望出人头地的野心。

（一）良心的活跃性

良心（Conscience）一词是从拉丁文“conscientia”一词而来，原意思是指人与人之间“默契的知识”。良心不只是一种直觉的情感或情绪，更是一种基于道德知识的，针对具体事情和境遇的实践性判断和行为。[①]在伦理学或道德心理学的语境中，“良心”是社会的客观道德义务的反映，是个体将道德规范内化后形成的价值判断标准。与职业荣誉感内涵中的职业责任感有家族相似性。但目前的做法存在两个隐患：一是限制良心，一是滥用良心，即窄化或泛化它的管辖范围，养成内隐于人格的犬儒型敌意（Cynical Hostility）（Barefoot&Dodge，1989），可能引发职业犬儒主义（Occupational Cynicism）（Andersson，1996），以及组织犬儒主义（Organizational Cynicism），也就是所谓的“道德冷漠”现象。

犬儒主义的整个历史流变表现出祛道德化的趋势。早期的犬儒主义者讥诮嘲讽人们对权力、财富和物质的过度追逐。提倡对伦理道德的无限追求；后期的犬儒主义依旧蔑视世俗，对传统文化无情嘲弄，但是却摒弃了对高道德标准的坚持；现代犬儒主义则是一种“以不相信来获得合理性”的社会文化形态。

当今中国的犬儒主义是一种放弃求变希望，自我劝说顺从、服从和随遇而安的理性生活方式。对于良心行为的行动主体，多面合围的犬儒主义形成了一个丝鹅绒的牢笼，比起蒙田所说的“酷刑”或津巴多“斯坦福监狱实验”里的管制来，这个用犬儒主义建构的牢笼要显得文明、和谐、安逸得多。它甚至看上去都不再像是一个牢笼，而不过是一种明智的生活方式。犬儒主义是一种以自我调适来应对政治、社会和生活危机的处世方式，它不把这些危机看成是必须解决的问题，而是只要自己想办法就可以安然应付的不方便。在这样的生活里，不合时宜的求变希望和行为会违背“难得糊涂”的生存智慧和“不作死就不会死”的真理原则。

（二）野心的原则性

众所周知，野心有可能是低级的、卑鄙的。而荣誉常常被人认为不过是怠懒中的野心，傲慢中的卑鄙，企图不劳而获的欲望，对真相的厌恶、奉承、叛国，背信弃义。但是荣誉作为一种复杂的性格品质，其包含野心的同时，却并不局限于野心的最低级的形式。有荣誉心的人，对自己的要求远超过法律所规定的

---

①徐贲.当代犬儒主义的良心与希望[J].读书，2014(7).

底线要求。风险永远伴随着荣誉、自我主张与迎难而上的意愿。因此荣誉是一种努力,即便它并不完全等同于自我牺牲。荣誉可能要求个体做出那些“棒的”“伟大的”“非凡的”行动。此外,那些有荣誉心的人对自己总是向更高的标准看齐,从而使得他们愿意为此采取冒险的行动。

最后,对体现荣誉的行动的判断,“不在其是否合理,而在其是否非凡”,因为这些行动打断了平凡的过程,抵抗着限制我们期望的那些约束。因此,职业荣誉感是活跃的良心与有原则的野心平衡的结果。

二、敬畏与反身的平衡

虽然良心会制衡野心,让职业荣誉感成为一种有原则的动机,但它也不等同于对理想化的不偏不倚的理性的运用。如孟德斯鸠所说,荣誉是一种“人类激情”,是一种欲望,而非一种认知。具有职业荣誉价值的准则也许是不偏不倚的理性批判的产物,但荣誉感本身不可能不偏不倚,因为它永远既与个人追求卓越有关,也与一系列特殊的原则规范有关。只要个体平衡好敬畏原则与出人头地,那就具有了合理的、恰当的职业荣誉感。从这个角度看,职业荣誉感虽然在本质上是一种欲望、情感,但并不局限于最低等形式的欲望,因为尽管荣誉指向自我服务,它却绝不仅仅是自利;它源于欲望,但绝不仅仅是嗜欲。

(一)职责的敬畏者

荣誉并不仅仅是“自我表达”,而是“有其最高的规则”。为荣誉提供规则(从而提供约束)的准则不能够从神意、自然法,或理性本身中派生出来。但这些准则也绝不只是任意的创造。相反,荣誉的准则立基于社会与政治角色、立基于有着自身历史的制度、立基于与职业规范相伴随的集体传统。所以,职业荣誉感虽算不上完全的“德性”,但必然包含了对规则、职责的敬畏。当荣誉心被放到诸种公共荣誉的对立面上,当一个人可以同时遭受骂名和获得尊严的时候,荣誉就腐化了,成了所谓的虚荣。

(二)自决的能动者

不过虽然说荣誉依赖于敬畏,但它却远远不是简单的服从。世界本身就是荣誉的学校,因为世界是竞争与成就的舞台,而正是竞争与成就鼓舞着(而非强迫着)行“伟大之事”,并凭此获得自尊与公共认可的野心。一个人从其进入这个世界开始便继承了具体的关系与角色,塑造了指导其野心的标准,并提供了作为对这种野心的奖赏的认可。

德性需要监视与推行,而荣誉是无法被推行的,因为它无法被强迫拥有。德性有可能是习惯性的,荣誉却总是充满着自我意识,无论这种意识是好是坏。一旦一个人充分地习惯于德性以至于自动地做出符合德性的举动,德性就可以被遗忘,因为它优先考虑的是一个人自身之外的其他目的。荣誉永远意识到自我,因为它总是为自己考虑的,它总是打断自动的过程,对约束着我们的必然性加以抵抗。有荣誉心的人是为自己考虑的、具有自我意识的能动者。

因此荣誉的历史性同时既是一种约束,又是一种自由。相应地,荣誉既是对能动性的限制,又是能动性的源泉,而对荣誉准则的敬畏使其力量与局限同时得以可能。

三、认可与抵抗的混合

出于良心或自保而认可职业道德,不能视为具有职业荣誉感。换言之,个体仅仅是认可现状,只能算得上循规蹈矩。因为不包含勇气的职业行为,或没有抵抗性的职场生活,不可能让主体体验到职业荣誉感。只有将认可与抵抗,即认同感与勇气混合起来,主体才能产生或体验到职业荣誉感,尤其是对侵蚀性权力的勇敢抵抗。如果不积累这样的心理资本,教师很容易沦为“弱者”,使用“弱者的武器”,既不反抗也不作为,或显出“平庸之恶”,即一切都是环境的错,一切都是不得已而为之,等等。在儒家思想中,职业荣誉感是一种“志士仁人,无求生以害仁,有杀身以成仁”的气魄和决心。在孟德斯鸠的笔下,职业荣誉感中的勇气主要与贵族阶级为其政治特权而对王权的抵抗相联系。托克维尔则强调它所包含的贵族式的或英雄式的勇气,以抵抗多数意见的暴政和温和专制的幽灵。而在现代民主社会,以中国为例,尽管有职业荣誉感的个体的举止中,传统社会那种自谦仍然依稀可见,但他们的行动仍旧反映了对协调秩序与创新如此重要的“对自身以及人性的高度评价”“对个体能动性的高度信任”。

(一)对公共认可的渴望

尽管作为性格品质的荣誉不同于以认可与区别的形式呈现的诸种公共荣誉,但这两者之间却有着密切的联系。荣誉概念有赖于诸种公共荣誉,因为有荣誉心的人都渴望获得公共认可。我们诚然可以想象,即便这一次刚好没有人见证,个体还是会行伟大之事。但是如果每一次都不会有人见证,那么他很可能就不会一再地做出这一类举动。让人看到,对荣誉而言是相当重要的。有荣誉心的人不但想要成为那种向其原则看齐的人,还想要让人看到他们确实是那种向其原则看齐的人。他们的野心有这样两个方面,一个是内在的维度,一个是外在的维度。

荣誉的公共维度提供了一种问责的办法。有了荣誉心,一个人可以凭着某个标准而尊重自我;但与此同时,荣誉的能见度意味着其他人可以根据同样的标准来判断一个人是否确实有资格尊重自我。荣誉并不是一种完全主观的条件,这既是因为它与固有的行为准则相联系,又是因为它在原则上是可见的,即便并非每一次体现荣誉的行动都在事实上被人看见了。

(二)为维护自尊的抵抗

尽管荣誉依靠着公共认可,但它却不能被化约为认可。一个人的荣誉是与他的准则以及他的自尊紧密联系的,这一事实赋予了荣誉相对于认可(或者公共舆论)的某种独立性。即便在无人见证的时候,原则仍旧存在,等着个体去捍卫。他的荣誉准则为他提供了可以向之看齐的一贯标准,从而为他的自尊提供了一致的基础,而不论其他任何人对他怎么想,甚至不论是否没有任何人对他表示认可。荣誉的这些特征使之区别于当代的以公共舆论为唯一基础的“认可”。毕竟要想获得认可,一个人只需要被其他人认可。

四、片面但共享的认同

做个遵守职业道德和维护职场规则的“老好人”,就能产生或体验到职业荣誉感吗?答案是否定的。当然,这并不意味着自利就是职业荣誉感的心理基础,因为它强调对自身的义务感。有职业荣誉感的行为只有通过义务或责任,而非利益,才能得到解释,或者说得到认可。不过,二者之间是既相互联系,又相互区别的。就联系而言,两者都是以自我为导向的,并且都对个体关切和个体判断赋予优先地位;两者都不直接以公共利益或集体利益的名义行动。就区别而言,职业荣誉感在某些方面具有绝对性,自利则具有更纯粹的工具性。因为有原则的职业荣誉感,会让一个人无论如何都不会去做某些事。相反,无论将自利放置于多宽阔的背景下，工具理性都是它的本质属性。尽管职业荣誉感的某些维度（比如对尊严的渴望，对因践行准则而得到公共认可的欲望）包含功利色彩，可以用工具主义解释。但这些渴望、欲望始终嵌套着绝对性的意义，即只有践行原则规范，才是应该的，而且是必须的。这又说明了二者的另一个区别：职业荣誉感依附于原则，而自利没有。

（一）偏见主导下的激情

只有当个体是出于片面追求自我实现，而维护共享的原则时；只有当个体是在共享的认同基础上，追求自我实现的片面性时，才具备了职业荣誉感生成、发展的心理基础。因为不论一个人的准则中包含的原则多么具有普遍性，要具有性格特质面相下的职业荣誉感，还要在更深层次的意义上保有某种不可逆的片面性，即它将捍卫个人原则视为捍卫个人自尊的条件。对尊严的片面欲望反映了位于荣誉感内核处的自我关切，所以利他主义不完全是职业荣誉感的心理基础，无论个体遵循、捍卫的原则有多普遍。

（二）有原则的自我关切

职业荣誉感与野心，及德性不同，其辩证性的内涵使内圣外王成为现实，也就是说，使德性成为强有力的动机形式及人类能动性的丰富源泉。具有职业荣誉感的个体，既是讲原则，有职业道德的人；也是讲担当，有冒险精神的人。要做到这一点，有赖于个体对自身现有条件的遗忘，以及适度夸张其独立于环境影响的程度。这种对自我独立性的夸大其词，对自我控制的骄傲，对抵抗环境的勇气，不同于犬儒主义或宿命论立场下的自保式良心，而是一种真正的实践精神。在某种程度上，以职业荣誉感为底色的职业活动才是真正道德的职业活动；具有职业荣誉感的中学政治教师，才是真正将师德内化于心、外化于行的中学政治教师。荣誉首先是一种个人野心的形式，但又是受到固有的行为准则指导与约束的个人野心。通过承诺自尊与公共声望的愉悦，荣誉使准则与责任变得可欲。其高亢的野心使得荣誉难以降服，并且鼓舞了抵抗。荣誉敬畏准则，这种敬畏既限制又激发了荣誉。敬畏对荣誉的激发，在于为其提供了可以严肃对待的东西。但荣誉同样主张成为其责任的仲裁者，从而高于这些责任之上。这种反身性使得荣誉有可能抵抗权威，但同时也使其有可能抵抗荣誉自身的准则，从而威胁到激发荣誉的敬畏。最后，正因为职业荣誉感实现了上述三方面的平衡,故依赖于认可的荣誉却并不因此终结于屈从。荣誉必须让人看见,但并不需要让每个人看见。

以著名教育家陶行知为例,培养中国青年学生和底层民众成为新世界的创造者,达到教育改造社会的目标,完成现代教育实现和维护社会公共道德的使命,是他对乡村教育伦理责任的自觉担当,是他持续推进乡村教育改革的内在动力。其在教育实践中建构的教育原则:教育之外的教育原则、知识教育与品德教育结合的原则及教育的公共性原则,意义深远,富有创新精神。这种精神便是本文所指的以性格特质、内在动机为存在形式的职业荣誉感。

第二节　中学政治教师职业荣誉感的人力资本

20世纪50年代美国经济学家舒尔茨和贝克尔通过对社会经济增长的研究,首次提出了“人力资本”的概念,指体现在人身体上的知识、能力和健康。从个人角度来对其下定义,指存在于人体之中、后天获得的具有经济价值的知识、技能、能力和经验等质量因素之和,它可以改善员工的工作绩效、帮助员工获得职业成功。

职业成功的竞争—流动性观点认为,职业是一场竞赛,个人在职场中的竞争是开放和公平的,理想的职业结果青睐于那些拥有更多知识、技能以及努力的人。如果要想成功,个人必须通过不断提升自己来与他人竞争(Rosenbaum,1984)。由于人力资本在劳动力市场上被赋予高报酬(Becker,1964),人力资本能够高度预测职业成功。

从20世纪90年代开始,学者们通过实证来检验人力资本要素对职业成功的影响,研究发现教育水平、教育质量、任职时间长度以及工作经验广度等都对职业成功有显著的正向影响(Gerard,2003),它们解释了大部分薪金变化以及提升的次数。Ng和Feldman(2010)发现:人力资本中的教育水平、工作投入、工作经验和工作的时间通过提升个人的认知能力和责任心正向影响客观的职业成功。总体而言,人力资本与职业成功关系的研究主要选取了能够直接测量的、人力资本的客观要素，而职业成功也主要关注能够直接测量的客观指标——薪酬和晋升。

然而，人们所处的社会和经济环境似乎变得愈发不稳定(Volatile)、不确定(Uncertain)，愈发复杂(Complex)和模糊化(Ambiguous)，而这种高度复杂变化的环境状态，实际上已经成为常态。在这样一个时代，人类面临的任何问题都不再是简单的重复，也不再只有一个固定的正确答案，而需要通过合作与创新，不断地应对越来越复杂的情境的挑战。此外，人工智能和人类的边界也正在变得模糊。

这种“新常态”对教师的专业化发展和基础教育提出了新的要求。就教师专业化发展而言，亟待教师在个人人力资本投资和积累方面有所突破与创新，提高职业适应性和职业胜任力。就基础教育改革而言，需要培育孩子的学习素养，批判性思维，帮助他们获得有利于未来持续发展的、更强的问题解决能力、创新实践能力和社会适应能力。

具体到思想政治学科的核心素养上，无论是政治认同，还是科学精神和法治思维等，都对教师的知识和能力提出了更高、更多的要求。上述这些因素重新定义了中学政治教师的人力资本。虽然人力资本的基本结构还是由专业知识、专业能力及专业精神构成，但各自的内涵，以及三要素在整体中的地位、作用已经不同了。“未来的教师都将是终身学习者，是精神生活的富有者，他不仅应有强健的自然生命力，同时有旺盛的精神生命力——学习的需要、信心与能力。”①

具体而言，教师实践性知识的价值将进一步放大，超过学科教学知识，比如关于设计问题逻辑，构建情境背景，适时对话评价，应用信息技术的知识(杨鑫，解月光，2019)。

教师具备新时代所需的关键能力，是培训学生关键能力的必要条件。有学者就基于对教育基本矛盾的理解，结合基本矛盾在新时代的表现以及当前教育的实际和社会的发展，通过哲学思辨的方式提出了教师应该具备的四大类八种关键能力。主要是社会了解力、本体性知识、本体性能力、动机激发力、学习指导力、能力培养力、社会联通力、诊断评价力(钟祖荣，2019)。

---

①叶澜.新世纪教师专业素养初探[J].教育研究与实验，1998(1).

比起传统“工匠精神”，新时代的教师更需要“企业家精神”，需要教学勇气，去打破教书匠的“平庸之恶”，应对加速时代下这场“美丽的冒险”。所以，教师实践性知识，教师数字胜任力及教师企业家精神是时代赋予教师人力资本的新内涵。这三个要素不仅是观察中学政治教师的职业荣誉感状况的抓手，更是个体积累人力资本及学校管理教师人力资源的重要维度。

一、立身之本：教师实践性知识

拥有较高的专业地位是增强中学政治教师的职业荣誉感的条件之一。如何才能有效且有针对性地提高教师的社会地位？既定教师政策逻辑依循的是经典社会学理论“权力、经济与声望”的判断维度，而缺乏对“教师获得社会地位的基础是什么”，抑或“教师社会地位由什么决定”等前置性问题的思考，以致支持性政策层级累加，但教师地位的窘境依旧。目前为止，知识依然是教师职业存在的根基，实践性知识是教师职业分层的依据。换言之，对教师个人而言，实践性知识是立身之本，是专业化发展的基础；对教师群体而言，实践性知识同样具有凸显性作用，能扩大群体在职业系统中的管辖权，增强不可替代性。从这个意义上讲，稀缺的实践性知识是教师社会地位的决定因素。因此，现有教师政策在持续改善薪酬待遇等外在条件的同时，还应着力帮助教师，尤其是优秀教师将缄默的实践性知识可视化。因为实现优秀教师实践性知识显化，对提炼优秀教师教研经验、助推一般教师专业成长以及引导学生学业发展具有重要价值。

Elbaz F. 于20世纪80年代初就在《教师思维：实践性知识研究》一书中从实践的角度研究了实践性知识，提出了实践性知识的概念。但由于实践性知识是一个涵盖多种特征的和多方面的概念，目前依然没有关于教师实践性知识（Teachers' Practical Knowledge）的系统界定。国内学者自21世纪始引进国外研究成果并努力使之本土化。教师实践性知识是指教师对自己的教育教学经验进行反思和提炼后形成的，并通过自己的行动做出的对教育教学的认识，由教师的教育信念、自我知识、人际知识、情境知识、策略性知识和批判反思知识六个方面的内容构成（陈向明，2003），具有缄默性、情境性、工具性和反思性等特征，是教师专业发展的重要基础，被视为优秀教师专业成熟的标准之一（赵鑫，谢小蓉，2018）。

对于优秀教师的界定，具有一定的时间范畴属性和空间范畴属性，即具有历史动态性特征和相对性特征。20世纪上半叶，人们普遍用社会理想标准来定义优秀教师，将其看成“一个优秀的人——符合公众理想的模范人物”。20世纪中期，一些心理学的研究开始尝试鉴别优秀教师的心理和人格特征，并将研究的焦点聚焦在优秀教师特征的描述和概括上；20世纪80年代以后，随着定量课堂教学行为研究的开展，有关优秀教师的研究开始重视教师在课堂中的行为特点，关注课堂中所发生的师生活动，关注教师对学生成长的影响以及教师自身的工作表现等（Ewan，2001）。大数据和人工智能技术的出现，给教育行业带来了机遇和挑战，就有学者提出了整合技术的学科教学知识（TPACK）（Koehler，Mishra，2005），被认为是全新的教师知识能力结构框架，得到了全球学者的广泛关注。按照目前的教师评价体系，结合教师实践性知识的视角，本文将“优秀教师”（Excellent Teacher）定义为，在教学一线或科学研究上做出突出贡献的教师，是教师群体中的先进代表。这类教师能够实现或超过学校管理部门为其制定的任务目标，具有先进的教育理念，拥有扎实的专业知识，合理的知识结构以及良好的教育教学品质等，具体指教育信念、自我知识、人际知识、情境知识、策略性知识和批判反思知识。

研究表明，优秀教师的实践性知识的成分和结构明显区别于普通教师（王陆，2019）。优秀教师群体的实践性知识以“学生”为焦点，其知识结构由策略知识、教学和学习三大主题知识群落组成，而且群落之间联结比较紧密。优秀教师群体的实践性知识结构特征，充分体现了以学习者为中心的教学理念，同时优秀教师群体能够将“教”与“学”紧密地联系在一起，既注重教师的传授信息和传播结构化知识，又能在学法上对学生予以指导，促进理解达成知识内化。而低水平教师在实践性知识结构上存在较为突出的短板和缺陷。低水平教师群体的实践性知识群落呈现出较多孤立节点，其中“教”与“学”的联结不强，知识结构相对松散。这个研究发现的启示是：(1)实践性知识是教师人力资本构成中的基本内容；(2)发展成分与结构合理的实践性知识有利于教师职业成功；(3)发展和培育教师实践性知识能增强教师职业荣誉感。

反观现实，教师教学国际调查（TALIS）的数据显示，上海教师在教师教学国际调查核心领域中有突出的表现：职前教育充分、职业认同度高，入职和带教活动参与率高，在职专业发展优势巨大；教学特征鲜明，专业合作、变革创新成为共识，职业满意度大幅度提升（朱小虎，张民选，2019）。这说明了我国在支持教师专业发展方面成效显著，但依然面临一些挑战。就在职专业发展活动而言，上海教师99.3%的参与率是所有被调查国家（地区）中最高的，平均6.4的种类数也是最多的，而且对照2015年的数据，参与率同比增加了8.1个百分点。可见，教师专业化发展的积极性很高。从主题来看，上海教师参与最多的是课程和教学领域的主题，包括学科知识和理解、学科教学能力、课程知识、学生行为和课堂管理等，均超过80%。而涉及差异化、多元化、跨学科方面主题的专业发展活动上海教师参与较少，如与来自不同文化或国家的人进行沟通、多元文化或多语言条件下的教学、有特殊需要学生的教学和跨课程技能教学等。不可否认，学科知识与教学是教师专业发展的核心，但在此基础上融入更多个性化、多样化、跨学科的专业发展主题，既是时代要求，也是教师持续发展的动力。因此，要积累有效的人力资本，教师应该将个性化、稀缺性的实践性知识视为立身之本。

另外，TALIS的数据表明，上海教师在让学生利用信息通信技术完成项目方面为24%，与经合组织平均相比（52%），仍存在较大的差距。考虑到VUCA的时代特征，以及信息技术在当今和未来社会生活的重要意义，教师在意识观念和相关技能方面都需要进一步提升，即提升智能时代的教师数字胜任力，适应人工智能（Artificial Intelligence，AI）带来的教学变革。

二、人技协作：教师数字胜任力

人工智能（AI）时代的到来，对教育产生了巨大的影响。教师作为教育环节中最重要的一员，也受到严峻挑战。如何适应“AI”等新技术变革，积极有效开展教育教学，是教师必须回答的课题。尤其是要在价值观层面为学生“扣好第一颗纽扣”的中学政治教师，更要具备应对信息多元化背景下开展兼具趣味性和有效性的智慧教学，做好思想政治教育工作的能力。

联合国教科文组织2019年5月在北京召开了首届国际人工智能与教育大会，经多方会谈达成《北京共识》。文件围绕政策制定、教育管理、教学与教师等十个议题三大方面规划人工智能时代的教育。分析了人工智能促进教育变革的核心价值：（1）改善学习评价、助力个性化培养；（2）赋能教学、辅助教师工作；（3）改善教育管理、优化教育供给（张慧，黄荣怀等，2019）。

这说明,随着人工智能提供的辅助越来越智能,人技协作的“双师模式”将是教师在人工智能时代的一种典型工作方式,教师将与虚拟教学助理协同工作。换句话说,人工智能技术会提高教师的教学效率,不仅能为教师减负,更让智慧教学具有可操作性(Margaret Niess,2019)。传统意义上,教师要完成课前准备、课堂教学、课后作业批改和辅导以及班级管理工作。每天要面对50多名学生,很难关注到每个学生,满足每个学生的需求,教师每天需要把大量时间花费在日常教学管理和作业批改等重复性工作,这会挤压教师教学设计的时间。调查发现,我国中小学教师普遍存在工作时间偏长、教学负担较重的问题,尤其是教学以外的工作,在教师的工作时间中占据较大比例,这对其付出—回报合理性满意度有显著的负向影响(元静,胡咏梅,2019)。而有了人工智能技术后,未来的班级可能出现“双教师”:一个真实的教师,一个虚拟的教师。虚拟教师就是人工智能技术支持下的虚拟教学助理,它辅助教师完成大量日常教学管理和作业批改等工作,让教师将更多时间投入到教学资源的搜集、教学策略的选择和教学活动的组织上,提高教师的教学效率。同时,虚拟教学助理也会帮助教师关注班级的每位学生,了解其学习风格和学习不足,辅助教师实现个性化教学。

对教师来说,人工智能技术将扮演多种角色,与教师协同合作(李欢冬等,2018)。具体而言,人工智能教师在未来可能承担的十二个角色:可自动出题和自动批阅作业的助教、学习障碍自动诊断与反馈的分析师、问题解决能力测评的素质提升教练、学生心理素质测评与改进的辅导员、体质健康监测与提升的保健医生、反馈综合素质评价报告的班主任、个性化智能教学的指导顾问、学生个性化问题解决的智能导师、学生成长发展的生涯规划师、精准教研中的互助同伴、个性化学习内容生成与汇聚的智能代理、数据驱动的教育决策助手。(余胜泉,2018)当然,这也引发了教师工作将被人工智能替代的担忧。

虽然人工智能可以为教师提供很多支持与帮助,但教师是不可替代的。雅斯贝尔斯(1991)指出:教育是关于灵魂的教育,而非理性知识和认识的堆积。马云在2019年第十四届国际校长联盟大会上也谈到:人工智能可以代替老师批改作业,互联网可以帮助回答问题,未来如果在人脑中植入芯片,知识根本不用教,但是老师对学生的关爱,对学生思想、价值观的洞察和引导是机器无法取代的。过去,老师是靠灌输知识获得价值;未来,老师要靠引导价值赢得尊重。

未来的孩子,不但要会做法、会算法,更需要有想法。教师的功能不仅在于向学生传授知识和技能,更重要的是能帮助学生建立积极的情绪情感及价值观。教学活动中学生是主体,教师是主导。教师的引导作用,尤其对学生情绪情感价值观的引导是技术和机器无法替代的。

要发挥教师在人机协作中的能动性,教师数字胜任力是关键。《教育信息化2.0行动计划》指出,要加强教师信息素养,引导教师主动适应信息化、人工智能等新技术变革,启动"人工智能+教师队伍建设行动"。将教师的数字胜任力提升贯穿教师培养的全过程,加大全体教师职前教育中的信息素养培养,提高教师在职培训的新技术应用能力,着力聚焦培养教师的数字胜任力,已经成为教育部战略层面的工作。

所谓"教师数字胜任力",是指教师具备为实现特定教学目标而有效应用数字技术开展教学活动的能力,包括开展活动所需的知识、技能、动机、态度及价值观。2019年联合国教科文组织发布的《教育中的人工智能:可持续发展的挑战和机遇》(Artificial Intelligence in Education: Challenges and Opportunities for Sustainable Development,以下简称《报告》)讨论了四个致力于发展师生数字胜任力的框架。(1) UNESCO于2018年制定《数字素养测评全球框架》(Antoninis-etal,2018),在参考计算机素养、ICT素养、信息素养和媒体素养的基础上,概括出的胜任力七个方面内容分别是:硬件与软件基础、信息与数据素养、交流与协作、创建数字内容、安全、问题解决、与职业有关的能力。(2)2011年UNESCO推出《教师信息与通信技术能力框架》,强调了数字技术在支持六个关键知识领域中的作用,这六个领域即教育中ICT的理解、课程与评估、教学法、ICT、组织与管理、教师专业学习。此外,框架还指出,对于教师来说,拥有管理数字技术并将其传授给学生是远远不够的,教师必须帮助学生习得使用数字技术并进行高效协作和创造性问题解决的能力。(3)2016年UNESCO和爪哇大学联合开发《教育学层面的ICT能力和标准》,目的是为在知识和信息社会中面临教学挑战的教师提供所需要素质的培训愿景。即作为培训基准,通过评定教师信息通信技术的采用水平及其教育用途,来提高各级学校的教育质量。(4)欧盟提出支持个人数字技能发展的欧盟数字素养框架(Ferrari,2013),描述了当今学习者需要的能力,即在工作、就业、学习、休闲以及社会参与中,能够以可靠、协作和创造性方式使用数字技术的能力。该框架由五个能力域组成,即信息和数据素养域、交流与合作域、数字内容创建域、安全意识域和问题解决域。

提升教师数字胜任力，必须是双向驱动的：一方面，教师要学习新的数字化技能，以便以教育和更有意义的方式使用人工智能；另一方面，人工智能开发者也应懂得教师的工作，以促进人工智能教育的可持续发展（任友群，万昆，冯仰存，2019）。

那么，从积累人力资本的角度看，个体教师如何能够更好地理解人工智能时代的教育并为之做好准备？《报告》指出，为了有效地使用人工智能技术，教师还需要习得以下新的能力：(1)了解人工智能驱动的系统是如何改善学习的，从而使他们能够对新的人工智能教育产品作出正确的价值判断；(2)掌握数据分析技能，使他们能够解释由人工智能技术支持系统提供的数据，并能对数据进行收集、挖掘、分析、处理等；(3)能够批判性地看待人工智能和数字技术影响人类生活的方式，以及计算思维和数字技能的新框架，以提高学生理解人工智能力量、危险和可能性的能力；(4)能够利用人工智能来完成重复性的任务，使其能够去做更多他们以前没有时间做的工作，如情感交流、人际交往等；(5)教授学习者获得那些可能不会被机器取代的技能和能力。立足中学政治教师个体，应该注重自我成长，学会与AI协同。以往，教师在接受完系统的教育训练以后，基本就能够胜任教师职业。在智能时代，教师只有“学会学习”和“持续学习”才能有效应对“人机共教”“双教师”的新时代。“虽然教师的成长和发展离不开外部社会、学校的支持，但最终获得教育的新生却更需要教师自身的努力和心灵的支撑，教师必须成为自我实践的解放者”，积极探索“AI+教育”。

从教师队伍建设的角度看，要提升教师数字胜任力，首先需要将教师数字胜任力纳入职前教师培养体系和在职教师培训中，积极帮助教师探索使用和利用各种信息化教学工具，促进信息技术与课程的融合；其次，着力提升教师信息化教学领导力；再次，要加强教师信息网络安全、数据伦理意识，以适应数字化时代教育发展的需要。《教育部关于实施卓越教师培养计划2.0的意见》中指出，要推动人工智能、智慧学习环境等新技术与教师教育课程全方位融合，职后教师信息技术能力培养，要转变培养形式，从传统的教师信息技术应用能力培训方式转变为基于大数据的教师信息技术应用能力培训，教师的信息技术应用能力回归到课堂，促进信息技术与课堂教学的深度融合。

所以，在人工智能时代，教师数字胜任力是衡量教师职业荣誉感的重要指标，即善于使用“AI”或许是将来成为优秀教师的一个前提，具有坚强自信、充满好奇心，不断自我成长并且愿意承担尝试新事物带来的风险，是智能时代教师应该具备的品质和能力。

同时，教师数字胜任力也是通过赋能增强职业荣誉感的重要内容。未来人类和机器人的关系会把工作分为四大类：人类能从事但机器人表现更佳的工作；人类不能从事但机器人能从事的工作；人类想要从事却还不知道是什么的工作；只有人类能从事的工作（张治，2017）。可以说，这种劳动分工的改变，将促使人类和机器之间的合作不断加强与深化，而这种能力实际上完全取决于人类对机器的了解、判断和互动等认知。这需要教师不断学习，主动了解、尝试和应用借助新技术可实现的教学方法，掌握如何运用新技术来分析教学实践，比如基于“AI”的个性化教学等，并在实践中不断反思和提高这些教学方法的成效。还需要教师学会分析、判断和分配教育教学工作。这些关于人机协作的意识、动机和能力，在本质上都是教师数字胜任力的体现。而具备了这些东西的教师，必然是职业荣誉感很强的个体。

当然，在某种意义上，教师数字胜任力不能作为独立元素出现，它必须与教学结合才能作为教师知识能力结构的一部分（Niess，2019）。因此，教师知识能力结构的发展是不以某种先进技术的出现和发展为转移的，技术仅仅是工具，人工智能技术也不例外。未来教师知识能力结构的发展要做的是技术与教学的深度融合。人工智能技术对教师的真正意义在于教师与人工智能协同合作，各自发挥自己的优势。教师解放自己的脑力，投入更复杂的教学组织和决策。而人工智能技术将帮助教师完成一些机械性工作，也可以是教师的助教，以实施个性化、精准化的教学（余胜泉，2018）。我们要做的是如何让教师更聪明地使用人工智能技术，让人工智能技术辅助教师做出最有利于学生学习的教学决策，而不是让人工智能技术取代教师的教学决策。

要应对与日俱增的不确定性，教师仅仅有符合时代需要的知识和能力是不够的，还需要培育企业家精神，它是教师具有发展潜力的象征。如果用一句话概括21世纪的人才新标准，就是有能力不如有潜力。而潜力是指有能力适应瞬息万变的环境、并能持续成长和不断挑战新角色，它比智力、经验和能力都重要。

三、兼济天下:教师企业家精神

众所周知,教育是事业,而事业是开拓出来的,教师必须具备一定的野心、勇气。教育使命是立德树人,教师必须具备战略眼光,全局思维和长期意识。潜力成为识人新标准,教师必须具备这样的精神,才能推动职业生涯持续发展,取得职业成功。总之,内含于企业家精神中的特质、能力和价值观,是教师积累人力资本的前提,是VUCA时代,中学政治教师职业荣誉感的新内涵、新动力。

企业家精神无疑是今天中国社会的绝对热词,各种经济会议、报告都会谈及。但企业家精神的核心内涵是什么?内涵很重要,没有内涵就不能衡量,就无法对标。企业家精神不能泛化,要有边界。有很多学者探讨了上述问题,说是创新,说是社会责任。另外,它与中学政治教师的人力资本有何关系?与中学政治教师的职业荣誉感又有什么联系?

企业家精神(Entrepreneurship)语义丰富。最早源自拉丁语动词in prehendo-endi-ensum,意思是去发现、去感知、去认识和去俘获。彼得•德鲁克(2007)认为企业家精神的本质是有目的、有组织的系统创新,是一种行为,而不是人格特征。在中文语境里,企业家精神既是抽象的,也是具体的、能产生社会影响的;既是个体的、展现个人英雄主义的,也是群体的、代表某个精英社群的(孙黎,2019)。

熊彼特认为企业家精神是经济发展的主要驱动力量,企业家的创新活动是实现经济发展的主要动力。企业家从事创新的动机,固然是以挖掘潜在利润为直接目的,但不一定出自个人发财致富的欲望。熊彼特指出,企业家与只想赚钱的普通商人或投机者不同,个人致富充其量仅是他的部分目的,而最突出的动机来自"个人实现"的心理,即"企业家精神"。它包括四点重要内容:坚强的意志;创造的喜悦;对胜利的热情;建立私人王国。熊彼特对企业家精神的界定更多是从自我层面、精神层面,对经济层面、社会层面的论述不多。被誉为"现代企业管理学之父"的彼得·德鲁克与熊彼特同样强调企业家在"繁荣"这个目的上所扮演的角色比资本家更为关键,但德鲁克更多强调精英的社会责任。企业不仅要履行经济契约,也要履行社会契约。从这个意义上看,企业家精神与中学政治教师职业荣誉感有共同的动机,即个体以强烈责任感和极高投入度去追寻一个大公无私的目标。另外,从新时代以潜力作为人才衡量标准的角度看,具有企业家精神的,或强烈职业荣誉感的人,就属于高潜力者。因为高潜力者不仅有上进心,希望个人能有所建树,也心存高远集体目标,他们往往十分谦逊,努力做到更好。

企业家精神不仅推动了技术创新,也塑造了当下中国人对个人价值和职业荣誉的想象。有研究者应用比较历史分析方法,对企业家精神进行古代、近代、当下和未来的中外比较,发现,随着社会经济活动的扩展,个体自由逐渐觉醒,企业家精神从普遍受压制到萌发、成长壮大,成为社会进步的力量和人类福祉的推手(孙黎,朱蓉,张玉利,2019)。例如:任正非在1987年创办华为,他身上凝聚了专注、自省、简单朴实、自律、艰苦奋斗、坚韧、淡泊名利、危机意识、终身学习等可贵的企业家精神。[①]中共中央、国务院2017年9月发布的《中共中央国务院关于营造企业家健康成长环境 弘扬优秀企业家精神 更好发挥企业家作用的意见》,更明确地界定了优秀企业家精神的时代内涵:创新发展、敢于担当、专注品质、追求卓越、诚信守约、履行责任、艰苦奋斗、爱国敬业、服务社会。

企业家精神可以体现在"兼济天下"和"利者,义之和"中,成为时代精神的创建者和守望者(孙黎,朱蓉,张玉利,2019)。中学政治教师正是在这样的时代精神影响下工作、学习与生活,故本文认为:教师企业家精神是职业成功的前提,它内含的动机、品质和意志就是新时期中学政治教师职业荣誉感的彰显。这里面最突出的特征是包含了中国人的"天下"情怀。《道德经》中的哲学思想就是"人法地、地法天、天法道、道法自然"。人所以为万物之灵,不在于勇于僭越,不在于以自身尺度为万物立法,而在于能够弃我从物,在于能超出自身尺度的局限而以万物为尺度,因此能分享天地之道(赵汀阳,2009)。"以天下为己任"是新儒家所吁求的入市苦行的"先觉"(余英时,2004)。就是说教师能够整合企业家的实干与政治精英的公益,突破自身的尺度,拥抱权利开放的教育场域秩序,系统就有可能保持各种利益的平衡,系统中的激励机制就能相互包容。这里的系统既指个体内心的平衡,即职业幸福感,也指个体与环境之间的平衡,即职业责任感。

总体而言,在创新引领发展的时代,应该从企业家精神视域下审视职业荣誉感。拥有这种精神的个体,在面对复杂、多变、模糊且充满不确定性时,会表现出的五种特质:

(1)正确的动机:以强烈责任感和极高投入度去追寻一个大公无私的目标。

①余胜海:《任正非成就华为的九大精神品质》,2017-05-05,http://www.sohu.com/a/138411530_554188。

(2)好奇心:渴望获得新体验、新知识以及别人反馈,以开放心态学习和改进。

(3)洞见:收集并准确理解新信息的能力。

(4)参与:善于运用感情和逻辑进行沟通,能够说服他人并与他人建立联系。

(5)决心:面临挑战或在逆境中受挫时,依旧能为目标不懈努力。他们除了获得名利回报,更关注包容性——让更多的人参与价值链,实现互利共赢,拥抱一个平等、开放的教育生态。

要保障教师队伍持续不断地专业发展,作为政府和学校,仍必须坚持不懈地提供符合教师需要、回应时代挑战、促进学生发展的教师在职进修课程和机会。不仅如此,政府和学校还应该从绩效评价、职称晋升等多个方面确定教师专业发展的基本标准。在此基础上,充分尊重教师的个人发展意愿和需求,从专业发展内容和形式方面精心设计,鼓励教师主动发展、个性化发展,真正将专业发展变成贯穿教师整个职业生涯的终身学习。

第三节　中学政治教师职业荣誉感的社会资本

个体层面的社会资本,是指在目的性行动中能被获取或被动员的、嵌入在社会结构中的资源(林南,2005),表现形式有社会网络、规范、信任、权威、行动的共识以及社会道德等方面。与经济资本不同,社会资本兼具生产属性和关系属性。重要的是关系需要被重视和保持,而不是交易的恩惠本身的价值要被重视和保持(边燕杰,2004)。所以社会资本包括:信任和义务,信息渠道,规范和制裁,归属感(Coleman.J,1988)。这说明,职业荣誉感与社会资本相互影响、相互作用。具体而言,结构性社会资本能够影响个体的职业责任感,通过群体压力等社会心理机制增强职业责任感、规范职业行为。广义的社会资本通过心理健康和经济收益间接地影响中学政治教师的职业幸福感。之所以如此,有两点原因。其一，社会网络为个人提供情感沟通和社会支持的基础，有助于改善个人的心理健康状况，进而提升职业幸福感。工作场合的关系，组织参与和信任等都直接地通过对心理健康的影响，来间接影响职业幸福和工作满意度（于米，2017）。其二，社会资本可以帮助人们在就业、收入等方面获得优势，取得额外的经济利益，在一定程度上提升个人幸福感（Powdthave，2008）。这可以通过社会资本的几个方面来实现，例如成员资格和积极参与公民生活，社会成员之间的联系和信任，团体内部互惠准则和合作行为（Heliwel，2006），这些社会资本可以帮助人们获得更好的工作和更高的收入，提高人们的经济地位，社会资本通过经济利益这一路径间接影响主观幸福感（邵宜航，张朝阳，2016）。

在社会关系网络中，如果一名中学政治教师扮演网络的中心节点，是占据结构洞的搭桥者，并且能够维持多重网络的均衡性，那么可以推断他占有相当丰厚的社会资本。社会资本动员不仅受到个体资源限制和社会结构制约，同时也受到行动者内在心理特征的影响（李黎明，龙晓，李晓光，2018）。故愿意并且能够激活与动员社会网络中社会资本的个体，是那些敢于跨越社会边界和超越结构制约的行动者。换言之，就是那些具有强烈职业荣誉感的人。基于大五人格理论，这些行动者具有如下心理人格特质：高外向度、合作度、求新度，而个体敏感度低，因为这种个体的社会资本动员能力以及情感性支持和工具性支持获取能力强。所以，能够占有、激活与动员丰厚社会资本的中学政治教师，才具有本文所指的职业荣誉感。另外，中学政治教师的社会资本也是衡量其职业荣誉感的重要指标之一。

一、扮演网络的中心节点

有许多衡量教师个体社会资本状况的标准和工具。在社会学领域，社会网络分析是目前认可度较高的一种方式。从网络视角看，个人和他的社会关系就是网络的两个基本要素，节点和连接。拥有优质社会资本的个体，就是网络中的重要节点，职业荣誉感水平就越高。反之，职业荣誉感水平越高，说明个体扮演的是网络中心节点的角色，社会资本越丰富。网络科学里用“中心度”（Centrality）测量节点在网络中的重要程度。一个职业群体的网络由几百个、几万个、甚至上亿个节点组成。指向一个节点的连接越多，节点的中心度就越高。换句话说，在职业圈里，个人的价值，不取决于个人，而是取决于周围人对你的评价。中心度有三个维度的内涵，这三个维度分别从连接的数量、位置和质量，来衡量节点在网络中的重要性。

节点的重要性首先体现在数量上。一般而言，在一个圈子里，被越多人认识，就越重要。这个维度叫"度中心度"(Degree Centrality)，就是看这个节点周围有多少节点与它直接相连。连接的数量越多，说明它的影响力和受欢迎程度越高。教师在学校里协作的同事数量，就是他的度中心度。比如，为什么知名教育家的理论观点传播广，为什么名师能够成立工作室，就是因为他们的"粉丝"多，度中心度高。所以，对于其他教师，也就是对网络中其他的节点影响力更大，他们作为一个节点的价值就更大，自然能够吸引到更多如关注度、公共认可、公共荣誉等稀缺资源。

衡量节点重要性的第二个维度强调的是一个节点在网络中所处中间人的位置。看的是网络中的其他人之间要传递信息或者资源，是不是一定要通过某个人才能实现，即"中介中心度"(Between Centrality)。有研究者发现，最受欢迎的学生往往坐在楼梯口或者垃圾桶附近。这些位置天然会提高他们和别人打招呼、互动的概率，增加了他人了解、喜欢这些学生的机会，所以他们人缘就会更好。对教师来说也一样，只要占据地理或心理意义上的公共空间，就很可能增加个人的社会资本，提升职业荣誉感。这说明，个人价值，不仅取决于周围人的评价，而且取决于周围人的依赖程度。

测量中心度的第三个维度考虑的是连接的节点的质量，即"特征向量中心度"(Eigenvector Centrality)。这个测度不仅关注一个节点，有多少节点指向它，还关注指向它的节点自身有多大影响力，品质如何。也就是说，个体的"邻居"越重要，这个个体也就越重要。比如，有两名新教师甲和乙，甲有很多朋友，但都是普通人，另一个人朋友不多，但是与他交往的都是教育界知名的专家、学者、校长，等等，显然后者的朋友圈更有价值。这进一步说明，教师的(社会)价值，不仅取决于周围人的评价和依赖程度，还取决于这些人的分量和价值。就好比职场上流行的一句话，首先要自己行，然后要有人说你行，最后说你行的人要行。其实对应的就是衡量个体中心度的三个维度。

从统计学意义上看，这三个维度具有很高的相关性，在一个维度上重要性很高的节点，在其他维度上一般也比较重要。比如，在一个学校里，校领导的度中心度是最高的，因为谁和他都认识。与此同时，如果教师要认识一个校外的同行,需要校领导引荐,那么这个校领导的中介中心度也很高。但是,这三个维度又各有侧重,因此一个网络里并没有一个最重要的或始终最重要的节点,而是有好几个重要节点,它们的重要性体现在不同的维度上。例如,学校里某位教师经常“潜水”,不怎么公开发言,没有多少人认识他,但是,学校里最有地位、最有声望的几个人都对他评价很高,那么,即使他的度中心度和中介中心度都很低,他的特征向量中心度反而是最高的。

这个理论的启发有两点:其一,中心度高的教师很可能具有较强的职业荣誉感,反之,具有强烈职业荣誉感的教师很可能扮演网络的中心节点。其二,这为新教师在短期内从圈外人转变为合法的边缘性参与者提供了两种路径,要么从特征向量中心度入手,结识圈内知名人士,迅速提高自己在网络中的中心度;要么从位置(中介中心度)着手,让自己成为他人发生联系时很难被替代的中间人。

二、占据结构洞的搭桥者

单位职场里有一种现象相当常见,同时进入单位的一批年轻人,为了升职加薪勤奋工作、不舍昼夜,有的人青云直上,而有的人还在原地踏步?职场中什么样的人发展更快?是勤奋刻苦(心理资本)的人,有能力有才华(人力资本)的人,还是能说会道(社会资本)的人?

研究发现,发展最快,同事评价最高的,其实是那些连接不同部门,或者连接校内与校外,进行跨领域沟通的人。这些人,拥有更多的关系、资源和信息,能够调用更多的人为自己服务,从而获得客观职业成功。在网络科学里,将人们在社会网络中所占据的这种独特位置,称为“结构洞”(structural hole)。这个概念是由美国芝加哥大学教授Ronald Burt提出。他认为:如果两个团体间缺少直接的联系,那么从网络结构看,就好像在这两个群体间留出了一个空洞,而能把二者联系起来的中间人,就在网络中占据了这个“结构洞”的位置。他们就是社会网络中的“搭桥者”(见图3-2)。而“结构洞”的充裕程度,会直接影响员工的内部竞争和晋升。在一个学校里,一个中层干部占有的结构洞越多,就越可能被提升。

之所以如此,是因为结构洞的信息优势和控制优势。处于结构洞位置的人拥有更多样化的信息来源。这些多元化、异质性的信息通路,能够给他带来新鲜的、有价值的信息。这些信息不仅能够帮助他提高工作表现,还能促进科研和创新。仅仅能够获取信息还不够,结构洞的优势还体现在能汇总、分析,挖掘信息价值,用数据驱动业务能力提升,为学校决策提供依据等。

当然,要成为不被绕过的结构洞,也就是提升个人的不可替代性,还要具备一个条件,即他连接的两个群体差异过大,要么话语体系不同,要么缺乏共同的价值观和行为规范。只有通过中间人,才得以建立连接。结构洞所在的地方,就是联系中断的地方,如果搭桥者不存在,网络中的群体就很难发生联系。比如在学校里同时承担教学和行政工作的教师,比只做其中一种工作的教师,更容易获得客观职业成功。拿投资作比,前者的“投资”具有异质性,能够对冲风险,教师的发展路径多元、空间广阔,容易产生或体验到职业荣誉感;后者则没有,而且往往会因为付出—回报失衡而产生相对剥夺感,严重的还会产生职业倦怠。所以,占有结构洞的搭桥者,会一直被互相隔离的两个圈子,认为是最有价值的人,他们的职业荣誉感也是最强的。

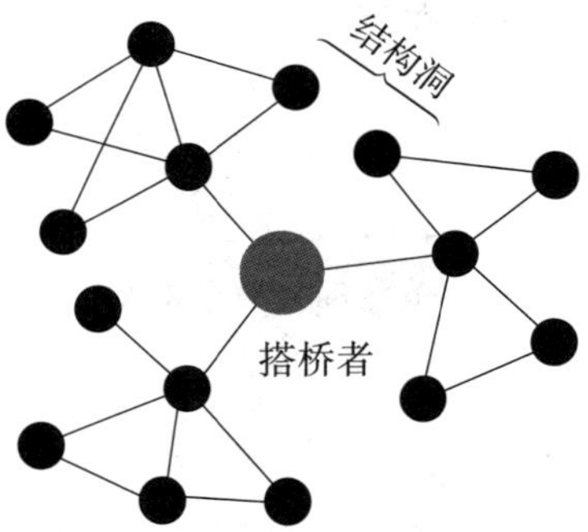

图3-2 搭桥者的特征

三、维持多重网络均衡性

前面两节的内容,说明了与节点相关的中心度、结构洞等,处于网络有利位置的节点能够更容易地获取资源,更容易产生职业荣誉感,或体验到的职业荣誉感。那么,是不是只要占据了有利位置,就可以一劳永逸了?换个角度看,新教师是一个后来者,他要如何融入圈子,取得职业成功?

从农业社会的水路网,到工业社会的铁路网,再到信息社会的专利网,城市兴衰的背后,是网络的兴衰。网络科学中,把这种现象称为网络的多重性,或者叫“多重网络”(multiple network)。目前关于多重网络的研究刚刚起步。但站在增强中学政治教师职业荣誉感的角度,还是能够总结出几条启发:第一,网络的价值,随着时间的变化而变化。从长远来看,任何一个网络都必然走向衰落,回报率下降。所以,没有人能够通过占据一个优势地位,一劳永逸地保持领先。第二,新的网络不断产生,新的连接不断出现,而且速度越来越快。第三,后来者的机会,不是做一个颠覆者,而是成为一个穿越者。也就是说,后来者取得突破的最佳策略,不是直接挑战原有网络中的领头羊,取而代之,这样成功的概率很小;而是找到一个新的网络,占据优势地位,然后在新规则下后来居上。这其实就是个人职业生涯"基业长青"的本质所在。

比如,社会学著作《街角社会》以意大利贫民窟的黑帮青年为研究对象,做了数年的跟踪调查,发现在帮派里,有两个青年领袖,一个叫多克,一个叫奇克。这两个人的发展轨迹非常不同。虽然他们因为自己的过人之处当上了黑帮领袖,但是,多克被帮派里的兄弟情谊所束缚,始终没有脱离这个小圈子。他没有上过大学,没有稳定的工作,整天无所事事,挣了钱就花在请客吃饭上。所以,很多年后,多克变得默默无闻,沦落到一家电子工厂当工人。而奇克想的是,他必须要走出这个圈子,要出人头地。于是,他开始刻意学习中上层阶级的礼仪和社交习惯,成为了社区里第一个上法学院的意大利男孩。后来,奇克又进入了政界,成为了波士顿市议会的议长。在选举中,投票支持他的大多数是富人,不是贫民阶层。这说明他的人际网络已经发生了向上切换。

这说明,如果职业成功是中学政治教师职业荣誉感的关键,那么就需要他们具备穿越者的意识和能力,即无边界的、易变的职业生涯规划及行动。换言之,只有不停留在原地,才能在多个网络中穿行,才能实现网络的向上切换。

第四节　三种职涯资本相互作用的系统协同论

通过前面三节的分析,可以看出,心理资本、人力资本、社会资本是相互作用、共同影响个人潜能发挥、但并不重叠的三种资本形式。它们的关系是辩证统一的，概念上彼此区别，运作机制上则是以系统协同的方式作用于职业成功、职业荣誉感。

对于职业荣誉感，三者缺一不可。如果说人力资本与社会资本的投资是人力资源创造竞争优势的重要源泉，那么心理资本的投资与开发则是创造竞争优势的基础和动力。虽然心理资本具有超越性，心理资本对职业荣誉感及各种绩效变量的作用，首先是间接的，其次是动态的。所谓间接作用，是指心理资本并不能直接作用于竞争优势、工作绩效等结果变量，而是通过对人力资本、社会资本等变量的作用而实现竞争优势的创造和维持。

所谓动态作用，是指心理资本与人力资本、社会资本三种资本形态相互影响、相互作用，从而促使各自动态强化、持续提升。因此，心理资本与人力资本、社会资本的动态协同，是研究心理资本作用与职业荣誉感的机理的重要视角。

本节从这一视角入手，首先探讨了心理资本、人力资本和社会资本的关系，提出心理资本在增强职业荣誉感方面的独特性；其次，探讨了心理资本的分层，认为心理资本包括个体心理资本与群体心理资本两个层次，并以此为基础，提出了三种资本相互作用的协同模型；再次，在协同模型的基础上，具体探讨了个体心理资本与群体心理资本的协同、个体心理资本与人力资本的协同、群体心理资本与社会资本的协同以及人力资本与社会资本的协同；最后，提出心理资本、人力资本、社会资本的协同集约是开发个人潜能、形成竞争优势、增强职业荣誉感的关键。

三者在概念上彼此区别。人力资本指员工身上所蕴含的知识和技能，如可以通过经验的积累、接受教育、培训技能等手段提升人力资本；社会资本指通过关系、联系网络和朋友而建立的关系资源，是包含在员工群体和员工网络中的知识；心理资本则描述了员工对未来的信心、希望，它既是一种状态，也能通过刻意练习成为特质。基于积极心理学范式的心理资本，关注人的积极方面和优点，体现个人对未来的信心、希望、乐观和毅力，关注个人在面对未来逆境中的自我管理能力。从这个角度看，心理资本是对人力资本和社会资本的超越。之所以如此，则在于两个原因。一是积极良性的心理资本开发和培育是人力资本与社会资本形成的前提和基础；二是心理资本决定着人力资本与社会资本收益实现的程度。

一、协同模型与框架

协同概念起源于系统论中的协同论。协同论认为大系统中的许多小系统既相互作用、又相互制约,它们达到平衡结构或旧结构转变为新结构时,都遵循一定的规律。系统协同程度越高,输出的功能和效应就可能越大,系统的负效应就会越小,结果就越有价值。

心理资本对工作绩效有重要的作用,这种作用是通过人力资本和社会资本来实现的。人力资本和社会资本是个体取得高绩效的潜在能力,心理资本则是将这种潜在能力转化为现实能力的有力工具,三个资本的协同集约使个体创造更高的绩效水平。从系统协同论的视角来看,心理资本、人力资本与社会资本分别为三个不同的子系统。三个子系统间的相互作用与相互平衡决定了组织大系统的绩效。这一协同机制的基础在于心理资本的分层。

目前,心理资本理论主要关注个体层次上的积极心理状态开发,将其定义为个体在成长和发展过程中表现出来的一种积极心理状态。具体表现为:在面对充满挑战性的工作时,有信心(自我效能)并能付出必要的努力来获得成功;对现在和未来的成功有积极的归因(乐观);对目标锲而不舍,为取得成功在必要时能调整实现目标的途径(希望);当身处逆境和被问题困扰时,能够持之以恒迅速复原并超越(韧性),以取得成功(Luthans,2007)。

当然,心理资本不仅仅体现在个体层次上,也表现在群体层次上。个体与群体是心理资本存在的两个层面、两个维度,是心理资本子系统的重要组成部分。个体心理资本指促进个体成长和提升组织绩效的一种核心心理因素,主要包括自我效能感、希望、乐观和韧性四种积极的心理能力。群体心理资本则是建立在个体心理资本基础之上,由群体层面表现出来的促进群体成长和发展的一种核心心理要素,是群体成员对环境、对组织、对未来、对彼此关系的共同态度和共同心理状态,主要包括群体效能感、信任和合作三种积极的群体心理能力。

根据心理资本的分层,三种资本间的相互作用存在四个层次的协同。第一层是心理资本的系统内协同;第二层是个体心理资本与人力资本的系统间协同;第三层是群体心理资本与社会资本的系统间协同;第四层则是人力资本与社会资本的系统间协同。(见图3-3)

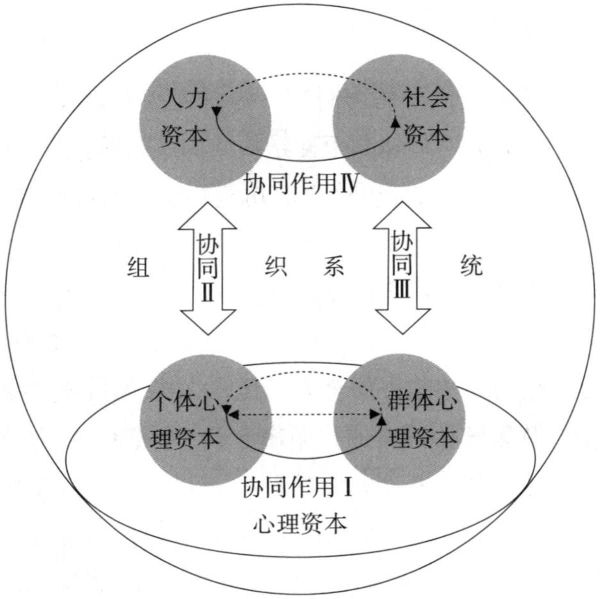

图3-3 资本协同作用系统

二、协同层次与机制

(一)心理资本系统内协同

个体心理资本与群体心理资本相互影响、相互作用。

首先,个体心理资本通过示范效应来影响群体心理资本。在一个组织中,成员在进行某种活动时会不自觉地将自己与其他成员进行比较,从而不断调整自己的行为方式。其他成员对该成员的这种影响,被称为示范效应。个体心理资本对群体心理资本的作用正是通过示范效应来实现的。组织中业绩优秀的员工往往具有较高水平的心理资本,即具有较高的自我效能感,更为乐观,总是充满希望,更为坚韧,在心理上对其他成员具有榜样示范效应。他们的人格魅力对其他成员具有渗透性和扩散性的影响,从而在群体中形成一种无形的约束力。这种无形的约束力会潜移默化地增强组织成员间彼此的认同感、信任感和合作精神,促使群体心理资本水平不断提升。

其次,群体心理资本则通过社会支持与社会缓冲效应来促进个体心理资本的提升。一方面,在一个效能感高、成员间彼此信任、相互合作的群体中,个体能够感受到一个友好、和谐、安全的氛围，从而增强个体的归属感和自尊心，使得个体更为自信、更加乐观、充满希望、更具韧性。这就是群体心理资本的社会支持效应；另一方面，个体往往面临各种不同的压力与冲突，从而导致个体趋于紧张与焦虑，但是效能感高、成员间彼此信任、相互合作的群体则通过额外的社会支持和社会交流来缓解压力与冲突给员工心理带来的负面影响。这就是社会缓冲效应。

最后，上述两种效应使得个体心理资本与群体心理资本以正螺旋的路径不断相互影响、相互提升。也就是说，个体心理资本和群体心理资本相互促进，从而呈现出同向良性循环变动的关系，形成螺旋式上升态势。（见图3-4）

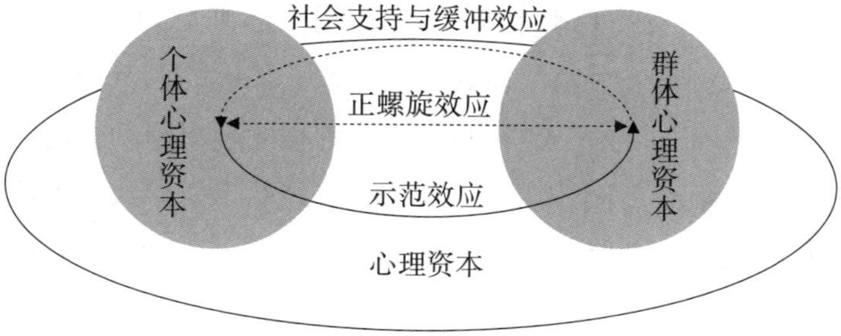

图3-4　心理资本系统内协同机制

（二）个体心理资本与人力资本的系统间协同

个体心理资本与人力资本间也是相互影响、相互制约的。

第一，人力资本天然属于个体载体，个体心理状态与心理资本水平必然会影响到人力资本的形成与潜能的发挥。首先，心理资本水平影响人力资本的形成。心理资本水平较高的员工总是拥有积极的情感，这些积极情感能够开阔员工个人的注意范围，使得员工更乐于接受和形成新思想、新观念、新实践，并表现出更多的创造性。充满希望的员工能够独立地思考，对成长和成就有强烈的要求，具有很强的创造力。具有韧性的员工不仅具有持续学习的理念，而且能够根据组织的变革来进行自我改变，并相应地更新自己的知识和技能，为组织的成功和自己的职业发展承担责任。此外，具有较强韧性的员工往往将困境中的威胁看作是进步的机会从而创造性地积累更多的工作经验；其次，心理资本通过自激励机制影响到人力资本潜能的发挥。动机对行为的驱动过程构成了激励机制。个体心理资本则构成人力资本潜能发挥的自激励机制，即积极的个体心理状态促使个体更多地通过自我内在驱动,使得人力资本发挥更高的绩效。具有高自我效能感的领导能够认识到开发自我效能的重要性,更愿望去开发每一个下属的自我效能水平,并愿意投入更多的时间与精力去开发和培育群体效能。充满希望的员工能够设定具体的、具有挑战性的目标,并能寻找到目标实现的有效路径,从而充分发挥自己的潜能,取得更高的绩效。乐观的员工会主动承担责任,掌握自己的命运,运用积极的方式处理事情,愉快地接受各种挑战,并自我激励以取得长期的成功。

第二,人力资本也影响和制约个体心理资本的水平与层次。在某种意义上,知识、技能、经验对各种积极心理情感的形成和维持具有一定的影响作用。一般而言,知识、技能与经验水平越高,相应的个体则更为自信、乐观、充满希望,更具韧性。但是,有一个变量在其中也发挥着关键的调节作用,即若个体的知识、技能或经验导致了个人成功,而且成功的程度超出预期,那么个体则更能体验到积极情感。相反,若个体的知识、技能或经验未能导致个人成功,韧性较强的个体则有可能依然自信、乐观、充满希望;而没有韧性的个体则有可能丧失自信,更为悲观消沉。

(三)群体心理资本与社会资本的系统间协同

群体心理资本是社会资本赖以形成的基础,社会资本也影响并强化群体心理资本。群体心理资本通过传染效应促使社会资本的形成,而社会资本则通过群体内心理契约的固化强化了群体心理资本。传染效应指组织中某个或某些成员的心理资本影响其他成员同类心理资本形成的过程,是心理资本在组织成员间的一种扩散现象。比如,领导者的群体效能感可以慢慢扩散到其下属那里,其行为对下属的群体效能感的培育产生了重要的影响。组织成员间心理上的相互信任与合作,通过传染效应,不断扩散,逐步强化员工间的相互依赖与期望,从而形成群体与员工间的相互承诺和期望。

这种基于群体心理资本的心理契约,会不断地引导和规范员工行为,久而久之,就转变为群体成员愿意遵守的群体社会规范,即社会资本的形成。这种心理契约不仅是个人对群体归属感和忠诚度的反映,也反映了群体对个人行为方式的认同。由于依赖于这种心理契约的社会资本强调群体成员间的彼此信任、合作,强调彼此的信心,强调彼此的认同,从而减少了破坏性冲突在群体内的发生频率，进一步强化了和谐的、健康的、建设性的群体心理资本的发展。

(四)人力资本与社会资本的系统间协同

人力资本的专用性和群体性特征决定了人力资本与社会资本密切关联，即人力资本只有在社会协作系统中才能发挥作用。一方面，人力资本通过沟通机制来提升社会资本。另一方面，社会资本通过学习机制来提升人力资本。人力资本与社会资本的相互作用为组织发展创造了持续的竞争优势，促使组织绩效不断提升。

沟通机制是指在组织成员间沟通过程中由相互依存、相互制约的沟通主体、内容、渠道、规则、动力等要素构成的统一体。组织成员要保持一种稳定且良好发展的关系网络，就必须保持相互间的紧密联系。而成员间的关系的亲疏、好坏，在很大程度上取决于组织的沟通机制。组织成员间通过这种沟通机制，进行知识、技能和经验的交流。这不仅提升了组织成员自身的人力资本水平，更重要的是，增强了成员彼此间的信任感和合作意愿，促使组织中的社会关系网络更加稳固，从而提升了该组织中社会资本的水平。而且，组织内成员能够通过沟通机制与组织外成员产生新的联系，并利用自身的人力资本促进新的社会关系网络的建立，即产生新的社会资本。

组织的学习机制在人力资本与社会资本的相互作用中发挥着重要的作用。学习机制又称为组织学习机制，是指为了促进组织及其成员提高对组织内外信息的敏感度与处理能力而形成的组织内外学习的运作方式。组织中的个体、群体及其自身运用不同的理论、方法和技术进行知识的收集、加工与存储、交流与交换、使用及再创造等。在一个组织中，组织成员的人力资本是通过组织学习机制得到提升的，而社会资本创造了组织学习机制运作所必需的场域，为组织成员提供了可靠而广阔的学习途径和他们所需的情感支持。这不仅促进了成员间信息的交流和传递，促进了个体人力资本为共同的利益而进行协调与合作，更促进了成员个体知识、技能和经验的提升和优化。

三、资本的协同开发

心理资本是对人力资本和社会资本的超越，但并不是说，心理资本会取代人力资本和社会资本。在个人或组织管理中，心理资本、人力资本和社会资本的协同效应是实现人的潜能、打造人的竞争优势的关键所在。因此,可以说,心理资本能够带来比人力资本和社会资本更大的影响。但是,三者的协同开发将为个体创造更为持续的竞争优势,带来职业成功。(见图3-5)

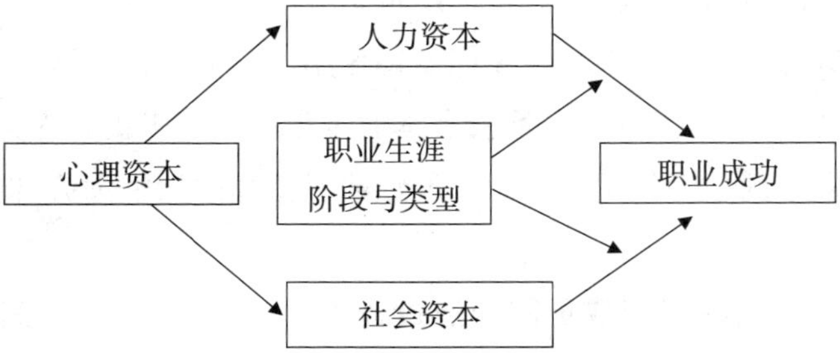

图3-5 职业成功的职涯资本论的理论模型

开发和培育积极的学校文化。积极的学校文化是心理资本、人力资本、社会资本协同开发的基础。培育有远见的战略精神,强调制定长期的目标与计划,引导教师的积极行为,提供这种行为长期维持的基础和环境;为教师寻求和创造机会,帮助教师控制复杂多变的环境;提供公开透明的沟通渠道,强调参与式决策等,使得心理资本、人力资本与社会资本被学校成员共享,能够迅速合理配置。注重智商、情商、逆商的协同开发。三者的协同开发是实现心理资本、人力资本和社会资本协同效应的关键所在。在人力资源管理中,为教师提供更多的培训、沟通和交流的机会,丰富教师的知识、技能和经验;对教师进行相关的情绪管理专项训练,提高教师的情绪智力。同时,对教师进行心理培训并提供心理援助,帮助教师解决心理和行为问题,增强教师面对挫折、摆脱困境和超越困难的能力;并在培训效果评估中综合评价教师的知识技能水平、关系网络构建能力和积极心理能力的提升情况。协同开发教师的智商、情商和逆商,全面提升教师的综合素质,实现心理资本、人力资本和社会资本的协同效应。

注重教师心理援助与职业发展的协同作用。教师心理援助与职业发展的协同作用是实现心理资本、人力资本和社会资本协同效应的重要保证。学校帮助教师制定合理的职业发展规划,为教师提供更多的职业发展机会,促进学校和教师的共同发展。同时,学校还要实施教师心理援助计划,帮助教师解决职业发展中的心理和行为问题,改善学校的工作氛围和管理水平,进而增强职业荣誉感。

第二篇

中学政治教师职业荣誉感的系统动力学分析

第四章 参与者系统

前面三章的内容，分别探讨了中学政治教师职业荣誉感涌现的理论基础、路径，以及在个体层面的表现。接下来的三章，将基于系统动力学理论，结合已有研究结果，从个体、组织和外部环境三个层面入手，进一步分析中学政治教师职业荣誉感涌现的前因变量，总结其作用机制，并具体讨论建构特定类型的职业荣誉感的条件。本章就从参与者系统切入，分析职业心理与职业荣誉感之间的关系。

从个体层面的职业心理看,职业荣誉感主要受个体的职业倾向性、职业能力的发展过程、未来的期望以及职业生涯的整体发展等变量的影响。强调个体差异对个体职业荣誉感的作用。每个人的身心状况不同,经验背景不同,自然有不同的职业价值观,不同的职业情感体验,从而表现出不同类型、强度的职业荣誉感。职业心理学认为,每个人都包含三个相辅相成的心理系统,在这些系统的基础上人们才表现出个体层次的职业价值观与职业行为。当个体具备积极的情绪,能进行有效的目标管理,并对自身能力和社会有正面感知时,他的职业适应性强,能获得职业成功,从而产生或体验到强烈的职业荣誉感。

职业是一个人建立自我概念和自尊感的主要来源。职业生涯发展和管理对个人的职业成功起着重要作用。教师的职业生涯通常伴随个人的发展,但也不尽然,有时个人的生命在发展,但其职业生涯却在反复,或处于停滞。从纵向的职业生涯阶段看,处于不同阶段的个体与职业的关系不同,故表现出差异化的职业荣誉感;从横向的职业生涯类型看,不同模式对职业荣誉感的影响也不同。

了解职业荣誉感与教师职业心理及教师职业生涯的关系,有助于人们策略性地调整心理状态,提高工作适应性;有助于人们更清楚地认识该如何发展自己的职业生涯,选择合适的路径;同时也有助于学校更理智地选拔人才,合理管理教师的职业生涯,开发人力资源。

第一节 职业荣誉感与教师职业心理

中学政治教师职业荣誉感是由职业责任感和职业幸福感构成的双因子结构。教师职业心理是影响职业荣誉感的前因变量之一,即个体层面的主观因素。可以用三个相辅相成的心理系统——职业导向系统、职业动力系统、职业能力系统——概括这些主观因素。

一、职业导向系统

职业导向系统是指教师的职业价值观、世界观、职业伦理等。职业导向系统的各个成分都会引导个体去选择特定的职业,追求特定的职业目标,接受和内化职业价值,建立正确的职业角色期望,评价自己和别人的职业行为,努力争取职业成功。

(一)职业价值观

价值观代表个体最基本的信念:从个人或社会的角度看,某种具体行为模式或存在状态优于与之相反的行为模式或存在状态。价值观包含判断的成分,反映出个体对正确和错误、好与坏、可取和不可取的看法与观念。价值观包括内容和强度两种属性。内容指的是某种行为模式或存在状态是重要的;强度则指重要程度。当根据强度对一个人的价值观进行排序时,就可以得到这个人的价值系统(Value System),即价值观的层级性。通过让个体对诸如自由、快乐、自尊、诚实、服从、公平等价值观进行重要性排序,可以认识和了解这个系统。

职业价值观是价值观的重要组成部分,是人们对职业活动所带来的利益的社会判断取向,有人注重职业活动的过程,有人注重职业活动的结果,有人注重职业活动的环境等,人们的职业价值观不同,所选择的职业也有所差别。职业价值观是人们依据自身的需要对待职业、职业行为和工作结果的比较稳定的、具有概括性和动力作用的一套信念系统(张大均,2001)。换句话说,是人们在从业问题上,或以职业谋生、或自我实现、或为社会作贡献这三项因素上不同比重所表现出来的社会态度。所以,它是人们衡量社会上某种职业的优劣和重要性的内心尺度——个人对待职业的一种信念,并为其职业选择、努力实现工作目的提供充分的理由;它是个体一般价值观在职业生活中的体现——不但决定了人们的择业倾向,而且决定了人们的工作态度;它是个体在长期的社会变化中所获得的关于职业经验和职业感受的结晶——属于个性倾向范畴。综上,职业价值观是关于职业选择、职业生活的意义和职业等级等问题的价值评判,主要表现为职业价值取向、职业选择原则、职业活动报酬的期望等。一般而言,职业与个体职业价值观匹配度越高,个体的职业荣誉感越强。

本文结合文献,通过访谈、调查等方式,以川渝地区200名中学政治教师为样本,考察了他们的职业价值观。主要有以下几方面的特点:

1.看重自我发展和高收入是基本的职业价值取向

职业理想是人们依据社会要求和个人条件，在职业发展上确立的奋斗目标，是个人对职业活动和职业成就的超前反映。对于当前大多数中学政治教师而言（尤其是新生代员工），其职业理想是非常现实的，更好的福利待遇占据着主要位置。调查显示，被试中只有2.7%的人的可支配年收入在10万元以上，55.7%的可支配年收入在3万元以下，其中大部分是青年教师，这说明多数青年教师的工资收入处于较低的水平。在他们当中，表示与社会上的其他人群相比目前的经济收入"很低"或"偏低"者达68.9%；表示与社会上的其他人群相比目前的福利状况"很低"或"偏低"者达59.5%。工资收入的绝对值较低，同时又基于这种比较，所以大多数青年教师必然对自己目前的工作薪水和福利"不满意"（51.4%）甚至"非常不满意"（14.8%），59.8%的青年教师感到"经济负担过重"，69.9%的青年教师"非常担心"或"有些担心"买不起房。

因此，把更好的福利待遇摆在职业理想的突出位置，完全在情理之中。但是，也不能否认中学政治教师在职业价值取向上既追求更高薪酬又重视自我价值。

2.能力本位职业价值观突出，职业发展意愿强烈

本次调查显示，能力提升需求和发展空间需求是青年教师的主要需求。缺乏专业技能（27.1%）排在他们面临主要困难的第四位，但希望获得技能培训（47.1%）却成为他们排第一位的需求，这反映了他们对提高能力的强烈渴望。可见，多数教师已经形成能力本位的职业价值观，从内心深处意识到职业技能是实现职业理想的根本保证和最佳支点。这也体现了正确职业价值观对职业荣誉感的正向激励作用。

从发展现状来看，当问及"您的意见在单位中是否受到重视？"时，选择"比较重视"的占31.9%，"很重视"的占3.9%，这表明个体的意见在单位中受重视程度不高。从发展空间来看，只有约四成（41.3%）的教师对当前工作的职业发展和晋升前景感到满意。公平的分配制度、就业机会、选拔机制有利于教师健康成长，也能够帮助他们树立正确的职业观。同工同酬、收入分配、工作与就业机会、人才选拔、领导干部选拔公平程度评价等方面的数据表明，一方面他们对职业生活中的不公平现象感受深刻，另一方面则说明他们渴望社会营造公平的竞争环境。以代际进行划分，相对于70后和80后，95后教师对当前社会的机会公

平状况更加认可。他们认为当前社会给人们提供的成功机会更加公平的比例最高，同时他们认为个人收获与努力"匹配"和"基本匹配"的比例也是最高。

3.具有较强的风险意识和竞争意识

对于民办教师而言，风险性更多体现在收入不稳定，或因学校倒闭而下岗失业。随着经济增速的回落，我国就业形势日益严峻。这些因素促使教师增强风险意识，转变观念，逐步更新择业观，强化竞争意识、增强职业竞争能力。职业的风险性激发出教师的竞争意识。要想在激烈的就业竞争中把握主动权，就需要自觉提高职业能力和敬业精神，增强职业生涯规划意识、自主择业意识、效率意识和职业流动意识，等等。本次调查显示，8.9%的教师每周工作40小时以下，35.7%的是40~45小时，8.9%的是51~55小时，10.8%的是56~60小时，4.9%的是61~70小时，3.4%的是71~80小时，3.9%的是80小时以上。大部分民办学校教师经常加班，在一定程度上反映出他们有较强的敬业精神，另一方面也反映了教师工作具有特殊的风险性、竞争性。

4.对目前的工作现状和待遇水平满意度不高

客观而全面评价自身工作现状是个体认识自我和提升职业发展能力的必备条件。在工作表现满意度方面，认为"较好"的占43.1%，认为"一般"的占43.5%，认为"较差"的占2.7%，认为"很差"的占0.8%，认为"很好"的仅占9.8%。可见，教师对自身工作现状评价不高。在对目前薪资待遇的满意度评价中，51.4%表示不满意，14.8%表示非常不满意，即六成以上的教师不满意。控制受教育水平、工作能力以及社会贡献三个变量的情况下，在对目前经济收入、福利状况、社会地位的评价中，"一般"的占比都比较高，而"很满意"的占比都比较低。其中，约一半(51.0%)的教师对当前社会地位感到"一般"。

5.普遍渴望成才，但对成功机会的可获得性评价不高

教师们认为职业成功主要靠能力、机遇、奋斗和健康。成才是基本需求，集中体现了个体的工作能力和综合素质。在最看重什么的问题中选择"事业成功"的占60.2%。在回答"您认为成功机会的可获得性如何？"的问题时，29.3%的认为"不如以前公平"，39.3%的表示"说不清"。表明青年教师对当前成功机会公平程度评价不高，对成功机会的渴望度较高。当前，以同工不同酬等为主要表现的公平问题困扰着教师，在潜移默化中影响他们对人生命运和成功的看法，也影响着他们的职业幸福感。本次调查表明，一小部分教师对社会公平的

认可度不高,对社会机构信任度不高,对自己的相对收入水平满意度也不高。

在追求个人发展与成功的道路上,教师们普遍认为能力才是关键因素。其中,25岁以下的教师认为机遇更重要,因为良好的机遇对于职场新人意义非凡;25~34岁的教师认为个人奋斗是不可逾越的重要因素之一,千里之行始于足下,一步一个脚印才能夯实基础,为成功做好准备;而35岁及以上的教师意识到平衡工作和生活的重要性,只有身体健康才能为其他一切保驾护航。

6.新生代教师中出现"反升迁"现象

越来越多的新生代教师,对在职场上成长为管理者失去了兴趣。这种现象被称为"反升迁"。对老一代人来说,如果说一份工作能让收入稳定增长,或者能提升社会地位,比如几年之内做到管理层,那这样的工作已经足够让人"感兴趣"了。但对于更年轻的、在更优越的生活背景下成长起来的年青一代来说,很多时候,这些物质上的外部刺激已经不足以激起他们的兴趣了。今年9月底,美国波士顿咨询公司(BCG)发布了一份调研报告。BCG采访了5000名职员,分别来自法国、英国、德国、美国和中国这5个国家。结果显示,只有9%的受访员工希望在未来5至10年内晋升为管理层,也就是说,大部分员工对升任管理职位根本没兴趣。而且,这其实还不算是一个新现象。早在2015年,美国的凯业必达招聘网调查了数千名美国员工。结果,只有34%的员工表示,他们对领导职位感兴趣。当时的研究员,就把这种趋势总结为职场里的"反升迁"趋势。

原因可能是管理者的工作强度越来越大。管理职位看似光鲜,但是要占用的时间太多,处理的事情过于琐碎。调查结果显示,有81%的现任管理者认为,自己的工作比前几年更困难了,压力更大、工作量更重,而从学校得到的支持还不如以前。有的年轻人在接受采访时表示,自己身边的主管都承受着巨大的压力,看起来并不幸福,自己并不希望进入同样的状态。

除了这个原因外,还有另一个重要原因,那就是现在年轻教师的追求变了。有不少年轻教师把管理者定位为"光出一张嘴"的角色。比起指挥别人,他们宁愿持续提升自己的专业技术。而主管呢,超过1/3的时间都用在写报告或者跨部门协调上。要想花时间提升自己,只能等到下班以后。甚至还有超过一半的主管认为,自己做的工作在未来5年之内会发生巨变,比如被AI技术或者其他技术替代。所以,新生代教师中出现"反升迁"现象,一个很重要的原因是当前管理者的角色定位过时了。

如果年轻教师不愿意升迁，那么各个学校在5到10年后，可能会面临一个让人头疼的问题：管理人才荒。对此，本书提出了两个应对方案：一是拆分管理角色，二是重新设计管理制度。

第一个方案为拆分，学校可以从改革管理岗位入手，来提高管理岗位的吸引力。比如，微软、通用电气（GE）等大公司采用了一种叫作敏捷管理（Agile Management）的方法。这种管理方法的第一步是拆分管理者的角色，把原本属于一名管理者的职责，分给了不同的3个人。其中，“产品负责人”主管产品，负责产品开发相关的具体事务。“人事领导”主管人，给团队里的每个人做职业规划和指导。“敏捷教练”主管流程，关注团队的任务和目标，给成员及时提供支持和指导，充当团队里的润滑剂。这三个角色彼此互补，完美地卸下了原本属于一名管理者的重任。管理者的负担减轻了，员工对晋升的追求也就更积极了。

第二个方案为替代，用其他晋升路径来替代从员工到管理者的路径。比如，很多企业提供了“专家岗”，员工晋升后可以继续深耕专业技术，但不需要带人。像空客公司（Airbus）的明星数据分析师岗位，就是一个专家岗。国内很多知名企业，比如百度、阿里等等，也会提供业务专家发展通道。在很多学校里，晋升往往只有一条固定的路径，也就是基层—小主管—大主管。但在未来的学校里，晋升的路径应该是多元化的。

但是，学校始终还是需要有人负责统筹、管理他人。要想在不设置专门岗位的基础上，仍然让学校正常运转，还可以实施同辈辅导。这种制度就是请一些乐意帮助别人的员工来辅导同事。现在，很多欧洲企业开始用这种方式辅导员工。比如BCG报告提到一个案例，说欧洲某家医疗保健公司会固定拨出20%的工作时间，让员工接受外部培训或者同辈辅导。这个制度有一个明显的优势，就是没有权力不对等带来的压力，员工反而更坦诚地寻求帮助，说出工作中遇到的困难。

不过，“反升迁”也未必说明新生代教师不上进不积极，而是说明他们对职业成功的定义发生了一些变化。之前我们会觉得，一个人在学校中的地位越高就越成功，但是现在，我们往往以一个人能不能全身心享受自己的工作，来定义他成不成功。现在很多“00后”的理想职业是vlogger、直播网红、电竞选手，不是因为这些职业轻松，而是他们内心觉得，这些工作再辛苦，他们也能乐在其中。

7.青年中学政治教师职业价值观中的不良倾向

尽管教师职业价值观的主流是积极健康、乐观向上的,具有较强的职业道德意识,既有明确的职业生涯规划,也有既定的工作追求。但在日渐激烈的就业竞争压力下,青年教师的职业价值观仍然存在着一些不良倾向,表现为职业价值主体自我化、职业价值标准现实化、职业价值期望理想化。80%左右的青年被访者面临爱情和事业的冲突时,把自己的发展作为唯一选择。近40%的青年被访者认为"同事之间不和,工作上可以拒绝合作",相对于自我发展因素和家庭因素,贡献及集体主义因素排位相对靠后。接近45%的青年在择业标准上追求物质需要,30%以上的认为,没有奖金的情况下不愿意加班。对此,必须坚持以社会主义核心价值观为统领,不断加大新生代教师职业价值观的教育力度,尝试构建就业引导的新机制,从而使教师形成正确的职业价值观,增强职业荣誉感。

这些特征都在不同程度上影响着中学政治教师的职业责任感和职业幸福感,并最终形成一定的职业荣誉感类型及水平。说明要增强该群体的职业荣誉感,物质报酬、声望地位、职业发展、人际关系、组织管理、利他奉献均在考虑范围之内。其中,物质报酬和职业发展是当下个体职业荣誉感的重要来源。

与职业价值观相关的另一个概念是"工作价值观"(Work Values)。工作价值观简单来说指的是主体对工作意义的认识,从广义上看,工作价值观包括了从职业伦理道德到工作取向的一系列概念,包括工作倾向性、工作需求以及职业伦理系统等。考虑到教师的职业声望与工作特征之间存在很强的张力,而且这种张力也是影响职业荣誉感的重要因素,本文将分开讨论它们对职业荣誉感的作用。前者受宏观环境的影响更深,而后者则主要是受圈内文化的影响。就个体而言,职业价值观对新手型教师的职业荣誉感影响大;工作价值观对熟手型及专家型教师的影响大。

(二)个体职业态度

态度是个体针对人、事、物的评价性陈述,既可以是正面的,也可以是负面的,它反映了一个人对某一对象的内心感受。职业态度是态度的下位概念,一般对其心理学定义是指人们对职业所持有的评价和行为倾向。从构成的层次上看,职业态度包括职业认知、职业情感和职业行为三个要素。职业态度的形成过程就是从对某种职业不具有某种态度到具有某种态度,从简单的态度到复杂的态度,从不稳定的态度到稳定的态度。

个体职业态度的形成会经历服从—同化—内化三个阶段(凯尔曼,1958)。服从阶段:是在对某一职业认识之初表现出一些顺从的行为,但这仅仅是被动的。同化阶段:随着与某一职业的相关人物或事物的接触日益增多,对该职业表现为不是被迫而是自愿接受他人的观点、信念、态度与行为,并使自己的态度与他人的态度相接近。内化阶段:这一阶段是对某一职业真正从内心深处相信并接受他人的观点,并把这些观点纳入了自己的价值体系之内,使之成为自己对某一职业的态度体系中一个有机组成部分。态度形成之后比较持久,但也不是一成不变的,会随着外界条件的变化而变化。关于态度转变,无论是认知失调理论,还是平衡理论,都说明态度的转变是一个渐进的过程。也就是说,职业态度本质上是动态变化和发展的。

影响职业态度的因素众多,可归纳为以下四大类:

(1)个体因素。包括个人的兴趣、能力、抱负、价值观、自我期望等;

(2)职业因素。包括职业市场的需求、职业的薪水待遇、工作环境、发展机会等;

(3)家庭因素。包括家庭的社会地位、父母期望、家庭背景等;

(4)社会因素。包括同学关系、社会地位、社会期望等因素。而从培养机制上看,职业态度的主要影响因素是内部因素特别是其中的心理因素。

通过以上分析,可以进一步概括职业态度的特点:从形成发展来看,职业态度具有对象性、情境性和可培养性;从表现方式来看,职业态度具有方向可变性(两极性和中间性);从功能表达来看,具有适应性、价值性及引导性,在动力性方面不如职业能力。

职业态度是职业能力提升的助推器。依据社会学结构—功能观的方法论,在分析功能时,应注意分析对象的外显功能和潜在功能,前者指那些有意造成并可认识到的后果,后者是那些并非有意造成和不被认识到的后果。按照这种方法来分析,职业态度变化的方向和强度都会对个体职业能力的体现造成不同的影响。职业态度的变化是有一定的方向性的。如果职业态度的三种成分之间存在着内在一致性。那么,个体在职业态度方向上变化的两极性表现为积极进取的和消极应付的,态度越积极,对工作投入的心血也越多,尽心尽力的付出使职业能力发挥更加充分和完整，从工作中得到的回报也就相应地越多，这种回报自然包括职业能力的进一步发展和提升；反之，态度越消极，势必造成对工作投入减少，敷衍了事，职业能力得不到完全的发挥，久而久之，职业能力不仅会浪费甚至会退化。这便是外显功能的体现。目前有关这方面的实证研究结果无一例外地表明了职业态度与职业能力显著相关。同时应该看到，在一定条件下，个体对某一职业并不是经常表现出与内心态度相一致的态度，这种既不表示赞成（或非常积极）又不表示反对（或非常消极）的中性态度首先具有较强的内隐性，即往往以中性态度掩盖赞同或反对的真实态度。但这恰恰可以说明中性态度的另外两个特点：其一，回避性，即采用“不表态”或“中立”来回避现实中存在的矛盾；其二，确定性，由于对态度对象认识不清楚而以中性态度表现出来，待认识清楚之后，再表态。而这些特点对个体的职业发展和对他所在组织的影响并不是十分及时和明显，因而往往容易被人们忽视。但是中性态度总是要向两极转化，是处于变化中的过渡期。变化的强度越大，到一定的程度，就会产生由量变到质变的飞跃，职业态度与职业荣誉感的相关性就会越来越大。这便是潜在功能的体现。由此看来，职业态度作为职业荣誉感提升的助推器是不容置疑的。

组织行为学把个体职业态度分为工作满意度、工作卷入和职业承诺三个维度。如果个体职业态度能有效预测职业荣誉感，就可以推断，工作满意度越高，加上适当的工作卷入度及职业承诺，个体职业荣誉感的状况就越好。

1. 工作满意度

工作满意度研究始于泰勒的“科学管理”，强调采用合理的科学方法形成有效的激励机制，激发工作热情和主动性（席酉民，2009）。一方面，工作满意度表明了工作状态（Diestel，2014），高满意度的个体的需求得到满足，工作时充满热情、爱岗敬业，不会出现磨洋工式的破坏性生产行为（Karasek，1979）；另一方面，工作满意度表明了工作条件感知与认可状态，高满意度的个体满足于当下的工作类型与环境，工作时感到心情舒畅、愉悦幸福，不会出现焦虑、焦躁式的倦怠和离职行为（Schaufeli 等，2009）。

工作满意度的影响因素研究主要围绕工作状态和工作条件两种不同测度展开，将个体心理感知视为开放系统，对系统外可能的外生因素及内生因素进行了研究（Kline&Boyd，1991）。不同于关注瞬间心理影响因素的研究范式，基于开放系统的研究范式重在明确工作满意度的稳固非心理影响因素。内生心理因素之所以不稳固且多变，是因为其以现象性、映射性及系统性特征存在（Fisher,2000），而外生非心理因素之所以稳固且不多变是因为其以本体性、剥离性及非系统性特征存在（Goetz,2012）。

当前，关于内生心理因素的研究已基本厘清了社会交换、心理契约、公平感、支持感、信任感、工作压力、情绪智力、心理健康、心理资本等均在某种程度上影响工作满意度。关于外生的研究表明，工作情境、工作氛围、领导风格、人格特质、职业职位、人际关系、工作时间等因素对工作满意度有影响。另外，最近的研究表明，同时考量个性特征、社交关系、家庭、工作时间及工作情境等维度的外生本体非心理因素对职工工作满意度的影响效应，更可能揭示工作满意度致因的本质和源头。换言之，个体工作满意度更大程度上取决于外部因素。

对此，本书将在第五章分析组织行为系统的影响时再深入探讨。

2. 工作卷入

工作卷入和工作投入（Work Engagement）都是工作状态的积极表现，它们之间互相包含，在理论上彼此借鉴。虽然两者在含义上有很多相似之处，但是两者还是存在着明显的不同，每个概念都有各自的特点。从心理学角度提出工作卷入的定义的研究者认为工作卷入是个体的工作在整个自我形象中的重要程度（Lodal, Kejner, 1965）。从关系视角看，工作卷入是个体对工作认同并积极地参与工作，认识到了工作表现对自我的重要性（Saleh, 1976）。工作卷入是一个关于认知、情感和行为的综合概念。对相关的文献进行总结，当前对工作卷入的定义有两种不同的观点。第一种观点认为工作卷入的人能够在心理上认同自己的工作，并且在工作中能够展示他们的自我形象；第二种观点认为个体在工作中的卷入，说明了工作表现对他们的自尊和个人价值的影响程度。在众多定义中，对这个概念界定得最清楚、最精确的是：工作卷入通常是指工作能满足个体的强烈需求和期望，是个体对工作的认同（Kanungo, 1979）。这个定义着重用动机对工作投入进行解释，强调了个体对工作的认知和心理认同，突出了工作对满足员工需要和愿望的重要性。

Brown（1996）对工作卷入进行元分析发现，具有工作卷入的员工有以下特征：（1）能够发现自己的工作动机和工作带来的挑战；（2）不仅对普通工作和特殊工作忠诚，而且对组织忠诚，很少有离职倾向；（3）在工作中的人际关系更为融洽，所以他们可以在工作中得到更多好的反馈。但是工作卷入很少受角色感知的影响，而且与身心健康不相关（Brown，1996）。实证研究结果也显示，工作投入与生理状况呈显著负相关，表明身心健康是工作投入的一个重要的组成部分，工作投入在实质上就是狭义上的健康；工作投入与负面的角色感知是负相关的关系，而工作卷入与身心痛苦不存在相关关系，与负面的角色感知也没有相关关系。这两个概念至少可以用身心健康和角色感知两个变量加以区分，所以两者并不是同一个概念，两者之间也存在着很多不同之处。

因此，工作卷入强调的是个体工作的认知和动机，强调如何控制和展现自我，并不强调与人的身心健康以及角色感知之间的关系；而工作投入不仅强调个体在工作中的认知和动机因素，还强调了个体的情感和行为因素，其内涵更为丰富。因此，从它们各自概念的侧重点可以看出，工作卷入是一个静态的概念，而工作投入是一个动态的概念。另外，两者的不同之处还体现在，工作投入特别强调的是个体的精力和内驱力，与个体的身心健康以及角色感知有着紧密的联系。

这便是本书将工作投入作为中学政治教师职业荣誉感的个体表征的缘由。因为它内含心理上的身份认同和行为上的内在动机，符合中学政治教师职业荣誉感所指的精神内核。另外，这也说明，要区别对待事务导向和社会导向的中学政治教师。具体而言，工作卷入预测的是事务导向的职业荣誉感，而工作投入预测的是社会导向的职业荣誉感。工作卷入者的职业荣誉感的主动性不如工作投入者的主动性强。前者是个好员工或好教师，工作绩效高，工作满意度高；但后者有更强的企业家精神，更有抱负，是组织变革和教育改革的拥护者和试验者。

研究表明，个体特征、情境特征、组织管理和监督行为都与工作卷入显著相关。因此，个体特征和环境特征都是工作卷入的前提条件，只有两者很好地匹配才能更好地提高工作卷入。个体—环境相匹配与个体的工作专注情况、工作满意度、组织承诺和职业成就正相关，与离职倾向负相关（Lauver，2001）。这说明，要发挥工作卷入对增强职业荣誉感的中介作用，应该从提高人—职匹配度入手。

3.职业承诺

对职业承诺（Career Commitment）的研究始于20世纪80年代，主要有态度论和动机论两种理论观点。持态度论的学者认为，职业承诺是个人对自己职业或专业所抱有的态度(Blau,1985),对职业承诺的理解集中于职业情感层面,即员工对留在当前职业的主观愿望和对该职业的喜欢程度,更换职业是职业承诺的对立面指标。持动机论的学者将职业承诺定义为员工在对本职业认同的基础上追求职业成功的动机强度(London,1983)。学者通过梳理整合,将职业承诺定义为员工由于对职业的认同和情感依赖、对职业的投入和对社会规范的内化而不愿变更职业的程度(龙立荣,2000),本研究也采取此定义进行职业承诺的相关研究。按照承诺形成的动机,职业承诺分为感情承诺、规范承诺、理想承诺、经济承诺和机会承诺。

从目前中学政治教师队伍的人力资本结构看,他们是典型的知识型员工,即那些掌握并运用符号和概念,利用知识或信息工作的人。从工作内容的角度来定义,是指具备并运用知识技能和创造力为组织创造财富和价值的脑力劳动者。从人才类型看,专业技术人员、管理人员都属于知识型员工的范畴。从工作场所来看,在高科技信息技术企业、管理和咨询类企业、金融证券机构、会计律师事务所、教育培训机构等工作的人大部分都属于知识型员工。与普通员工相比,知识型员工一般具有较高学历,是一个具有创新精神、看重自主性和多样性、追求工作幸福感和意义感的群体。

知识型员工的职业承诺根源于职业召唤(Duffy等,2011),这一结论在中国情境下同样适用(裴宇晶,赵曙明,2015)。学者们针对教师(Serow,1994)也做了职业呼唤与职业承诺关系的相关研究,发现将工作视为呼唤的人对职业有更高的认同度、责任感和感激心。从职业承诺的定义可知,当员工对职业的认同和情感依赖越高、对职业的投入和对社会规范的内化程度越高,其不愿变更职业的程度也会越高。根据自我决定理论,职业呼唤高的员工,在工作中具有很高的职业认同度和工作主动性,其自主性需要和胜任需要能够得到较好的满足,可能具有更高的职业承诺水平(Deci&Ryan,2000)。

目前很多研究表明,职业承诺与工作幸福感及积极的工作变量具有正向相关关系。实证研究发现,职业承诺对员工的组织承诺、工作满意度具有显著正向影响(裴宇晶,赵曙明,2015;Duffyetal,2011)。以教师作为研究对象的结论也支持了这一观点(王钢,张大均,2015)。综述表明,职业承诺对工作态度与行为(职业满意度、工作投入、工作绩效等)相关变量均具有显著正向影响。一个具有强烈职业承诺情感的人比一个缺乏职业承诺情感的人更容易认同其所从事的职业，愿意承担工作角色应负的职责，履行工作中应尽的义务，在容易体验到对职业的积极情感的同时，也会以更积极乐观的态度面对工作中遇到的问题，具有较高的工作满意度和幸福感。

而第一章已经指出了职业召唤是职业荣誉感的最高存在形式，由此可以推断：一是职业荣誉感有利于职业承诺；二是知识型员工的职业荣誉感通过职业承诺的中介作用影响工作幸福感；三是职业承诺能正向预测职业荣誉感。有学者综合运用文献、访谈、问卷等研究方法，对中学教师职业使命感进行理论构建，编制了测评问卷，通过探索性因素分析表明，中学教师职业使命感，是指在当前的社会和历史条件下，教师对国家和社会赋予自己的立德树人的职责、任务和要求的感知、理解、认同以及内化的心理，由使命唤起、利他奉献、职责担当、职业坚守4个维度构成（廖传景，毛华配等，2014）。高使命唤起表明教师投身教育事业动机自主、持久且强烈，由使命激发出明确的职业发展目标；高利他奉献者受到职业使命感召甘愿为教育事业奉献自我、付出努力；职责担当得分高说明教师能主动承担各项教书育人的职责；职业坚守得分高说明教师在面临困难和问题时，坚定理想、坚韧不拔、矢志不移。使命唤起是教师的职业动力；利他奉献是完成职业使命的基本要求；职责担当是对教育职业的认同和内化；职业坚守是教师履行职业使命的效果。高职业使命感的人更可能具有高度的职业责任感、更积极的工作态度、更多的自我牺牲和更努力的职业投入。职业使命感各因素的功能是环环相扣、不断递进的，教师在追求学习、工作、教育的同时，不断提升自身对教师的职业态度和责任心水平，以完成对事业终身追求过程。

二、职业动力系统

职业动力系统是指主体的需要、动机、期望、理想等。职业动力系统的各个成分推动个体树立目标，克服困难，朝目标奋进，争取职业成功。

（一）个体情感

情感包括积极情感和消极情感，个体的积极情感能正向预测个体的职业荣誉感涌现水平。而个体在具有消极情感时，也可能涌现出一定水平的职业荣誉感，这可能源于个体的内疚倾向。内疚倾向（Guilt Proneness）是一种可以导致心里不舒服的消极情感，个体往往想弥补过去的错误和避免未来可能发生的错误，因而具有内疚倾向的个体更具有亲社会性，即对他人福利和社会需要更有责任感，其职业荣誉感更容易被感知。基于内隐领导理论，可以推测同情（Com-Passion）和蔑视（Contempt）这两种社会比较性情感，进而可以正向预测个体职业荣誉感。因为这两种情感均能反映个体较高的智力水平，蔑视显示出个体比其他人具有优势和主导地位，而同情则显示出个体比其他人具有更高的自我效能、合作和照顾他人的能力。

情感，即情绪和心境，“影响职业荣誉感的具体机制是什么？”这个问题可以转化为“情感如何影响教师的工作绩效和满意度？”情感事件理论（Affective Events Theory，AET）指出，员工会对工作中发生的事情产生情绪反应，这些反应又会影响到他们的工作绩效和满意度。工作绩效和满意度又通过职业幸福感影响职业荣誉感。情绪是对工作环境中事件的反应。工作环境包括任务的多样性、工作的自主性、工作要求、情绪劳动的要求，等等。这些环境或让教师烦恼，或使其振奋，也可能兼而有之。让人感到烦恼和压力的事件包括：自己的同事拒绝完成他们自己的分内之事、与不同的管理人员发生冲突、过重的时间压力。让人振奋的事件包括：实现目标、得到同事的支持、成就获得认可。

该理论提供了关于管理中学政治教师职业荣誉感的两个重要信息。第一，情绪帮助我们了解工作场所中令人烦恼及振奋的事件影响教师职业荣誉感的机制。第二，即使微不足道，也会聚沙成塔，所以，个体和组织都不能忽视情绪以及引起情绪的事件。总之，了解教师的情绪和心境对职业荣誉感的影响，有利于提高教师选拔和管理决策的科学性，能够提高对教师工作动机、工作态度、工作场所偏差行为、职业倦怠、专业发展等方面的解释能力和预测能力。

（二）工作动机

国外教师动机的理论发展相对成熟，目前，主流的教师动机理论框架产生于期望价值理论、成就目标理论和自我决定理论等三大经典动机理论在教师领域的应用。此外，社会和环境因素也是教师动机研究中不可忽略的重要因素。由于本节的分析对象是参与者系统，侧重考察中学政治教师的心理状态与职业荣誉感的关系；另外，本书是在个体能动性的视角下界定职业荣誉感，故基于自我决定理论研究工作动机的脉络。

20世纪70年代，有研究者基于外部奖励如何影响内在动机的实验研究，提出了自我决定理论（Self-Determination Theory, SDT）（Deci&Ryan，1985a），随后该理论在众多领域得到了广泛应用。

自我决定理论是有关人格和动机的理论。理论认为人的动机是一个在自主性或自我决定维度上的连续体，三种基本需要和个人的因果定向影响外在动机的内化和自主性动机的形成，人格整合和成长的过程，就是自我决定的过程。

1.行为动机连续体

自我决定理论把行为动机看作一个在自主性维度上从内部动机到外部动机的连续体，即内部动机、认同性动机、内摄性动机、外部动机和缺乏动机（Deci&Ryan，1995）。

（1）内部动机（Intrinsic Motivation）。

行为来源于个体对行为本身的兴趣、好奇心、学习和探索精神等。反映了人类心灵固有的积极本质。它对认知和社会的发展非常必要，是终身快乐和发展的主要源泉。比如：一名教师很喜欢党史，给学生讲党的生命历程是他兴趣所在，他很投入这项行为并体会到快乐。这样的行为就是由内部动机所驱动。自我决定理论开始于对内部动机的实验室研究。Deci（1975）认为，影响内部动机的关键因素是个体体会到环境给予的是“自主”还是“控制”。如果个体感觉到外在的环境对自己的行为是一种“束缚”或“控制”，已有的内部动机就会受到损害，而如果环境能对让个体自主决定自己的行为，内部动机就会得到维持或增强。因此，外部的影响因素如奖励、竞争和压力并不总是会削弱内部动机，如果运用恰当，它们会增加个人的能力或自我效能感。只有当它们被运用于控制个体的行为或绩效时，这些因素才会削弱内部动机。元分析发现，物质的或可见的奖励会削弱内部动机，而言语上的奖励则会提升内部动机。总体上讲，外部奖励会削弱内部动机（Lepper，1999）。

（2）认同性动机（Identified Motivation）。

个体将外在任务或要求与自我进行了整合和内化，对其产生了认同感和价值感。虽然有时候外来的目标或任务并不会让人很感兴趣，甚至有些乏味，但认同性动机的行为已经与自己的目标或价值观相一致，充分地内化到自我中。对于自我而言，这种行为被认为是真实来源于自我和自主的。比如：一个老师觉得上课是件单调乏味的事，可教出成绩优异的学生对自己的工作和职业发展会很有帮助，因此，他还是会很投入，会尽职尽责地教书育人。如果个体从事的行为并非始终那么有趣，那么认同性动机比内部动机更能预测行为的坚持程度。认同性动机的研究对于激励人们的行为具有很重要的应用价值，因为人们的许多行为，并非一开始就来源于自己的兴趣或好奇心。尤其是职业荣誉感这种社会性情感，很大程度上是后天教育和文化熏陶的结果，这就更需要教师认同职业，将职业道德内化，认可角色及其规则。

(3)内摄性动机(Introjected Motivation)。

个人行为来自内部的压力，如愧疚感和焦虑等。虽然此动机在心理上来自个体内部，但对于自我而言，个体并未对行为有自主的感觉，而体会到的是来自内部负性情绪和压力所带来的“控制”，不得不从事某种行为和对该行为的认同上的冲突。比如，一个学生练习书法是因为他觉得不这么做，会辜负父母对自己的期望，他的行为受愧疚这样一种负性情绪所驱使。此外，典型的内摄性动机还包括个体为了证明自己的能力(或避免失败)的行为。例如自我卷入(Ego Involvement)，人们做出此种行为以保持或提升自尊或自我价值感。

(4)外部动机(External Motivation)。

行为的原因仅仅是因为社会压力、外部的奖赏或惩罚。它与操作行为主义心理学家所言的动机是一致的。比如，一个教师之所以完成教学工作是因为他觉得不这么做，会受到外界的惩罚和责备。在外部动机驱使下，个体体会到自己的行为是被控制的或身不由己的。外部动机会导致较低程度的努力和较差的行为绩效。另外，大量的研究也发现，外部动机对内部动机有损害作用。

(5)缺乏动机(Amotivation)。

个体没有任何行为或是毫无目的地行为。比如，一个无聊的人毫无目的在纸上乱涂乱画。缺乏动机来源于个体对行为本身的无价值感、无自我效能感或是对行为产生的结果并无多少期望。

上述五种动机中，由于行为的原因并非源于个人兴趣、好奇心和探索精神的外部动机、内摄性动机、认同性动机统称外在动机。但由于认同性动机已经与自我进行了有机的整合，它又和内部动机一起，并称为“自主性动机”(Autonomous Motivation)。而内摄性动机和外部动机则并称为“控制性动机”(Controlled Motivation)。源于自主性动机的行为就是自我决定的行为。五种动机在自主性这一维度上构成一个连续体(PLOC)。

在组织心理学的有关研究中,研究者发现自主性动机对工作投入和工作绩效有显著的影响。对于复杂的、对个人而言较为重要的工作,自主性动机对工作绩效、工作满意度和职业适应性有着显著的影响。而对于较为枯燥的工作任务,控制性动机虽然可以预测短期的工作绩效但却与较低的工作满意度和心理适应相联系(Baard,Ryan,2004)。也就是说,外部动机越强,个体越表现出较低的兴趣、价值观和对成就目标的努力,而当他们面对失败时,则表现出消极的处理方式;内摄性动机虽然与暂时的努力相联系,但是它也与焦虑和面对失败时糟糕的处理技巧相联系;而认同性动机和内部动机则激起个体更多的活动乐趣和对失败的积极应对行为。之所以如此,关键在于个体采取的归因方式(见图4-1)。因为成就需要感不是影响一个人迈向成功的动机的唯一变量,归因方式也有影响。归因(Attribution)就是关于结果产生的原因的评价。可以从控制源与稳定度两个维度,了解和识别关于行为—结果原因的归因模式。

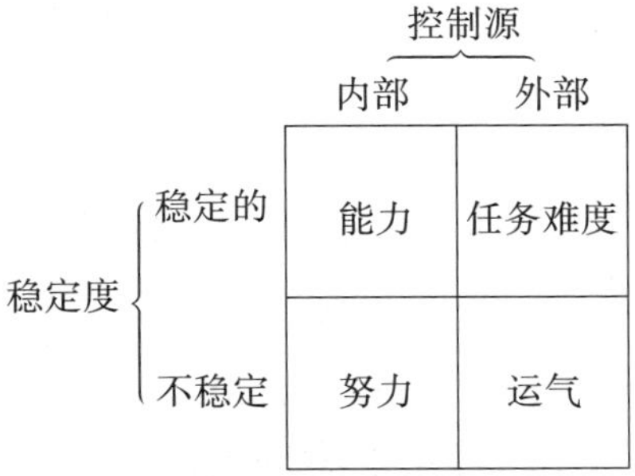

图4-1　行为—结果原因的归因模式

自主性动机是中学政治教师具有本文所界定的职业荣誉感的心理基础;控制性动机占比大的个体,则属于职业荣誉感不足的范畴。因此,影响自主性动机的因素就是影响职业荣誉感的因素,即能够激发内在动机和身份动机的因素有利于增强职业荣誉感;导致控制性动机太强的因素就是削弱职业荣誉感的因素;能够使外在动机内化的因素就是发展职业荣誉感,转变职业态度、情感及价值观的因素。换言之,分析弄懂中学政治教师职业行为的内在动机和身份动机形成、变化及发展的规律,也就能揭示职业荣誉感形成、变化及发展的动力机制了。

2. 内在动机的前因变量

区分内在动机与外在动机主要依据是活动结果的起因和行为—结果可能性(见表4-1)。出现在个体内部的结果如自我满足等,是内在的结果;来自环境的结果，属于外在结果。自然的可能性是指在不同情境下都会出现的行为—结果关系，如剧烈身体活动后的疲劳等。人为的可能性是指通过认知机制建立起来的行为—结果关系。比如，绩效工资就是通过认知过程获得意义并且影响行为的一种人为结果。工作具有一种人为的可能性，但既可能是内在动机行为也可能是外在动机行为，区分的关键就在于行为的发生点是内在的还是外在的。

表4-1　内在动机与外在动机的分类

		行为–结果可能性	
		自然的	人为的
发生点	外在的	内在动机	外在动机
缘起	内在的	内在动机	内在动机

引自：Kanfer R. Motivation Theory and Industrial and Organizational Psychology. In：Dunnette M D，Hough L M（Eds.）. Handbook of Industrial and Organizational Psychology. CA：Counsulting Psychologist Press，1990.

内在动机的前因变量包括个体因素和环境因素。本节主要探讨与个体直接相关的变量，以及非组织性质的变量，而组织因素在第五章详细分析。根据自我决定理论，影响内在动机形成、变化和发展的因素有：兴趣、需求及情感因素；自我效能感；成就目标的类型。

第一，兴趣、需求及情感因素。如前所述，内在动机主要与人们的某些内在精神需要相关联。因此，个体的需要、兴趣及情感因素自然是影响内在动机的重要方面。综合相关研究，影响内在动机的相关兴趣、需求及情感因素主要涉及好奇心、对活动本身的兴趣、愉悦享受、胜任感、成就需要、成长需要、自主需要、自我实现需要等。自我决定动机过程理论认为，在每个个体身上都存在着一些基本心理需要。具体来说，人有三种最基本的心理需要：自主需要、能力需要和归属需要。自主需要（Need For Autonomy）即自我决定的需要，是个体体验到的对行为的选择感和自主感。能力需要（Need For Competence）指个体对自己的学习行为或行动能够达到某个水平的信念，相信自己能胜任该活动。归属需要（Need For Relatedness）是指人类天生就具有的与他人建立亲密关系，在环境中与他人沟通和寻找归属感的倾向。凡能满足需要的事件与环境都能促进行为的内在动机。例如，报酬、反馈、交流、免受负面评价等事件能让人产生成就感,有利于促进内在动机;而诸如威胁、指令、期限、压力性评价和强制性目标等挫伤自主性的事件都对内在动机有削弱作用;具有安全感和归属感的人际环境也有利于内在动机激发。此外,如果个体对活动的兴趣越浓,体验到的乐趣越多,其内在动水平就越高。

第二,自我效能感。自我效能感(Self-Efficacy)是指个体对于自己能否通过一系列活动完成预期目标的能力判断以及主观感受与信念(Bandura,1997)。研究发现,个体内在动机与兴趣的增长是通过其对自己能力的信念而建立的。高自我效能感的员工会对自己的能力表现出更强的信心,由此激发的内在动机会促使其选择充满挑战性的工作;相反,如果员工对自己顺利完成某项任务的能力表示怀疑,自然倾向于逃避相应工作。同时,自我效能感较高的员工不仅喜欢挑战性工作,而且在挑战性工作中能体会到乐趣;自我效能感偏低的员工则惧怕挑战性工作,成天担忧任务无法完成,无法在工作过程中找到乐趣。另外,自我效能感也会影响个体对成败的归因方式。具有较低自我效能感的个体往往对失败具有更强的消极体验,而且往往倾向于把自己某一方面的失败泛化到生活中其他非相关领域。而具有较高自我效能感的个体对自己在某种特定情境下的失败有清晰的情境认知,不会轻易泛化到生活中其他情境,消极体验就相对较弱。在高标准的工作情境中,即使任务难度会对个体造成一定的压力,个体的自信心也可以把压力的负面效应给抵消掉。高自我效能感的个体习惯于把成功归因于自己的能力,而提高能力正是内在动机的核心内容之一。自我效能感往往通过影响个体的努力程度,提高或证明自身能力,影响个体的内在动机。

第三,成就目标的类型。(1)学习型目标和任务型目标。个体活动过程中的具体成就目标设置大致包括两类,一类主要是通过某项工作任务的完成来展示自己的工作能力,从而得到领导或同事对其正向的评价,此类目标属于绩效型目标(Performance Goal)或任务导向型目标(Task-Oriented Goal);另一类工作目标主要是通过从事某项活动来发展和提高自己的工作技能与能力,此类工作目标属于学习型目标(Learning Goal)或掌握型目标(Mastery Goal)。与任务型目标被试相比,学习型目标与内在动机的联系更为密切,也更能对员工工作绩效起促进作用。同时学习目标型员工在工作过程中会体验到更多乐趣,具有较高的工作满意度;而任务目标型员工则体验到较少甚至体验不到乐趣,相反他们体验到的是更多的压力。如果任务型目标个体只是把任务结果与别人相比较,而并不把外部评价与自己的能力、智力和技能水平等因素联系起来,此种类型的任务型目标个体所表现出来的活动结果和内在动机与学习型目标的个体没有显著的差异。学习型或任务型目标的设置可能通过自我效能感的中介作用对内在动机产生间接影响(Potosk,2002)。(2)成就趋向型目标和成就逃避型目标。根据个体行为动机的成败趋向性,还可以将工作目标设置分为成就趋向型目标和成就逃避型目标。成就趋向型目标个体关注的是赢得对能力的正向评价,成就逃避型目标个体逃避对能力的负面评价。前者属于高成就目标,后者属于低成就目标。具有高成就目标或高成就动机的个体往往喜欢挑战,希望显示和证明自己的能力,往往同时给自己设置学习型与任务型双重目标。相反,具有低成就目标或低成就动机的个体往往逃避能力测评和检验,不喜欢给自己设置成就目标。高成就动机的员工比低成就动机的员工会更喜欢竞争强的情境。因为竞争性强的情境会给他们带来更多的机会让他们展现自己的能力,由此使他们所从事的工作看上去更有意思。研究发现,只要是希望成功而不是逃避失败,不管个体的目的是掌握任务本身还是获取一个好的结果,都可以提高内在动机水平(Elliot,2000)。这是因为努力获取成功会使个体把任务看成是一种挑战,从而激发其成功感和兴奋感,并充分调动个体的认知和情感能力;而逃避失败的个体会时刻担忧失败的可能性,这样就会产生焦虑和压力从而对内部动机产生负面影响。

由此我们可以推断(见图4-2),如果中学政治教师的自主需要、能力需要和归属需要得到满足,能发现职业生活的乐趣,常常体验到积极的职业情感,职业或工作上的自我效能感强,成就动机与现实条件匹配,设置的目标是学习型或成就趋向型,那么,他(她)能表现出合理的工作价值观、态度,会适度工作卷入,工作投入度高,工作绩效高,更容易形成组织承诺。最终个体不仅能够获得客观职业成功,还能体验到主观职业成功。当个体与组织及外部环境之间形成这样的生态互动关系时,更容易激发个体的内在动机,并使其趋向良性发展,逐渐培育出责任感、使命感,统合表现就是正确、适度的职业荣誉感。

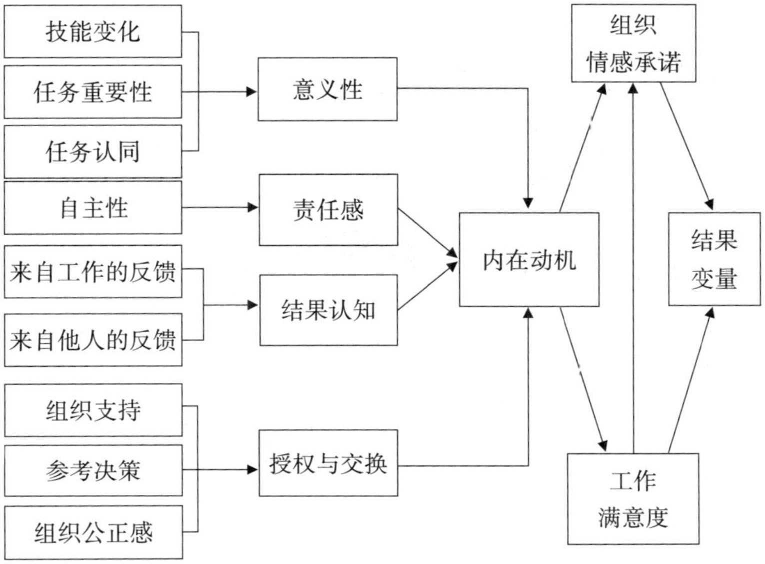

图4-2　Eby等的内在动机前因变量综合模型

引自:Eby L T, Freeman D M, Rush M C, et al. Motivational bases of affective organizational commitment: A partial test of an integrative theoretical model. Journal of Occupational and Organizational Psychology, 1999, 72:463-483.

3.身份认同动机的心理效应

认识自我是人类的重要任务之一,对“我是谁”的回答反映了个体的身份认同。身份认同既包括核心的自我概念与自我评价(身份内容),也包括身份的建构、维持、防御与改变(认同过程),并广泛影响个体的目标、决策、情绪、幸福感、人际关系和群际态度等心理与行为(Vignoles, 2017)。身份认同动机是引导个体进行身份建构、寻求特定的自我概念与自我评价的心理需要(Identity Motive; Vignoles, Regalia, Manzi, Golledge & Scabini, 2006)。它由三个维度六种次阶动机构成:(1)积极性,包括自尊(一般意义的自我积极性)和效能(特定领域的自我积极性),侧重于情绪、效价,追求“积极赞许”的身份;(2)完整性,包括连续(跨时间/情境的外在完整性)和意义(生活模式/结构的内在完整性),侧重于认知、内容,追求“稳定真实”的身份;(3)关系性,包括独特(在关系中适度求异、保持人际独立)和归属(在关系中适度求同、保持人际联系),侧重于行为、人际属性,追求“和而不同”的身份(包寒吴霜,等,2019),即自尊、效能、连续、意义、独特、归属六种动机(见图4-3)。

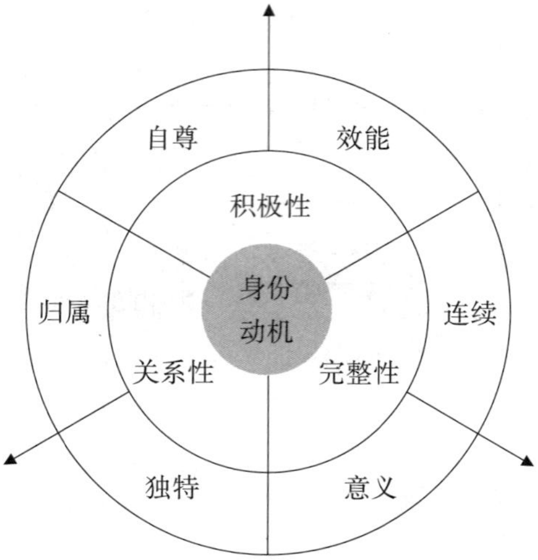

图4-3 身份认同动机的维度模型

根据动机性身份建构理论(Vignoles,2011),身份动机对身份的建构、维持、防御和改变等心理过程均有驱动、引导作用。而且动机的满足可以增强幸福感和心理适应。

当个体的生活状态相对平稳时,建构与维持身份是主要任务,具体包括身份定义(Identity Definition)、身份执行(Identity Enactment)和身份维持(Identity Maintenance)。

首先,身份定义取决于连续、意义、自尊、独特四个动机,有时也受归属和效能的影响。最早的研究发现,连续和意义的满足对身份定义的预测作用最大(Vignoles et al.,2002a);后续研究发现地点认同(Place Identification)也受上述动机的影响(Droseltis&Vignoles,2010)。最新的研究则发现身份认同在个人层面取决于自尊、意义、独特、效能,在社会关系层面取决于归属、意义、连续,在集体层面取决于独特(Thomas et al.,2017)。唯一的一项中国研究发现,中国人的身份定义取决于意义、自尊、归属、效能(季靖,2014)。

其次,身份执行取决于归属、效能、自尊动机。早期的一项研究采用交叉滞后设计,发现先前的归属、效能、自尊的满足能够直接预测之后的身份执行(向别人展示某个身份),并且先前的身份执行也能预测之后的效能和归属的满足(Vignoles et al.,2006)。我国的研究者发现,除了归属、效能、自尊之外,意义也能预测身份执行(季靖,2014)。

最后，连续动机使身份得到维持。在一项直接检验连续动机的研究中（Becker et al.，2018），研究者选取了33个国家、55种文化，采用经典测量方法和更为复杂的四水平HLM模型。结果发现，追求过去、现在、未来自我之间的有意义的联结（连续动机）是跨文化普遍的，而不同文化下的个体可能会有侧重地采取不同方式来获得自我连续感以维持身份状态。

当遇到身份威胁或重大环境变化时，个体可能会做出防御反应，或者调整身份以适应新环境、寻求更满意的未来身份，最后提升幸福感。

首先，自尊、意义、归属动机可以帮助个体应对身份威胁并降低防御反应。目前已有大量的行为和脑成像研究表明，自尊能够帮助个体抵御自我、死亡和社会威胁，缓冲威胁带来的焦虑（杨紫嫣，等，2017）。而当个体受到身份威胁时，使用自我肯定策略能够维持自我完整性，进而补偿自尊、意义和归属（Shnabel，2013）的需要，帮助个体更好地应对威胁。

其次，自尊、效能、连续、意义动机可以影响未来身份的改变方向。除了回答“我是谁”，个体也要回答“我未来想成为什么人”，即未来可能身份。一项研究让被试写出未来十年内可能拥有的身份，并同时测量不同的身份动机（Vignoles，2008）。结果发现，自尊、效能、连续、意义动机的预期满足程度能够预测对未来可能身份的渴望获得程度，说明个体期望获得的理想未来身份需要具有上述属性。在短期纵向追踪研究中，个体对新群体身份的适应过程也会受到自尊、效能、意义、独特、归属动机的调节（Easterbrook&Vignoles，2012）。

最后，自尊、效能、意义、独特动机的满足能提升积极情绪和幸福感，而动机受挫会导致消极情绪和不良反应。一项追踪研究表明，自尊、效能、意义的满足能够预测当前和之后的积极情绪（Vignoles et al.，2006）。对于意义动机，也有大量研究发现意义感的获得可以使个体拥有内在持久的幸福（杨慊，等，2016）。对于独特动机，中等适度的独特性能够带来最高的满意度（Brewer，1991）。而实证研究发现，社会地位独特可以提升幸福感，个人特征独特对幸福感没有影响，关系疏离独特会降低幸福感（Vignoles，2002）。关于中国人身份动机的研究也发现，自尊、效能、独特动机的满足能预测积极情绪（季靖，2014）。

综上，不同的身份动机在身份的建构、维持、防御与改变过程中协同发挥驱动作用，并且总体而言，动机的满足可以增强幸福感和心理适应。由此可以说，身份认同动机是中学政治教师职业荣誉感的源泉之一，有利于个体认同自己的职业角色和社会身份。另外,应该结合具体情境,分析个体的身份认同动机类型,辨识其处在动机性身份建构的哪一阶段,进而形成合理的干预措施,增强职业荣誉感。

4.外在动机内在化

外在动机的内化(Internalization),是指个体接收和认同外在的目标、奖励、价值观、态度等外在规范,将其内化到自我,形成自主性动机的过程。外在动机的内化主要受个人的因果定向和环境因素两个方面的影响。对个人特质影响动机内化的研究,当前主要集中在个人的因果定向上。个人的因果定向是指个人对自己行为归因的倾向,这种倾向具有人格特质性。它主要包括自主定向(Autonomy Orientation)和控制定向(Control Orientation)两个维度。自主定向的个体更倾向于认为目标和行为是发自自己内心和意愿的,在面对外在的奖励时,也更容易将其内化并形成自我决定的行为,更易形成自主性动机。而控制定向的个体则更倾向于认为目标和行为来源于环境或自身的压力,更易形成控制性动机。

如前所述,可以通过满足自主性需要、能力需要和关系需要三种基本需要实现外在动机内化。因为,三种基本需要是人类心灵健康成长的必不可少的营养物质。当三种需要同时处于满足状态时,无论程度,个体的心理机都能得到最大的优化。但同时,最近的研究也表明不同的需要可以独立预测积极心理结果。如行为绩效、安全依恋、工作满意度和心理幸福感。三种需要中,自主性需要的正向作用最为明显。

通常,环境仅仅提供对自主性需要的支持,就足以满足三种需要了。对自主性需要的支持主要包括以下四方面:提升个体对其行为的意义的认同;减少外部控制;提供参与和选择的机会;当任务较为困难时,理解个体出现的消极情感(Reeve,2002)。研究者发现,对自主性需要的多少或程度上的支持,影响着动机内化程度,如果对自主性支持的程度足够高,那么外在的规范或压力就能更好地内化为自主性动机,如果支持程度较低,那么则会形成内摄性动机(Ryan,Lynch,2010)。因此,三种需要的满足,可以更好地促进个体内化枯燥任务,形成自我决定行为,并从行为中体会到自我价值感和愉悦感。

自我决定理论是有关人格和动机的理论。自我决定理论认为人的动机是一个在自主性或自我决定维度上的连续体,三种基本需要和个人的因果定向影响外在动机的内化和自主性动机的形成，人格整合和成长的过程，就是自我决定的过程。基于自我决定理论的核心假设，运用“环境—基本心理需要—工作动机—结果”的模型对工作动机前因和结果进行分析和归纳，结果表明员工基本心理需要满足和自主性工作动机作为中介变量可解释自主性支持的工作环境和员工个体特征对工作行为、态度和心理健康的积极影响。

将这些研究结果运用到增强中学政治教师职业荣誉感的情境中，主要的启示有：一是注意控制性工作环境对中学政治教师基本心理需要的阻滞、控制性动机和去动机以及对工作行为、态度和心理健康的影响；二是考虑不同动机类型的中学政治教师在业绩、行为和态度上的区别及形成的情境因素，尽可能激发内在动机，基于动机建构职业认同；三是结合外部奖励（包括薪酬、基于业绩的奖励等）对员工工作动机、基本心理需要、工作业绩和心理健康的影响及边界条件，合理使用物质激励。

三、职业能力系统

职业能力系统是指主体的气质、个性、能力等。职业能力系统的各个成分是成功完成职业行为的条件和保障，同时，在与外界互动过程中，实现自我更新和能力提升。

（一）人格特质

特质论强调个体的特质会决定其职业荣誉感的状况，且 Zaccaro 等人（1991）发现个体特质可以解释荣誉感涌现59%的方差。文献回顾表明，特质是影响个体职业荣誉感涌现的重要因素。其中，大五人格、黑暗三特质、核心自我评价和主动性人格对个体职业荣誉感涌现的均有显著影响。

1. 大五人格

人格特质论在20世纪60年代成为人格心理学的主流。目前最被广泛接受的大五人格理论（Big Five Model）认为外向性（Extroversion）、神经质（Neuroticism）、开放性（Openness）、宜人性（Agreeableness）、责任心（Conscientiousness）是人格中最稳定的五个因素（McCrae&Costa，1985）。其中，外向性包括热情性、乐群性、自我肯定性、活跃性、刺激寻求、正情绪；神经质包括焦虑、愤怒性敌意、抑郁、自我意识、冲动性、脆弱；开放性包括幻想、审美、情感、行动、观念、价值；宜人性包括信任、坦诚、利他、顺从性、谦虚、温存；责任心包括胜任感、条理性、事业心、自律性、审慎性。

有研究发现了这些人格维度与工作绩效之间的关系。元分析表明，那些值得信赖、细致周到、做事有条不紊、勤奋刻苦、持之以恒、高成就导向的个体，即使不能在所有职业当中有所作为，至少也可以在绝大多数职业中表现优异。在责任心上得分较高的个体，工作方面的知识水平也高，这可能是因为有高度责任心的人学得更多。而较高的工作知识水平又会带来较高的工作绩效，较高的工作绩效有利于职业成功，职业成功又与职业荣誉感显著正相关。高度责任心的人对学习更感兴趣，而不仅仅是完成工作，他们尤其擅长在面对消极的反馈时依然保持良好的表现。当然，有时责任心太强也会适得其反，拥有超高水平责任心的人通常不会比那些责任心稍高于平均水平的人表现更好。大五人格对个体职业荣誉感涌现的影响如表4-2所示。

表4-2　大五人格对个体职业荣誉感涌现的影响

人格	概念与内涵	研究结论
外向性	强调个体具有社交、自信、主动和体验积极情感的倾向	正向影响
神经质	强调个体具有容易表现出较低情感适应力和体验消极情感的倾向	负向影响
开放性	强调个体具有富有想象力和寻求变化的倾向	有影响
宜人性	强调个体具有信任、顺从、关怀和温柔的倾向	正向预测
责任心	强调个体具有谨慎、自律、努力工作的倾向	正向预测
整体影响	发现一般智力能力的影响最大，其次是尽责性、外向性和神经质。通过元分析发现与外向性的相关性最高（r=0.31），其次是尽责性（r=0.28）、开放性（r=0.24）和宜人性（r=0.08），神经质则是负相关（r=-0.24）。自评与他评的特质对个体的影响不同，其中他评的外向性的解释力最强，其次是自评的经验开放性和他评的经验开放性。	

2.黑暗三特质

除了大五人格外，学者们还发现另一组可以预测个体职业荣誉感涌现水平的重要特质。上述关于大五人格的探讨关注的往往是某一占主导地位的特质对个体能否产生影响，但还有学者认为应该是各种特质的交互作用。每个人的性格特质中，多少都有马基雅维利主义、自恋和精神病态。由于它们属于不受欢迎的特质，在组织行为学中被称为黑暗三特质（Dark Triad）。

信奉马基雅维利主义(Machiavellianism)的个体讲求实效,会与他人保持情感距离,甚至为了目标不择手段。“只要行得通就可以”是高水平马基雅维利主义者典型的言行准则。

自恋(Narcissism)是一种包括既宏大又脆弱的自我感知,是对成功的关注和被钦佩需求的复杂人格特质(Ames等,2006)。具体包含四个维度:剥削/权力(操控他人和有权力去做的信念);领导力/权威(拥有影响他人的非凡能力和对领导力和权威的偏好);优越性/自大(比他人好和天生就是领导者的信念);自我吸收/自我欣赏(认为自己很特殊)。以军人为样本的研究发现,那些被评价为领导者的个体往往展现出了自恋的阳光面特质(自尊和自信),而自恋的阴暗面特质(操控性和印象管理)则会负向影响个体职业荣誉感的涌现水平(Paunonen,等2006)。此外,还有学者发现评价来源会影响自恋与职业荣誉感之间的关系。与个体自评的职业荣誉感显著正相关,与同事评价显著负相关。即当职业荣誉感由自我而非他人评价时,自恋对个体的积极作用更显著(Grijalva等,2015)。

在组织行为学中,精神病态并不意味着精神错乱。精神病态(Psychopathy)的定义是缺乏对他人的关心,并且在自己的行为对他人造成伤害时缺乏愧疚和懊恼。对精神病态的衡量指标有:个人是否遵守社会规范;是否愿意利用欺骗来达到目的,以及欺骗行为的有效性;冲动性;漠视,即缺乏移情。精神病态或其他异常人格特质对工作行为的影响及程度,现有文献的结论并不一致。有研究表明,反社会人格和一个人在组织中的发展呈正相关。另外,它还能预测职场中存在的使用强硬策略(威胁、操纵)、实施霸凌行为等现象。

3.核心自我评价

为使人格特质能够更好地预测工作满意度和工作绩效,Judge、Locke和Durham(1997)综合了多个领域研究结果提出了“核心自我评价”(Coreself-Evaluations,CSE)这一人格概念,并将其定义为个体对自我能力和价值所持有的最基本的评价和估计,是一种总体自我评价,影响着对具体领域的自我评价。判断一种特质是否属于核心自我评价,该特质必须是评价性的、根源的、宽泛的。据此,国外的学者认为它是一个由自尊、一般自我效能、心理控制源和情绪稳定性构成的潜在的、宽泛的结构,同时发现该因素与工作满意度和工作绩效有较强的相关性。

核心自我评价的预测作用和调节作用可从动机、图式、能力、应对与获益和自我验证五种机制进行解释。很多研究结果显示，在人格与工作满意度、生活满意度、工作绩效、目标设定和员工激励等关系上，核心自我评价扮演着较为重要的角色，如它与任务激励、工作积极性和工作绩效有相关；在多个样本中它与工作满意度、生活满意度有直接和间接的联系。

比如，新生代员工核心自我评价对工作投入有显著正向影响（张琳琳，2013）。据此，可以说核心自我评价能正向预测职业荣誉感，是心理资本影响职业荣誉感的中介变量或调节变量。具体而言，高核心自我评价者的情绪智力高，不容易陷入对过去的懊恼，或产生对将来的焦虑之中，能体验到高水平的职业荣誉感。

4.主动性人格

主动性人格（Proactive Personality）作为一种独特的人格特质，指采取积极行动去影响所处环境的一种个体倾向。最早由 Bateman 和 Crant 于 1993 年提出，并进一步定义了主动性人格与被动性人格的区别：具有主动性人格的个体相对不受环境约束，进而影响环境变化；他们能识别机会，采取行动并且持之以恒直到取得成功。而被动的个体对环境表现出适应而且容易被环境塑造，他们无法识别、抓住改变事情的机会；很少表现出积极性并且依赖他人的力量；被动地接受或者忍受环境。随后，其他学者从不同视角进行了界定：具有主动性人格的个体表现为自立自强且多为未来导向（Greguras&Diefendorff，2010）；具有主动性人格的员工的目标是在工作过程及工作结果中寻找持续的提升（Parker，Bindl&Strauss，2010）。

主动性人格作为一种独立的人格特质，可以独立解释许多变异。首先，主动性人格可以有效预测工作绩效。相对于其他员工，具有主动性人格的员工在互相帮助行为、学习行为以及工作业绩上会得到上级领导更高的评价（Emmerik，2015）。因为具有主动性人格的个体在工作搜索行为中为了实现目标会投入更多的精力（如信息搜集等），进而促进工作搜索的成功。其次，主动性人格有利于促进创新行为和开发活动。与低主动性人格的个体相比，高主动性人格的个体会积极加入到知识分享的活动中去，增加自身的知识积累（张振刚，2016），并激发强烈的内在动机（Chen&Kao，2014），积极改变环境、寻找机会或取得更好的工作结果，从而促进创新行为的产生（Horng，Tsai，2016）。此外，主动性人格作为一种复合型人格特质能更好地预测员工在学习情境下的动机，从而促进员工的开发活动。最后，主动性人格会带来积极的工作满意度。具体而言，高主动性的个体会积极创造或经营与组织间的交换关系，从而比低主动性的同事产生更高的工作满意度。此外，主动性人格对工作特征也存在影响作用。员工的主动性人格会增加工作需求、业务控制及上级和同事的帮助，减少组织约束；同时，工作需求和业务控制也会促进主动性人格的产生（Li，Fay，2014）。这说明，主动性人格作为一种复合型人格，能够预测个体的职业荣誉感。也说明，培育个体的主动性人格，能增强职业荣誉感。

跨文化研究表明，主动性人格受中国文化影响而发挥权变作用。主动性人格作为人类能动性的一种重要表现形式，在中国也会存在，但必然受到中国独特的文化价值观倾向的影响，因此会存在不同的表现形式。而主动性人格是中学政治教师职业荣誉感在个体层面涌现的必备特质。所以，本文认为本土文化能够通过主动性人格的中介作用形塑个体职业荣誉感的来源、内容、形式及状态。

首先，无论是哪个时代的中国，人们都携带着集体主义的基因，强调集体利益大于个人利益。当个人利益与集体利益相冲突时，个人利益要为集体利益做牺牲。在这种文化背景下，社会更加强调和谐关系而不是变革。然而具有主动性人格的个体在积极改变的过程中即使遭到他人反对也不会停止，这势必会打破组织内部的和谐关系，进而影响到领导成员交换关系和上级评价。值得说明的是，体制内的中学政治教师在组织中的命运取决于与领导关系的好坏。因此，为了维持与组织间良好的和谐关系，从而避免领导在其绩效上的负面评价，在高集体主义的中国情境下，员工在进行主动性变革之前，或许会先跟领导进行高质量的沟通，取得领导支持后再采取行动。

其次，中国人普遍具有较高的权力距离，从而对领导更加尊重和敬畏。具有高权力距离的个体对于权威绝对服从，不会积极寻求相互的帮助，由此会导致个人表现比低权力距离的个体低（Brown，2012）。而主动性人格又强调个体主动地、积极地寻找机会并改变现状而不是被动地接受（谢俊，严鸣，2016）。由此，在权力距离高的文化情境下，主动性人格的积极作用会被抑制。具体而言，在高权力距离情境下的员工受到领导权威的影响，更多的是服从领导安排，接受领导意见。因而，在采取主动性变革之前可能会先征得领导同意再进一步采取相关主动性行为。

最后,从“面子理论”的视角来看,面子作为一种复杂的社会心理现象,包括个人主观判断和来自社会、他人的客观评价。而中国社会受面子文化影响十分深刻。由于中国人的社群取向和从众倾向使得中国人格外注意他人的看法和评价,当个体与社群行为或态度存在差异时,个体会受到社群成员的负面评价,进而损失面子,甚至影响同事关系,这在一定程度上会降低主动性人格的积极作用。在集体主义的文化价值观倾向、高权力距离及面子文化的交互作用下,主动性人格的表现可能会发生改变。由此,中学政治教师职业荣誉感的表现程度和表现形式也可能会发生变异。

虽然特质论对解释个体的职业荣誉感涌现有重要的影响,但目前还不清楚在个体众多的特质中,哪种特质的相关性最高及其原因。为此,还需要考虑其他个体因素(如个体的能力、情感、动机、自身状态)以及情境因素的影响。

(二)个体能力

除了上述基本的人格特质,研究者还发现个体能力也会影响个体的职业荣誉感涌现水平,具体如表4-3所示。

表4-3 个体能力对个体职业荣誉感涌现的影响

个体能力	概念与内涵	研究结论
外显能力	基本的职业技能。	刻板效应作用下有正向影响。
自控力	反映了在社会情景中个体监控自我行为的能力。	性别起调节作用。对女性存在负向影响。而对于男性来说,高自我监控更容易引起个体职业荣誉感。
情绪智力	个体处理自我情感的能力,包含自我情感评价、他人情感感知评价、情感使用和情感调节四个维度。	表达自我情感的能力和感知他人情感的能力两个维度会影响个体事务型荣誉感和关系型荣誉感的涌现水平。情感鉴别能力和外向性的交互作用会影响。对混乱情绪的敏感度和情感修复能力能正向预测个体的涌现水平。
其他能力	强调个体具有信任、顺从、关怀和温柔的倾向。	正向预测。

综上所述,有利于产生、体验或增强个体职业荣誉感的职业心理状态,是个体通过努力达成的个人自我认可、自我满足、自我实现的心理状态。前面已经论述了职业成功、工作投入及职业呼唤与职业荣誉感的关系:无论个体取得的

职业成功是客观的或主观的，都直接预测以职业情感为存在方式的职业荣誉感；工作投入度直接预测以职业道德为存在方式的职业荣誉感；职业呼唤直接预测以特质及动机为存在方式的职业荣誉感。每个人都有属于自己的成功。成功的评判标准不靠公式和指数，也不靠自我欺骗。归结起来，以心理状态为存在形式的职业荣誉感需要三个元素的支持：有清晰、合宜的目标；有持续性的内在动机；有及时、正面的反馈。

第二节 职业荣誉感与教师职业生涯

中学政治教师的职业生涯路径与轨迹，既是影响职业荣誉感的前因变量之一，即个体层面的客观因素；也是观察其职业荣誉感状况的抓点。换句话说，通过判断教师所处的职业生涯阶段，可以推断他的职业荣誉感状况，也能依据测量的职业荣誉感水平，推测其所处的职业生涯阶段，进而挖掘教师的职业发展需要，使教师管理兼具科学性与人文性。

一、职业经历的影响

当下，即使身为体制内的中学政治教师，其职业生涯的构造也在变得越来越复杂，仅依赖个体每日的工作情绪不足以衡量其对整个职业生涯的感受。本文提出的“职业生涯荣誉感”概念弥补了职业生涯理论中对情感因素关注不足的问题，因为其内含了职业生涯幸福感。该概念有三个特征：相互影响的情绪体验，包含过去、现在和未来的时间轴以及自我。本节基于“自我”的视角，分析从个体职业经历到个体职业荣誉感的心理过程，探究职业经历对个人职业荣誉感的影响，构建职业荣誉感波动的内在机理。提出引起自我差异的职业经历的可接触性、职业经历与自我差异类型的相关性以及职业经历/差异类型对个体的重要性在这一路径中的调节作用。

(一)职业生涯荣誉感

职业生涯荣誉感是个人对职业生涯的总体情感体验,它涵盖了与重要职业经历(如:职业转换、学习与发展、工作家庭问题等)相关的各种情绪。职业经历所带来的积极情绪可以提高职业生涯荣誉感,消极情绪则会降低职业生涯荣誉感。职业生涯中的情绪不是相互独立地作用于荣誉感的,不同职业经历引起的情绪有时会相互影响、共同作用。情绪能够作用于个体的感知、注意、记忆和行为等方面,影响个体对所接收信息的选择和加工。[①]联结网络理论认为,每种特定的情绪状态都可以理解为一个单元或结点,而这些情绪结点包含了与这一情绪相关的各个方面,情绪结点很容易被相关事件激活并扩散(Bower,2014)。一旦某种情绪被激活,情绪节点产生兴奋就会扩散到相关记忆中,影响个体认知判断(Lewis,2003)。例如,当人情绪低落的时候,会觉得世界充满敌意,对未来产生悲观预期,甚至扭曲对过去经历的记忆。此外,情绪对职业生涯荣誉感的作用也会受到情绪记忆偏差的影响。情绪记忆是根据诱发情绪的环境记忆重新构造出来的(Levine,1997),人在回忆过去事件时,会根据现有信息重构事件中的情感体会,产生一种类似但全新的情绪,即情绪记忆偏差(Buchanan,2007)。因此,个体在回顾过去职业经历时所产生的情绪,既依赖于过去事件中的感受,又结合了当前状况下的情绪状态,其重新构造出来的情绪是不同职业阶段经历中情绪相互影响后的结果,是一个综合性的心理状态。可以说相互影响的情绪体验是职业生涯荣誉感概念的一个重要特征。

职业生涯荣誉感包含过去、现在和未来的时间轴。作为职业生涯荣誉感概念的重要组成部分,职业生涯包含了个体一生经历过的所有职业和职位。它有两个核心要素:一是工作以及与工作相关的因素(人、组织和社会);二是时间,它将个人从成年生活开始时的初始身份和最终形成的完整状态连接在一起。因此,在理解职业荣誉感这一概念时,需要结合特定时间阶段里的工作经历,去理解形成个体间和个体内差异的因素。尤其是职业生涯的时间要素明确强调这一概念考虑的是个体从开始就业到职业生涯最终结束的整个过程,囊括了一条包含过去、现在和未来的时间轴。既然职业类似生命,是一个持续的过程,那么职业生涯荣誉感就不仅着眼个体对目前所从事的工作或职业的感受体会,还

①费多益.认知视野中的情感依赖与理性、推理[J].中国社会科学,2012(8).

强调了对整个职业生涯、职业经历、职业过程等的综合情感体验。因此,职业生涯荣誉感概念具有一条明确的时间轴,理解这一概念需要考虑过去的职业经历、目前的职业状况和未来的职业发展预期。

自我是实现职业生涯荣誉感的核心要素。实现幸福感的一个核心要素就是自我(Rath,2010),它是个体的想法、情绪和行为的重要承载物(Kessler,2013),而本文的实证研究表明,职业幸福感是职业荣誉感的内在因子。由此可见,内在感受是自我概念的一个重要方面,它与职业生涯荣誉感中相互影响的情绪体验相一致。此外,自我概念会随个体的成长演变为职业生涯自我概念,职业生涯就是对自我的实践。同时职业生涯是职业生涯荣誉感中重要的相关概念,可以判断自我在职业生涯荣誉感中同样扮演重要角色。幸福感的另一个相关概念——整体幸福感是关于人们对生活各个方面的整体评价,它与生活满意度、个体情绪感受等内容密切相关(Diener,2000)。这些评价属于个人对外界的认知,而认知与情绪都依托于个人的自我意识。这进一步论证了自我在职业生涯荣誉感概念中占据突出地位,并在外部因素影响内在情绪的过程中发挥着重要作用。

此外,自我和职业生涯荣誉感概念都包含了一条横跨过去、现在和未来的时间轴。职业生涯荣誉感是对整体职业生涯的综合评价,同时自我概念可依据时间维度被划分为过去自我、现在自我和未来自我。并且自我概念一直被冠以时间的限定词,强调时间上延展的自我。作为个体心理结构的核心,自我又经历着从无到有、从模糊到清晰的过程,它对个体而言是动态的而非静止的,会随着环境和个体的变化而改变(朱长征,2010)。这也从侧面反映出自我是一个需要考虑时间要素的概念。

总之,职业生涯荣誉感包含了三大特征:相互影响的情绪体验,包含过去、现在和未来的时间轴以及自我。它是自我对过去职业经历、目前职业状态和未来职业发展期望的多种情绪综合加工的结果。

(二)影响的内在机理

情绪在职业经历影响职业生涯荣誉感中扮演重要角色,不同职业经历会带来不一样的情绪,导致职业生涯荣誉感波动。自我作为内在情绪的映射,与职业生涯荣誉感关系密切,在其波动中发挥重要作用。该部分将自我概念与时间轴结合,从最能影响职业生涯荣誉感的自我差异角度出发,讨论了过去真实自我、现在真实自我和未来可能自我分别对应何种类型的自我概念,与何种职业经历相关,最终又是如何影响职业生涯荣誉感的。职业经历包括:职业转换、人际关系、组织关系、工作表现、目的性、学习与发展、工作家庭问题(Kidd,2008)。自我概念包括:应该自我、理想自我和假设自我。真实自我是个人认为自己实际具备的特点,它贯穿于个体整个职业生涯,包括过去真实自我、现在真实自我和未来可能自我,未来可能自我是依据目前和过去的真实情况进行推断的,变为现实的可能性很大。真实自我是由职业经历累积而成的,其自身不能对情绪产生多大的影响,但在它与其他类型的"自我"出现差异时,会使个体产生不同的情绪(Neisser,1988),进而影响职业生涯荣誉感。

当然,职业经历影响职业生涯荣誉感的心理过程还会受到调节变量的影响,如性别、受教育水平、价值观念等。但考虑到本文是从自我概念之间的差异入手分析这一心理过程的,在探究相关调节变量时便围绕自我和情绪展开。已有研究表明,自我概念间的差异对情绪的影响受到差异大小、可接触性、可用性、相关性以及对本人的重要程度调节(Obodaru,2012)。故本文认为可接触性、相关性以及对本人的重要性在职业生涯荣誉感波动的心理过程中发挥着重要的调节作用。其中,"可接触性"指引起自我差异化职业经历的可能性,具体包括唤起频率与程度。在特定职业经历的唤起频率高或启动程度高的情况下,这一职业经历引起相应自我差异的可能性会增强且差异程度也会更大。"相关性"则是指职业经历与自我差异类型之间的密切程度,相关性强的情况下,由某种职业经历引起的相应自我差异会更加明显。这两者都会对职业经历作用于自我差异类型的路径起调节作用。"对本人的重要性"依赖于个体对某一职业经历或某种差异类型的重视程度。它既可调节职业经历到自我差异的路径,又可调节自我差异与情绪的关系。在重要性高的情况下,特定职业经历引起相关自我差异类型的可能性会更大。与此类似,特定自我差异引起的情绪感受也会更加强烈。

1.过去真实自我与假设自我

假设自我来自于个体对曾经某个选择或行为的假想,设想出一个包含过去、现在和未来的可能自我,它虽存在于人们的想象中,却会影响人们的情绪状态和现实生活(Obodaru,2012)。具体而言,职业生涯中的假设自我是个体针对某一已经出现的选择或已经存在的事件进行的区别于事实的想象。如选择当老师的某个个体在若干年后假想当初如果自己不走这条道路而是创业会是一种什么样的经历和体验，这种假想就属于职业生涯中的假设自我。需要注意的是，这种假设自我的出现多是源于当初对某一事件或选择的纠结心理。假设自我的出现并影响到个体真实生活和情绪感受有赖于个体对相关事件的在意程度，即事件于个体而言意义越大、越重要，相关假设自我出现的可能性越大。

职业生涯的选择和发展关系到个体的一生，相关假设自我的出现也尤为常见。从以上论述中可看出，职业生涯中的假设自我多依赖于已经发生的职业事件和职业经历而存在，由此推断整个的假设自我都是源自对过去选择的假想，所以从过去真实自我的视角去分析职业经历对职业生涯荣誉感的影响可以从假设自我入手。职业生涯中的假设自我对职业生涯荣誉感的影响，也主要体现在个体回顾曾经的职业选择或事件时所产生的情绪。一般而言，与假设自我关系最密切的情绪是后悔，这多是因为人们对现在自我状态不满（Feeney，2005）。但职业生涯中的假设自我给个体带来的消极情绪并不仅仅局限于后悔，后悔还会作为一个重要诱因会引发一系列的负面状态，包括悲伤、懊恼、盲目地渴求等。尤其是个体对这一差异更加重视的情况下，消极情绪所带来的负面感受会更加强烈。这样的状态会让个体进一步对过去职业生涯感到懊恼、对目前职业状态感到不满、对未来职业道路的走向感到焦虑与不安。但如果个体在回顾过去职业道路时，对自己一路的选择没有后悔遗憾，即相关职业经历被唤醒的频次低，可接触性低，假设自我一般不会出现。因此假设自我多出现在人们对过去职业选择感到纠结的时候，大多会带来负面情绪，如后悔、懊恼、悲伤，导致职业幸福感降低，进而削弱职业荣誉感。

2.现在真实自我与应该自我

应该自我包含了个人认为自己应尽的义务和责任，这源于个人认为别人对自己抱有的期望或要求（Neisser，1988）。应该自我对职业生涯荣誉感的影响主要集中于当前时间段，因为职业生涯中的过去应该自我已然是过去时，不再适用于个体；职业生涯中的未来应该自我还未出现，且不会以个人意愿的转移而变化，所以个体对此了解不多且很难掌控，这也就导致该部分无法将未来应该自我和职业生涯联系起来，故在此就不做讨论了。

应该自我涉及个体与他人、组织、社会的交互，所以人际关系、组织关系、工作家庭问题等职业经历与其相关性或可接触性更强，也就是真实自我—应该自我差异更有可能由这些经历引起。在这些职业经历的影响下，人们会比较应该自我和现在真实自我。当两者之间存在明显差距时，即真实自我无法达到应该自我的标准时，羞愧、焦虑、担忧等负面情绪就会产生（Diener，2000），反之当真实自我达到应该自我的标准时，个体则会因为达到他人的期许而感到满足、自豪等。以工作—家庭边界问题为例，某高三政治老师当前工作任务重，经常需要加班（现在真实自我），但因为孩子的出生，他明白自己的妻子希望他能花更多时间照顾家庭（现在应该自我）。当他意识到自己无法缩小这一差距，就会产生愧疚、无奈、迷茫等消极情绪，尤其在他很看重这一差距时，他甚至会觉得需要调整自己的职业道路。这样的消极情绪会导致自我认知和对职业生涯感受的变化，降低职业幸福感，从而影响职业生涯荣誉感。

3.未来可能自我与理想自我

理想自我是个体希望自己应该具备特点的表征，多存在于个体对未来自我的期许中，类似于个人为了实现未来的自我所设定的目标，因此这种自我与未来自我相关，且它与动机、学习与发展、工作表现等职业经历的相关性和可接触性更强。并且当人们受到这些职业经历影响时，会习惯于比较未来可能自我和理想自我，当两者出现明显差距时，个体会感到积极结果的缺失，产生如失望、抑郁、悲观等负面情绪（Neisser，1988），如果个体重视相关职业经历或是这一自我差异，其负面影响会更加明显，职业生涯荣誉感因此降低。以学习与发展为例，某政治教师希望在两年后获得在职研究生学位，恰好学校安排此类培训，该老师在培训中受益颇多，表现突出，被选为重点培养对象。在评估这些实际情况后，该教师认为自己两年后获得学位的可能性很大，即未来可能自我和理想自我差距较小。他会因此受到激励，并对自己的职业生涯更加充满热情，具有较高的职业幸福感，表现出较强的职业责任感，从而体验到职业荣誉感。与此相反，如果他发现这一未来目标与自己现在的工作产生冲突，他并没有充足的时间发展自我，实现目标的可能性渺茫。这会带来沮丧、失望、挫折感等消极情绪，让个体对未来的职业发展充满疑虑和悲观。加之职业生涯中的情绪相互作用，现阶段的悲观状态会影响其他职业阶段，导致整个职业生涯荣誉感降低。（心理过程的机理模型见图4-4）

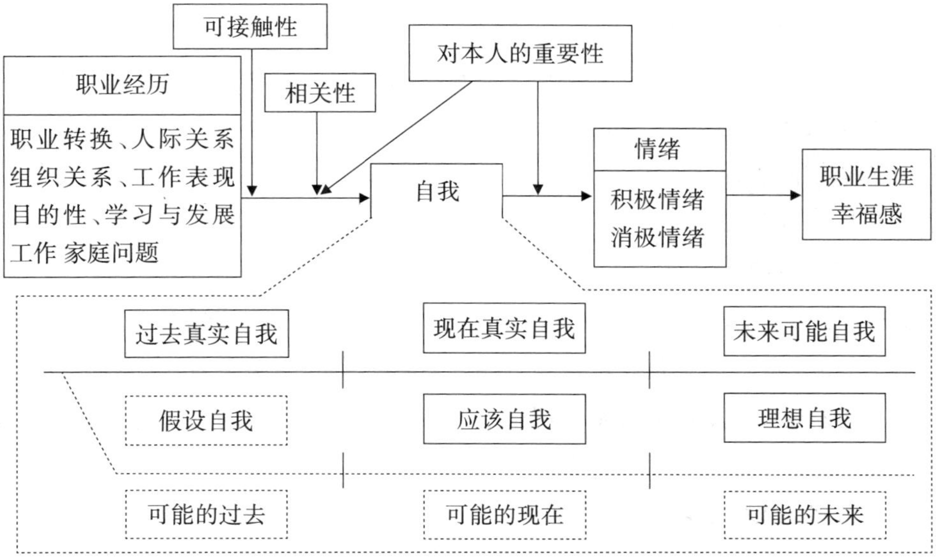

图 4-4　职业经历影响职业生涯荣誉感的内在机理

二、发展阶段的影响

本文在前一节已经从时间维度上，论证了自我是影响中学政治教师职业生涯荣誉感的关键心理因素。但自我是一个多面体，它的内涵非常丰富，内容之间并非彼此割裂而是相互作用、互为关联。因此，这一节将基于结构—功能论，从自我的心理结构上论证这一观点，探讨处于不同专业发展阶段和水平的教师，其自我心理结构特点及其与职业荣誉感的关系。

自我意识是教师自我的基础，自我更新意识是其专业发展的内在根源。自我和谐、印象管理、自我建构、自我接纳、自我概念和自我评价是教师自我心理的六大内容。依此可以把中学政治教师职业生涯划分成生存关注、任务关注、自我更新关注三个阶段。每个阶段的自我心理结构不同。

就不同个体而言，处于不同专业发展阶段的教师，职业自我概念和职业自我状态不同，因而各有其独特的职业荣誉感影响因素组合，所以，为了深入理解中学政治教师职业荣誉感的生成演化机制，需要综合上述两种情况加以讨论，建构与教师专业发展相关的、体现职业荣誉感的自我心理结构模型，以期丰富教师的自我研究、为教师专业发展培训提供实证研究的参考和支持。

(一)职业自我概念

从古至今,人们一直没有停止过对自我的探索。而今,自我更是成为社会心理学中最重要的概念。自我是一个多面体,它的内涵非常丰富,内容之间并非彼此割裂而是相互作用、互为关联。因此,职业自我是一个多维度、多层次的心理结构。内容和结构是自我概念的两个基本属性,其中内容属性指的是个体对自我的描述和评价,结构属性则涉及自我概念的内容如何组织。基于已有文献,本文认为中学政治教师的自我心理包含:自我和谐、印象管理、自我建构、自我接纳、自我概念和自我评价六大内容。这些内容的关系不同,会表现出不同的结构特征,从而按照结构差异把中学政治教师职业生涯划分成生存关注、任务关注、自我更新关注三个阶段。

1.职业自我概念的内容

(1)自我和谐。新手教师的自我和谐程度相对较低,内在自我各方面统合程度不及其他阶段的教师,尚处于一种相对矛盾、不够灵活的状态。信息化时代,可以方便快速地接收到各种信息,不得不承受来自各方面的影响。另外,他们对自己的预期比较高,而挫折经历少,造成理想自我与现实自我经常不一致,当他们不能很好协调的时候,就会体验到这种自我不和谐。随着社会经历的增加,这方面的问题会大大地得到改善。

(2)印象管理。新手教师的自我监控总分以及表演、他人导向显著高于熟手及专家教师,并且社会焦虑分数和负面评价恐惧得分很高。说明他们更加关注自己的外在形象,过于重视他人对自己的评价。这可能是因为他们的自我还不够成熟,社会经历较少,容易对他人评价形成弥散性的关注和重视,希望得到他人的认可、赞扬、肯定。一旦被拒绝、否定,他们就常常感到焦虑、不安。专家型教师的社会焦虑、对负面评价的恐惧得分最低,这可能和他们能够把握教学工作的规律和节奏有关。他们知道怎么做可以达到目标,并且相信自己可以达成目标,教学上的事情在自己的控制范围内,所以这种确信和自信使他们的社会焦虑降低,对他人评价的担心减少。因此,教师需要减少社交性的印象管理,不能为了给他人留下好的印象而一味地迎合他人。相反,教师需要多加强内部管理,提升自己的素质和修养,通过德才学识使他人特别是学生产生发自内心的信服、钦佩,这种心悦诚服也会潜移默化地转化为学生进步的内驱力。

(3)自我建构。受儒家文化影响,多数人具有相互依赖、注重关系的互依型自我建构倾向(杨国枢,2009)。专家型教师的独立型自我建构分数显著高于其他两组。独立型自我建构个体更为注重自己的独特性,较为独立自主。专家型教师的特点之一是在长期的教学过程中形成了鲜明的个人特色,在课程目标的框架下不断锤炼自己独特的教学体系。另外,独立型自我建构的个体以目标为导向,具有强烈的提升动机。相比于其他教师,专家型教师在进行教学工作的时候,不止于满足任务的完成,他们追求的是如何更快更好地达到教学目标。

(4)自我接纳。自我不是封闭的结构,是在与周围环境互动过程中不断建构起来的。在建构过程中,无论自我积极的还是消极的部分,都作为个体的一部分被认可,吸收到自我的内容中。所以,自我接纳体现了个体全面的自我认知。长教龄非绩优教师的自我接纳水平低于新手型教师和专家型教师。可见,如果职业自我发展不成熟,自我接纳水平就相对较低。随着职业自我不断成熟,自我接纳会得到提升,个体可以更为客观地面对自己,不盲目自傲、自卑、不被他人的负面评价左右。然而,这一自我特征受到教学成绩的影响。研究表明,相较于专家型教师,教龄超过5年的熟手型教师与新手教师一样在人格解体、缺乏成就感以及职业倦怠上得分较高(邵雅利,2009)。也就是说,当教师长期在教学岗位上表现平平,其自我心理将受到很大的影响,表现为无法在教学工作中找到自我价值,进而在职业发展上自我否定,不求进步,得过且过。因此,教龄长但非绩优的教师,自我接纳水平会跌回初入职的水平上。

(5)自我概念。教师专业发展与自我概念关系密切。一方面,专家型教师在自我概念上的发展最好、最完善,同时他们的自我评价和自我控制力也是最好的,验证了自我概念可以直接显著地正向预测教师职业成熟度和职业态度。另一方面,职业发展也影响自我概念的发展,虽然新手型教师入职后自我概念各方面都有提高,但是相较于专家型教师,他们的自我概念还有发展的空间。熟手教师具有多年的教学经验,但是教学成绩一直不突出,他们的自我概念发展难免后劲不足。职业倦怠程度和自我概念分数呈负相关,教龄长但成绩不理想的教师是职业倦怠的易感人群,可以推测他们的自我概念因此受到影响。

(6)自我评价。核心自我评价、自尊和一般自我效能感高度相关。年轻教师的职业自尊和核心自我评价显著低于其他教师。主要是理想自我和现实之间的差距造成的。一般自我效能感是从各种长期经验中积累而成的,受到个体在各种情境下的成败经历的影响。因而专业发展的成功经历提高了长教龄绩优教师的自我效能感。另一方面，自我效能感也反作用于工作表现。班杜拉认为自我效能感通过影响个体的选择过程、认知过程、动机过程和情感过程作用于个体的行为，从而影响个体的行为结果。长教龄绩优教师具有较高的自我效能感，因而他们倾向于选择更有挑战性的任务，他们会为自己定立更高的职业目标；他们会将情景视为可实现的，以乐观的心态积极面对专业发展中的困难，愿意付出更多的努力以实现目标；在解决问题时付出的努力越多，持续的时间也会更长；即使在紧张情境下也能从容乐观地应对，自觉地降低焦虑程度，并寻求积极有效的行为方式来解决专业发展中的难题。

2.职业自我概念的结构

尽管各国的教育背景不一样，教育组织结构不一样，但是在教师教育领域都碰到了相同的问题，比如教师的职业问题、专业发展问题和教师队伍的保留问题等。从20世纪90年代末开始，关于教师专业发展的研究就受到中国研究者的重视。比如叶澜、白益民等研究者认为，应该以教师的自我专业发展意识为标准来划分教师专业发展阶段，通过对已有研究结果的分析，他们总结出“自我更新”取向的教师专业发展阶段论。由于本文主要的研究对象是在职的中学政治教师，就不讨论处于观察期和师范生阶段的问题了。由此，把中学政治教师职业生涯划分成生存关注、任务关注、自我更新关注三个阶段。每个阶段的主要矛盾不同，教师的职业荣誉感类型不同，遭遇的削弱因素不同，因而采取的对策也不同。

阶段一：关注生存。处于该阶段的，主要是新入职的教师。这个阶段是教师专业发展的关键期，主要特点是“骤变与适应”（叶澜，2001）。即由于进入了实际的教学场景，“现实冲击”让教师怀疑自己能否胜任教学工作，同时又面临生存的压力等。所以，教师感到了一种自我专业发展的忧患意识。但是，这种意识是由外在的驱动力激发的，而不是内发的。也就是前面所讨论的控制型工作动机。这时候的教师一般职业责任感都很强，需要关注他们的职业幸福感状况。以物质激励手段满足基本需要是最佳选择。而个体则要注意刻意训练心理资本，提高抗逆力和坚毅力。

阶段二：关注任务。这主要是指那些度过了入职初期并选择继续留任的教师，这时教师的专业发展意识还比较脆弱，有时候会过于在乎外在评价，某些关系也处理不好，且教师发现自己的社会地位似乎不如想象的那么高，还会感到某种程度的失望。同时，又由于教师掌握了常规教学套路，专业自信心越来越强，可以分散注意力到教学活动之外，比如开始关注自己对学生、同事或职业生活中其他关键他人的影响力；关注自己平衡工作—家庭的能力；关注自己在职场中的控制力；等等。以及时的、多元的、多层次的反馈手段满足控制需要是最佳选择，而个体则应积极投资和积累人力资本，提高行业影响力。进而提高社会资本，缩小现实自我与理想自我的差距，增强控制感。

阶段三：关注自我更新。此时的教师将发展的重心和目标移到了专业发展上，教师能够在客观评价自己的前提下，自我规划并取得专业发展，形成一种专业生活方式。此时的教师已经完全掌握了各种教学策略，具备教学机制，并把教师知识结构的重点转移到了学科教学法知识和个人实践知识上来。此阶段的教师的工作动机属于内在动机，自我发展需要和传递经验的渴望是影响其职业荣誉感的两个关键因素。以提供组织支持满足延展需要，而个体应该经常反思，复盘自己的心理、人力和社会资本，整合存量，发挥系统效应，避免职业停滞问题，减少职业“高原期”，才能最终打破职业发展的天花板，跃升到一个新台阶，发展出以职业呼唤为存在形式的职业荣誉感。

（二）职业自我状态

职业自我状态是影响内在动机的关键心理因素。前面已经论述了内在动机对于职业荣誉感的重要价值。由此可以说，教师的职业自我状态对其职业荣誉感有重要影响。这种影响主要表现在，当职业自我具有相当的清晰性和复杂性时，最可能产生职业荣誉感；增加清晰性和复杂性，有利于增强职业荣誉感。

1. 自我清晰性

人们对自己了解的清晰程度的差异，称为自我概念清晰性（Self-Concept Clarity，SCC），具有三方面特征：自我概念内容（例如，感知的个人属性）的明确性、个人属性的内部一致性和稳定性（Campbell，2003）。由此可知，自我概念清晰性并不涉及自我知识的内容和组织，它反映的是个体对自我知识的自信程度和一致性水平。

首先，自我概念清晰性影响着个体的心理调适。自我概念清晰性与自尊呈正相关，与消极情感、焦虑和抑郁呈负相关（Wilson，2006）。研究还发现，自我概念清晰度与个体的抑郁、自尊、感知的压力和人际问题关系密切（Constantino，2001）。

自尊和自我概念清晰性呈显著正相关，表明高自尊个体具有较为明晰的自我概念。自我包含着知识性的元素和评价性的元素。自尊作为一种自我的评价性元素，反映的是个体以自我为评价对象时的反应性态度。低自尊个体往往对自己的积极和消极人格特质持不确定态度，且不能将这种不确定性归之于印象管理或者缺少自信等因素。因此，自尊和自我概念清晰性是两种彼此相关但相互独立的心理结构。

其次，自我概念清晰性具有压力缓冲效应。在高自我概念清晰性个体中，压力和抑郁之间的相关性不显著，表明高自我概念清晰性可以缓冲压力对个体抑郁情绪的作用。自我概念清晰性表现出压力缓冲效应可能有四方面的原因：第一，自我概念清晰性影响着个体的自我调控能力。自我知识指导和组织个体的社会经验过程并指导着相应的个体行为。低自我概念清晰性个体更需要依靠外部刺激信息来进行决策，容易受到外界情境的影响，在应对不同情境时难以提取自我相关信息。第二，自我概念清晰性反映的是自我概念的结构特点，这种结构差异影响了个体的压力应对方式。有自我认同紊乱的个体更多依赖以情绪为中心的应对方式，而那些高内省的、认同发展良好的个体倾向于采用以问题为中心的应对方式。第三，自我概念清晰度影响着个体对生活事件的解释和评估。自我概念清晰性低的个体，更容易将外界环境视为混乱的和无法预测的，或者更容易将外界事件视为具有压力的，由此影响着个体的心理调适。第四，自我概念清晰性影响着个体的社会比较方式。

综上，自我概念清晰性调节自尊与心理调适之间的关系，那些自我概念清晰性高且自尊高的个体才是真正具有职业荣誉感的高自尊个体，而自我概念模糊但自尊高可能是不稳定的自尊或者脆弱的自尊，都不具备真正意义上的职业荣誉感。

2. 自我复杂性

人的自我概念中包含着大量自我维度，个体在自我维度的数量及其重叠程度上不同，从而表现为自我复杂性的差异。如果一个人从较多的自我维度来思考自身，且这些自我维度之间的特征重叠较少，则这个人的自我复杂性水平较高；而如果一个人从较少的自我维度思考自身或自我维度之间存在着很多的重叠特征，则这个人的自我复杂性水平较低（Linville，2003）。高自我复杂性可以缓冲日常生活压力对个体的消极影响。

这个压力缓冲基于情绪扩散机制，即自我维度的数量和重叠程度影响着情绪的扩散。也即压力往往对某个自我维度产生影响，并产生特定的情绪。对自我维度数量高的人来说，这一个自我维度只占总自我概念的一小部分，因此特定情绪对总情绪的影响不大，但是如果个体拥有的自我维度数量少的话，这一个自我维度在总自我概念中的比例就会提高，它受到影响产生的特定情绪对总情绪的影响就比较大。如果自我维度数目相同，而重叠程度不同，重叠程度越小（也即自我维度间相似性越小），这一自我维度引起的特定情绪就会被绝缘在一小部分自我概念中，不会扩散到其他自我维度上；而如果自我维度间相似性很大，这一自我维度引起的特定情绪就会扩散到其他自我维度上，使个体的总情绪受到感染。因此，自我维度越高且自我维度间相似性越低，某一自我维度受影响所产生的情绪就越不会扩散。

压力事件造成的情绪扩散会产生强烈、长时间的消极思想和情绪，进而产生较低的自我评价、抑郁及其他相关的消极生理反应。这些消极结果会造成个体的内分泌和免疫系统失调、适应不良等，从而全面影响着一个人的身心健康。拥有复杂自我概念的个体，则可受益于其自我维度的高数量和低重叠，使压力事件的不良影响降低。

总之，自我复杂性的重要意义在于有效预测压力情况下与自我相关的生理和心理结果。例如，假设你是一个诚实的律师，你生活的全部重心都围绕着你的工作。如果你赢了一场官司，你就会欣喜若狂，但如果输了，你就会觉得受到了沉重的打击。这是因为你没有其他的东西可以依靠。但在另外一种情境中（如你既是一个努力工作的律师，又是一个善解人意的朋友、一个情意绵绵的爱人、一个充满爱心的家长，等等）就不同了，输掉一场官司并不会让你感到深受打击，因为你还有很多其他的方式来缓冲这种打击①。

如果中学政治教师能拥有大量的自我维度，则有利于个体在压力事件后的再定位和重新解释，使消极事件的威胁意义降低或中性化，从而减少负面事件对职业荣誉感的削弱作用。

三、职业能力的影响

（一）职业胜任力

胜任特征可以辨别优秀员工与一般员工在知识、技能、社会角色、自我认知、特质、动机等方面的差异，被视为个体在快速变化的现代社会中获得生涯成

①乔纳森·布朗．自我[M]．陈浩莺，等译．北京：人民邮电出版社，2004：92-114.

功的关键能力。而且它具有动态性,可以应付职业突如其来的变化,最重要的是,它可以激发员工的潜能、提高绩效,给组织带来最大的价值。由此可见,职业胜任力是教师自我心理结构运动、变化和发展的动力。前文第三章详细分析了中学政治教师职涯资本以职业成功为中介调节职业荣誉感的过程。据此,可以把中学政治教师分为新手、熟手、专家三类。

中学政治教师的教学专长发展是个体职业胜任力的集中体现。有学者对新手型、熟手型、专家型教师在教学策略、成就目标定向、人格特征和职业承诺、职业倦怠上进行了比较研究(连榕,2004)。结果表明:在教学策略、成就目标、人格特征上,专家型教师均优于熟手型教师,而熟手型教师又优于新手型教师;在职业承诺和职业倦怠上,专家型教师均优于熟手型教师和新手型教师,而熟手型教师与新手型教师不存在差异。新手型教师重视课前准备,主要工作动机是成绩目标;熟手型教师的课中策略水平较高,主要工作动机是任务目标,具有随和、宽容、乐群、能关心他人等人格特质;教学策略以课前计划、课后的评估、反思为核心,具有鲜明的情绪稳定、理智、注重实际、自信和批判性强的人格特点,职业的情感投入程度和职业成就感高是专家型教师的主要特征。三类教师在课后的补救策略、成绩目标、内外向、继续承诺和情绪耗竭上没有显著差异。这进一步佐证了前述对策的合理性。

有学者用综合幸福问卷和教师职业幸福感问卷对1608名中小学教师进行测查,探讨了新手、熟手、专家型教师幸福感的差异(连坤予,2017)。结果表明:综合幸福感上,三种类型的教师在生活满意、人格成长、自我价值、友好关系、利他行为、负性情感维度上存在显著差异。职业幸福感上,三种类型的教师在自我实现、工作本身、社会支持、学生家长、整体幸福维度上存在显著差异。综合幸福感方面,专家型教师生活满意水平较高,更注重人格成长与自我价值的提高,也会产生更多的利他行为,而新手型教师更关注友好关系,但会产生较多的负面情绪;职业幸福感方面,新手型教师将较多精力花费在工作本身与学生家长上,得到更多的社会支持,且整体幸福感较高,而专家型教师在自我实现上投入更多的关注。

理论和实证研究都说明,职业胜任力与职业荣誉感之间有紧密联系。教师的职业胜任力越突出,结构越合理,与工作及组织的匹配度越高,其职业责任感和职业幸福感就越强,从而表现出合理、适度的职业荣誉感。

（二）生涯适应力

在快速变化和充满不确定的知识经济时代，个体职业生涯发展的自我概念正在不断被强化。生涯建构理论（Career Construction Theory）认为，个体职业发展的实质就是追求主观自我与外在客观世界相互适应的动态建构过程，而不同的人所建构的内容和结果往往是不一样的。以“适应”为核心的生涯建构模型，有助于深度剖析中学政治教师职业荣誉感生成机理的阶段性特质，为针对性地干预、管理提供依据。当教师的生涯适应力提升后，其体验到的职业荣誉感强度越大，结构也越合理。

生涯适应力（Career Adaptability）是指个体在应对各种工作任务及角色转变中进行自我调整的准备状态或社会心理资源（Savickas，2005），体现了个体在生涯发展过程中面对外部挑战所具备的核心能力。适应力从抽象到具体可分三个层次来理解（见图4-5）：首先是最抽象的层次，生涯适应力是个四维二阶构念，由生涯关注（Career Concern）、生涯控制（Career Control）、生涯好奇（Career Curiosity）、生涯自信（Career Confident）构成，分别对应着“我有未来吗”“谁拥有我的未来”“未来我想要做什么”和“我能做到吗”四个重要职业生涯发展问题（赵小云，2010）；中间层次是生涯适应力的主要内容，即ABCs：态度（Attitudes）、信念（Beliefs）、能力（Competencies）；底层是最具体的层次，是各种具体的个体职业行为（Vocational Behavior），尤其是面对外部职业环境变化所做出的自我调整行为（Self-Regulation Strategies）。

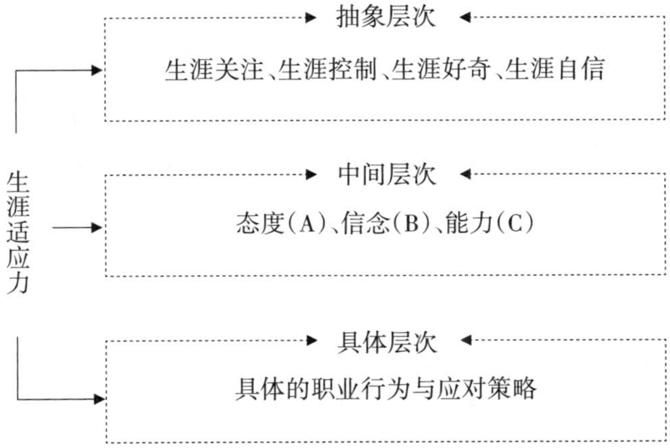

图4-5　生涯适应力的三个层次

在这个自我建构的生涯适应模型中，作为适应后效输出的，包括适应性行为或倾向以及适应结果两方面内容。已有研究证明，适应能力强的个体，会更多地表现出主动参与生涯规划探索的积极行为，努力争取并非常珍惜每一次自我提升的机会，在面对生涯发展挫折时，他们不屈不挠、迎难而上（Perera，2014）。另外，适应力作为一种内隐的社会心理资源，其作用突出体现在不同生涯阶段的转变或外部环境发生变化的背景下。比如，当面临生涯选择或困境时，生涯适应力能帮助个体增强职业自我效能感，摆脱决策困境（苏霞，董振华，2015），快速消化吸收由于工作压力引起的不适，或展现更佳的工作表现等（Johnston et al.，2013）。一些针对职场人士的研究显示，生涯适应力与工作投入呈显著正相关，适应力高的个体，其工作满意度和职业幸福感也相对较高（Rossier et al.，2012），这些主观职业成功又进一步促进他们的客观职业成功。上述研究表明，生涯适应力与职业荣誉感呈显著正相关，提升教师的生涯适应力能有效增强他们的职业荣誉感。

个体因素中，主动性人格、大五人格中的尽责性和外向性与适应力正相关（Cai et al.，2015）。在成就动机方面，追求自我卓越的目标价值取向在个体积聚自我调整的社会心理资源过程中起到十分积极作用（Lallemand，2012）。情境因素中社会支持及环境氛围的感知方面对个体适应性产生正强化效果（李栩，2013）；社会支持有利于刚参加工作的年轻人获得职业生涯适应能力，并且能持续影响他们对工作的满意度评价，而源自工作方面的压力和不安全感，则为身处职场的人们带来一定程度的负面影响（Han&Rojewski，2015）。

生涯建构理论及高生涯适应力对职业荣誉感的促进作用说明，要使中学政治教师获得内生性的职业荣誉感，要采取情境性、动态性、非线性、多角度和个性化的职业生涯干预。比如通过自我叙事，帮助教师认识自己、克服困扰、激发潜能；或者是建立系统性的干预项目等。

（三）教师复原力

复原力（Resilience）指的是个人或组织即使面对挑战或威胁，也能成功适应的过程、能力与结果（Masten，1990）。随着不断攀升的教师职业压力，应关注教师复原力，尤其是新教师复原力的培育问题。新教师进入职场会面对诸多压力与挑战，若处理不好极易导致职业倦怠或离职转行，也就是职业荣誉感不足的表现。因此，提升新教师复原力，帮助他们激活内在力量、挖掘外在资源，内外互动、资源联结，能有效增强职业荣誉感。

本文选取内容和策略两方面，借鉴多纳圈模型（Worsley，2015），分析阐述提升教师复原力的具体内容。基于策略分类（Masten，Reed，2002），从风险预防、资源整合与方法实施三方面探讨提升教师复原力的策略。

1.新教师的职场压力

新教师初入职场，面临着从学生到教师的身份转型，熟悉教育教学、面对学生管理、协调人际关系、应对家长需求、平衡工作生活、保持学习状态、适应工作节奏，等等，都是新教师无法回避的压力与挑战。

新教师面临的压力分为内在压力和外在压力两部分。内在压力的主要表现有：理想与现实的冲突；所学知识技能难以胜任实际工作；缺乏自我效能；学生管理经验不足；工作与生活平衡能力差；情绪情感不稳定；陪伴家人与朋友的时间减少；锻炼时间难以保证，等等。作者对13位新教师进行访谈研究，5位教师承认自己难以平衡工作与生活，5位教师时常感觉力不从心，3位教师抱怨没有时间陪伴家人和朋友。还有教师提到担心身体、没有时间享受爱好等。入职第一年的新教师充满挣扎，一些人因为疾病、压抑或倦怠离开教师岗位。

外在压力的主要表现有：学生需求复杂多样；与领导和同事的关系难以处理；学校制度要求；同事的调动；无人指导；工作负担过重；教育资源匮乏；与家人的矛盾和分歧；知识准备不足；学生的行为问题；不断的评估与考核；学生家长投诉；额外加课；等等。被调查者中，关于教师职业压力程度的认知方面，91.9%认为该职业是有压力的；在自我总体压力感方面，77.3%处于很有或有些压力感状态。

上述事实表明，教师职业压力加大是无法回避的客观事实。而且在未来相当长的时期内，工作压力不会下降，反而会提升。压力成为必然的前提下，提升与加强教师的复原力需要提上日程。

2.提升复原力的内容

复原力作为一种个体驾驭与协调周边环境的能力，其实际运作过程是将自我保护性资源与环境中的保护性资源筛选、对接、整合、融通。从这个意义上说，提升新教师复原力，一方面需要促进教师个人内在资源的发挥与发展，另一方面需要整合教师工作生活环境中资源的优化与启动。要促使二者对接互动、相互激发。

多纳圈模型（见图4-6）的提出者Lyn Worsley是澳大利亚抗逆力中心的创办者与负责人，长期致力于复原力理论研究，且重视将理论成果转化为实践应用项目。基于多年的理论探索与实践检验，建构了一套复原力多纳圈模型（Worsley，2015）。她将这一模型应用于多种人群，帮助青少年、教师、残障者激活培育复原力。多纳圈模型已产生了较好的影响力，并在复原力干预、应用领域得到推广。她在专著《多纳圈复原力：坚强孩子的秘密》（*The Resilience Doughnut：The Secret of Strong Kids*）对该模型的理论思路、学术逻辑、实践路径及应用策略进行了全面解释和论证。

图4-6 多纳圈模型

多纳圈模型由内圈和外圈组成，内圈包括“三I”（I have，I am，I can），将个人因素分为资源意识、自我意识和自我效能，用于评估个体内在能力。外圈代表个人周边的环境资源：伙伴因素、技能因素、家庭因素、教育因素、朋友因素、社区因素及工作与经济因素。既有最重要的家人，也有影响生活的社区；既有具体操作技术技能，也有抽象教育因素。与朋友因素相比，伙伴因素指与个体更亲近、更密切的人，能够形成相爱、体贴、关怀关系，具有安全感和确定性。

内在因素是核心，起关键作用。例如，一个人有明确独立的自我意识，意味着发展水平及状态偏好；具有资源意识，通过自我效能与环境进行交往与互动，意味着个体认识环境、选择资源、利用资源、掌控环境的能力较强。这样的个体，内在是优质的、整合的、具备良好的潜质与素养，是复原力形成的内核与关键。由七部分组成的外在系统涵盖了个人生存与发展依托的基本关系与资源，只要能在一两个方面较为突出，就意味着个体的外在资源是良好的、可依靠、有保障的。

多纳圈模型坚持明确的社会取向。个人与环境是一种交换系统，个人以自我资源贡献社会、善待社会，也要从社会汲取养分、争取资源。当个人能力有限、身单力薄、无能为力时，必然需要家庭、朋友、社会的支持与援助。个人与社会存在着一种循环，循环的内容就是资源交流、连接、互动，由此推进个人与社会的运行与发展。

3.提升复原力的策略

首先，风险预防策略帮助新教师防患于未然。该策略的重点是消减和预防工作中的危机与风险。在大环境风险无法避免的前提下，努力营造小环境，使其成为大环境的缓冲区，发挥减压与预防作用。学校是教师的工作场，学校环境好、风气正，有利于教师放松心情，安心交流，舒心工作。学校充满安全感、人际关系和谐、资源信息共享，有利于教师相互理解，彼此支持。即使遇到困难，也能够形成合力，分担压力，尽快走出危机，恢复正常状态。

其次，资源整合策略促进新教师内外联结。(1)充分激活教师的动机资源与情感资源。动机资源有动机、效能、目标意识、使命感、开创意识、高期望；情感资源有乐观、社交与情感能力、希望、共情、勇气。有利于激活教师内在资源的方式有3种：关怀与支持、高期望、有意义的参与。有10种操作策略，落实关怀与支持的方式有：教师选拔务必精心、同事之间相互鼓励、学校环境宽松并鼓励反映问题、为教师们创造相互学习的机会；落实高期望的方式有：管理目标清晰、定期反馈、鼓励尝试、学生行为规则清楚；落实有意义的参与的方式有：发动教师参政议政、鼓励教师与学生家长互动。(2)开发联结教师的环境资源。教师环境资源有几个关键系统：学校、家庭、社区、法规政策。

最后，方法实施策略训练新教师自我排忧解难。提升教师复原力，一定离不开积极的社会环境、可靠的政策保证、优良的校园风气和有效的家人支持。这一切的落实与到位，归根结底要以教师个人能力为前提。提高教师个人能力是一项综合工程，包括提升教师觉察力、加强教师自我管理水平、引导教师主动求助三方面。

另外，多纳圈模型也提供了一套简便易行的工具。实践中，为了协调10个资源子项的组合与对接，需要遵从以下原则和策略。

三个原则:(1)尊重差异。每个人在10个子项上存在差异,有人资源意识强,有人自我效能出众,有人家庭和睦,有人工作富有成就。(2)扬长避短。尺有所短,寸有所长,没有人10个子项一应俱全,也不需要个体在所有方面都具备,只要把擅长的部分、强大的部分激活,发挥到极致,就是抗逆力的支点所在。(3)优化组合。因素之间关键是组合。

三个策略:(1)梳理内外资源:鼓励教师对自己内在的3个子项、外在的7个子项逐一进行分析、评估和清理,明确优势所在。(2)整合内外资源:对自己的最强资源、次强资源、薄弱领域分别梳理盘点,进行强强组合、强弱组合或弱弱激活等多种方式的对接,并依据个人发展的轻重缓急、形势条件的利弊得失,让有效资源发挥作用。(3)形成策略应对压力:寻求领导支持、获取家人理解、请求同事帮助、自我情感调节、采取直接行动、依靠政策法规、运用技术技巧等,都是可以尝试的策略方案。

附　助力职业荣誉感——妙用成功心理学

成功是个人自我认可、自我满足、自我实现的心理状态。对成功的追寻,必须以准确的自我定位为前提。自我定位的关键,在于认清自己的价值观;进而根据价值观设定个人的明确目标。在此基础上,每个人都可以通过有意识、成体系的心理训练,养成成功者应当具备的心理状态,让生活和工作更有价值。主要包括四个要点:强化自尊、积极思考、自我约束、资源管理。

心理学认为,成功是通过努力达成的个人自我认可、自我满足自我实现的心理状态。每个人都有属于自己的成功。成功的评判标准不靠公式和指数,也不是亲朋好友或权威组织说了算,完全由自己说了算。人生符合自己的认知和预期就是成功。

在渔夫和商人的故事中,渔夫每天只钓几条鱼,够吃就行了,追求舒缓悠闲的生活。商人则希望多钓鱼,卖鱼,赚钱,买船,捕更多的鱼,然后建立船队、企业上市，实现财务自由。两个人的看法没有高下之别，只要能按照心中的预期，活出自己想要的样子，获得自我满足和自我实现，就都是成功者。

对成功的追寻，以准确自我定位为前提，而关键在于认清自己的价值观。价值观是决定人类行为的心理基础，决定了你看重什么、在意什么、追求什么，也决定了你寻求成功的方向。你的人生符合自己的价值观，做了自己在意的、自己认为重要的、自己认为正确的事情，你就是成功者。

认清了价值观之后，追求成功的第一步工作，是要根据个人价值观，将关于成功的理想和对于人生意义的追求，设定为具体的目标。

目标设定，一是符合价值观，二是要现实性，与自身条件相匹配。而合理的目标包括五个特性，即具体性（Specific）、可衡量性（Measurable）、可实现性（Achievable）、现实性（Realistic）、时间相关性（Time-Related），这五个特性的英文首字母连起来正好是“SMART”。

目标的意义有两方面，第一，它能让个人价值观所指示的成功方向，变得更为具体，便于制定人生计划，规划工作和生活。第二，对目标的追求和渴望，能带来巨大的精神力量。目标分为长期目标和短期目标。在设定人生目标时，应该把一个远大的长期目标，有意识地细分为一系列环环相扣的短期目标。只有这样，才能按照恰当的节奏，持续不断地获得回报与激励，始终坚持下去。

人可以有意识地进行思维训练和心理建设，一步步养成成功者心态，激发内在潜能，让工作和生活更有意义、更有效率，更容易成功。训练的核心内容，是强化自尊、积极思考、自我约束、资源管理。

强化自尊可以为其他环节的训练提供力量。自尊的形成，和幼年时期的经历有关，获得足够的无条件的积极关心，容易养成自尊。自尊也可以后天训练培养。训练分两个层次，首先是面对自身时的自我调节，观察已获得成就，建立自我赞许，确定自我期望。通过设定并完成短期目标提升信心，减少逃避，减少比较，正视接纳缺陷。其次是训练应对他人攻击的调节能力。

积极思考要求我们将注意力集中在好的方面，更多地关注那些阳光的、正面的、积极的东西。积极思考的训练，从积极的语言习惯开始，要自觉在词汇选择和表达习惯上，有意识地多选择主动、积极、正面、阳光的词汇，回避被动、消极、负面、阴暗的词汇，帮助思维方式向积极方向转化。

自我约束是对自己进行克制和管束，不让坏习惯分心和干扰自己。自我约束的大敌,是生活中的坏习惯。对付坏习惯可以分三步走。第一步,自我反省,承认坏习惯的存在,并且发自内心承诺改变,不是因为别人的批判或是外部压力,而是完全基于自己的意志。第二步,了解坏习惯,了解坏习惯发生的环境,清醒认识坏习惯给你带来的感官刺激或是心理满足。第三步,从寻求替代品的角度入手,逐步形成对坏习惯的替代。

资源管理是对成功所需的各类资源进行高效管理,核心内容包括时间管理、金钱管理、人际关系管理。时间管理和金钱管理,都可以采取三步走模式,第一步,分析各项事务占用的时间或者金钱有多少;第二步,给这些事务的优先级排序;第三步,根据事务的优先级和占用时间、金钱情况,制定计划、优化管理。

人际关系高效管理的核心在于沟通,不是卑躬屈膝、刻意迎合,而是保持自信、开放的心态,运用你的同理心,将你的价值观与他人的价值观联结,寻求共识和共同利益。语言沟通有两点需要注意,第一,一切从自信、善意和乐观的微笑开始;第二,注意语气、眼神、表情、手势、身体姿态等,这些语言内容之外的因素,很多时候比语言内容更能传递信息,也更能展现形象。因此要格外注意非语言表达。

总之,在职业荣誉感的视域里,金钱、名誉、权力,充其量是成功的外在体现,并不是成功本身。成功是通过努力达成的,个人自我认可、自我满足自我实现的心理状态。每个人都有属于自己的成功。目标带来的力量如此强大,甚至可以支撑人的生命,尤其是符合个人价值观的目标。

第五章

组织行为系统

组织(Organization)是一种人们有目的地组合起来的社会单元,它由两个或两个以上的个体组成,在一个相对连续的基础上运作,以实现一个或一系列共同目标。根据这个定义,学校是典型的组织。组织行为学(Organizational Behavior,OB)为我们研究中学政治教师职业荣誉感提供了三点洞见:一是学科存在本身说明职业荣誉感是组织运作的结果。前面提出职业荣誉感有性格特质、主体能力及行为状态三种存在方式。无论哪种方式,都受环境变量调节,尤其是个体的行为状态,最容易随环境变化而改变。二是它探讨了决定组织行为的三个关键因素:个体、群体和结构。这能帮助我们理解组织系统里职业荣誉感生成演变的逻辑。三是它采用系统研究改善组织绩效。这就为我们提供了科学且具有操作性的调节工具,让组织发挥增强中学政治教师职业荣誉感的正面效应。

自我概念及内在动机是调节职业荣誉感的核心心理变量。而组织系统中，工作特征是与动机直接相关的变量。本章首先就围绕职业荣誉感与工作特征的关系展开。群体的存在是人类分类的结果，个体的心境和行为与群体的表现紧密相关。中学政治教师的职业荣誉感必然受到其所在群体的影响。物质决定意识，组织情境是塑造职业荣誉感的最稳定、最深刻的因素。通过探讨职业荣誉感与工作特征、组织群体、组织情境间的关系及作用机制（见图5-1），能够把握组织系统对职业荣誉感的影响，从而为组织管理职业荣誉感提供理论依据和实践指南。

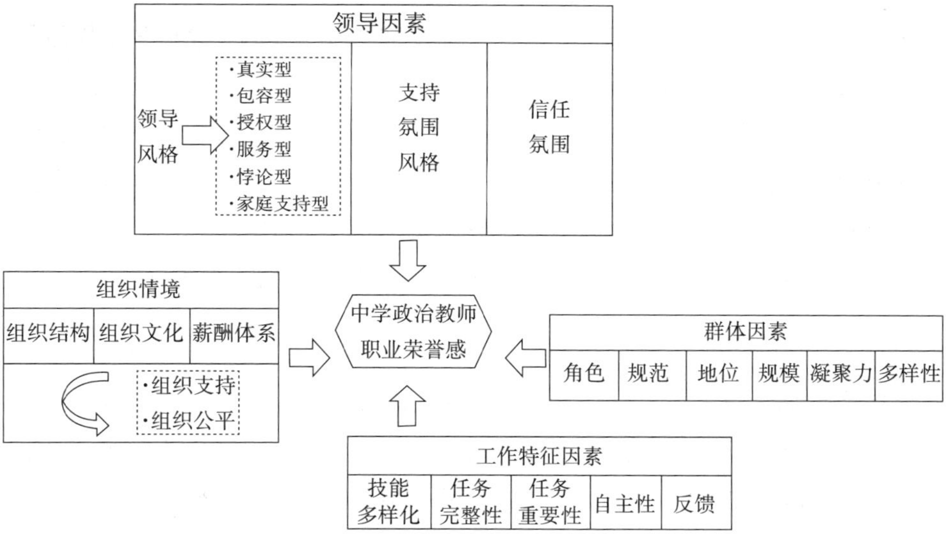

图5-1　组织行为系统对中学政治教师职业荣誉感的影响

第一节　职业荣誉感与工作特征

教师的职业荣誉感问题不仅影响其自身的生命状态，还会对学生的身心发展产生巨大影响。由于职业心理状态是一种与工作密切相关的社会现象，而工作特征作为与工作密切相连的因素，对工作者的身心状况有重要影响。因此，有必要分析中学政治教师的工作特征,以便提供对中学政治教师职业荣誉感问题进行有效干预的基础。

一、工作特征的两个分析模型

根据工作要求—资源模型(Job Demands-Resources Model,JD-R),当工作要求与工作资源的关系失衡时,个体容易产生职业倦怠,工作投入降低,削弱职业荣誉感。工作设计(Job Design)方面的研究表明,工作要素的组合方式会提高或降低组织员工的努力程度。工作特征模型(Job Characteristics Model,JCM)指出了这些工作要素,并在理论层面描述了能够激励个体内在动机的工作图景,为我们提供了通过工作设计增强中学政治教师职业荣誉感的理论依据。接下来,先考察JD-R模型,以此说明工作特征影响职业荣誉感的过程机制;其次基于JCM模型,描述有利于增强职业荣誉感的工作样态;再通过访谈和问卷调查的方式,了解中学政治教师工作特征的现状及影响;最后针对问题,依据工作再设计最新的研究范式——基于个人优势的工作重塑,探讨一些工作安排方案。

(一)工作要求—资源模型

工作特征是指工作本身以及与工作有关的各种属性或因素,它包含工作的性质、技能、环境、报酬、工作反馈、安全性、自主性、挑战性、职场关系、学习与发展的机会,以及工作所获得的内部报酬(如满足、成就、荣誉、自我实现)等(Taber,1975)。

工作特征对工作者有重要影响,分析影响路径和机制的主流模型是:要求—控制模型(Demand-Control Model,DC,Karasek,1979)和工作要求—资源模型(Job Demands-Resources Model,JD-R,Demerouti,2001)。前者将工作特征分为相对具体的工作要求、工作控制和社会支持,后者则将工作特征划分为更为概括的工作要求和工作资源两个维度。其中,JD-R模型是探讨工作特征对职业倦怠和工作投入等结果变量影响的理论模型,与本文的研究对象密切相关。

另外,随着实证研究的积累,该模型也在不断完善和发展。比如,对工作特征变量进行细分,将工作要求区分为挑战性要求和阻碍性要求并探讨对结果变量的不同影响;引入个体资源(包括乐观、自我效能感和基于组织的自尊)、心理弹性、心理资本和职业胜任力等个体特征变量,并增加了个体需求和动机、价值观等个体差异因素及工作重塑、组织因素和家庭因素，以扩展模型结构；研究方法从最初的横断研究到两时点的追踪研究，再到多时点的长程追踪研究。可以说，该模型的框架具有很高的科学性与可信度，是一个分析中学政治教师工作特征的有效工具。

JD-R模型将工作特征分为工作要求与工作资源。工作要求指工作中的物质、心理、社会或组织方面的要求，这些要求需要持续不断的身体或心理上的努力或技能，因此与一定的生理、心理消耗相关。其操作指标包括：情绪要求、人际要求、工作量、时间压力、工作职责、角色冲突、工家冲突、工作物理环境等。工作资源指工作中的物质、心理、社会或组织方面的资源。有助于达成工作目标；减轻工作要求及相关身心消耗；激励个人成长、学习和发展。操作指标有：工作控制、社会支持、反馈、报酬、职业机会、任务重要性、监督指导、组织公正等（Bakker&Demerouti，2007）。

JD-R模型认为工作要求正向预测倦怠，工作资源负向预测倦怠，工作资源在工作要求与倦怠的关系中起缓冲作用。在压力感和动机的发展过程中，有两个根本的心理过程在起作用（见图5-2）。(1)持续的工作要求可能耗尽工作者的身心资源，并可能因此导致焦虑、精力耗竭、健康受损等问题，带来低绩效、高离职率等不良组织结果。(2)工作资源具有动机潜能，能带来高工作投入，并引发高绩效、低离职率等结果。工作资源可以缓冲工作要求对工作压力感的影响。当工作要求很高时，工作资源更能影响到工作者的动机（如工作投入、学习等）（Bakker&Demerouti，2007）。

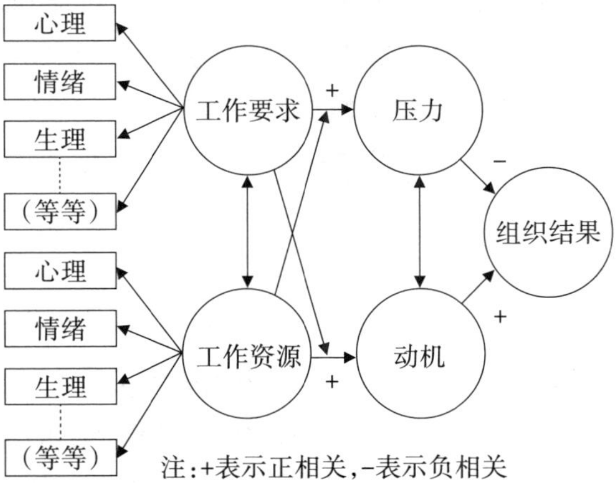

注：+表示正相关，-表示负相关

图5-2 工作要求—资源模型（Bakker&Demerouti，2007）

工作特征压力模型的实践价值在于，它指出了如何通过改变和优化工作特征来改善教师的健康幸福，提高工作投入以及促进个人学习和发展。换句话说，就是从积极面相入手增强职业荣誉感。这对个体发展、学校的人力资源管理及教师队伍建设都非常有帮助。个人可以通过工作重塑重拾工作意义，组织可以通过工作设计、在职培训等措施优化工作特征，最终达到提高教师效能和组织绩效的目的。

（二）工作特征模型

一般来说，具有挑战性、创造性和自主性的工作往往更能激发个体的内在动机。工作特征模型（Job Characteristics Model，JCM）（Hackman&Oldham，1976）认为，任何工作都可以用下列五个核心工作维度来描述（见图5-3）：

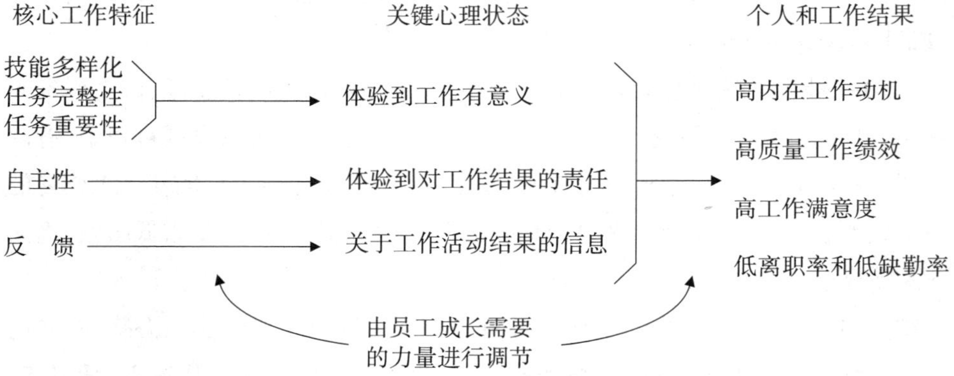

图5-3　Hackman和Oldham的工作特征模型

技能多样化是指一份工作要求员工使用专门的技能和才干来完成各种不同活动的程度。任务完整性是指一份工作要求完成一项完整的、可辨识的任务的程度。任务重要性是指一份工作对他人的生活或工作的实际影响程度。工作自主性是指一份工作为任职者在安排工作内容、确定工作程序方面提供的自由度、独立性及自主权。反馈是指员工在完成任务的过程中，在多大程度上可以直接、明确地获得关于自己工作绩效的信息。

上述5种工作的核心特征将影响到员工的关键心理状态。具体而言，技能多样性、任务完整性、任务重要性的排列组合决定了工作的意义。如果教师的工作包含这三种特性，那么就可以预测，教师会觉得他们的工作是重要的、有价值的和有意义的。同样，如果拥有工作自主性，教师会感到自己对结果有责任；

如果给教师的工作提供及时反馈,他们就能了解自己的工作效果。从激励角度看,该模型表明,当教师认识到(通过结果了解)他们很好地从事(体验到责任)自己所重视的工作(体验到意义)时,他们会获得内部奖励,即产生职业荣誉感,增强自我效能感,等等。一项工作中所具备的这三种心理状态越多,教师的积极性、工作绩效、满意度就越高,缺勤和离职的可能性就越低。当工作较丰富时,拥有高成长需要的个体比拥有低成长需要的个体更有可能体验到关键的心理状态,并且对这些状态作出更积极的回应。

Hackman和Oldham开发的工作特征模型可以用来直接测量五种核心工作特征,最后可以得到一个量化的分数来代表工作所具有的潜在的激励大小,即激励潜能分数(MPS),它代表了工作丰富化的程度。计算公式:

MPS=(技能多样性+任务完整性+任务重要性)/3×工作自主性×反馈

MPS分数高的工作,在决定工作意义的三项因素中至少有一项得分高,工作自主性和反馈两项也应得分高。所以,可以通过中学政治教师的MPS得分高低判断其职业荣誉感状况,二者呈显著正相关。

大量实证研究支持该理论的整体框架。国内学者的研究也表明了它的本土适用性(张一弛,2005)。具体而言,任务完整性、任务重要性和工作自主性3个核心维度对工作满意度具有显著的积极作用;任务完整性、任务重要性、工作自主性和反馈4个核心维度对组织承诺具有显著的积极作用;工作特征的5个核心维度对离职倾向均具有积极的作用。这说明工作特征模型的基本主张对我们诊断和再设计中学政治教师的工作具有指导意义。

二、中学政治教师的工作特征

根据JD-R模型,工作特征都可以划分为工作要求和工作资源两大类,但其工作要求和工作资源是不同的。每一种工作都有其独特的影响员工健康幸福、工作投入和个人学习的工作特征。例如,教师的情绪劳动是主要的工作要求,需要更多的情绪工作资源;而体力工作者则需要更多的生理工作资源。为提高理论可信度及实践适用性,必须对中学政治教师的工作进行具体分析。这种分析包含两个层面:一是识别工作特征的维度,即是什么,包括工作要求和工作资源有哪些,而哪些是障碍性工作要求、哪些是挑战性工作要求等。接着要明确工作特征的影响，即工作要求和工作资源对教师的职业情感、工作行为带来的影响。二是指出存在的问题。通过与最优化状态比较，发现现有工作特征中的不合理之处。最终为下一步的工作设计奠定基础。

（一）分析工具

在文献分析基础上，以工作要求—资源模型为理论基础，对被调查的中学政治教师进行半结构化访谈，访谈的主要问题有：

1. 平时您的一天是怎么度过的？

2. 您觉得教师职业有哪些特点？哪些方面让您感到有压力，或是需要不断的身心付出？哪些方面让您觉得很好，有助于您去应对压力？

3. 您觉得教师工作与其他职业有什么差异？

4. 您觉得中学政治教师的工作有什么特点？

系统整理访谈结果后，进行因素分析，结果表明工作要求包含六个因素：工作负荷、情绪劳动、学生行为、考试压力、角色压力和职业道德要求；工作资源包含五个因素：组织支持、同事支持、硬件设施、工作意义和工作回报。（见表5-1）

表5-1　中学政治教师工作特征问卷的结构及维度

工作特征	维度	定义	实例
工作要求	工作负荷	任务量	“996”式工作时间
	情绪劳动	对情绪情感的要求	情绪伪装或失控
	学生行为	不符合教师价值观或规范的行为	厌学、违纪等
	考试压力	考试、升学的压力	因升学率而焦虑
	角色压力	任务纷繁复杂，角色、工作界限模糊	会议、行政工作
	职业道德要求	过高要求良心、仁爱、责任心等	过于自责
工作资源	组织支持	组织领导给予的情感支持	得到领导的信任
	同事支持	同事给予的认知和情感支持	帮忙出谋划策
	硬件设施	办公环境、教学设备、教辅资料等	使用起来便捷高效
	工作意义	积极的精神状态	幸福感、意义感
	工作反馈	物质和社会	取得职业成功

（二）结果讨论

1. 中学政治教师工作特征的现状

研究发现，中学政治教师的工作要求处于较高水平，具体表现为六个子维度的得分均高于中位数“3”。也就是说，教师不仅承受着与其他职业相同属性的工作要求，如工作负荷、情绪要求等，而且还承受着教师职业特殊的工作要求，如学生的不良行为、升学考试的压力和角色压力等。这说明教师的工作压力来源多，且强度大。另外，中学政治教师的工作资源则处于较低水平，其中组织支持及工作意义得分最低，工作反馈次之。一面是要求过高，一面是资源不足，所以容易导致职业倦怠，削弱职业荣誉感。

2. 工作特征的分类、影响及其成因

研究发现，中学政治教师的工作要求可以进一步细分。其中，工作要求细分为阻碍性要求、挑战性要求和发展性要求。情绪劳动、学生行为和考试压力能够正向预测职业倦怠和负向预测工作投入，为阻碍性要求；工作负荷和角色压力能够同时正向预测情绪衰竭和工作投入，为挑战性要求；职业道德要求能够负向预测去个性化和正向预测工作投入，为发展性要求。阻碍性要求属于工作要求中的消极成分，它消耗了个体资源；挑战性要求属于工作要求中的“双刃剑”，它在让个体体验压力的同时，也给个体带来了一定的积极影响；而发展性要求则是工作要求中的积极成分，它虽规范了个体的态度和行为，但这些“规范”又是被个体所认同的，因此它能增加工作投入，激发意义感。

工作资源可分为物质性资源、精神性资源。依据本文的立论点，荣誉时刻记录了个体工作中最光彩的时刻：展现勇气、获得认可、战胜挑战。如何才能打造荣誉时刻呢？方法很简单：努力工作，投入精力，在正反馈作用下个体会变得更有才华，也更有成就，而这些成就反过来又会点燃荣耀感。“撸起袖子加油干”，这条建议的确很有实际意义。但是如果从“时刻”的角度出发来思考，就会发现这句话忽略了几个重点。

首先，无论我们有多能干，激发出荣誉时刻的，却往往是有人注意到我们的才能之时。回想一下在工作中遇到的荣耀时刻，其中的许多时刻都与认可相关：升职或是得到了赞赏。

其次，追寻同一目标、付出同样努力的两个人，由于工作结构的不同，可能会体验不同程度的荣誉感。可以在通向目的地的途中加倍设置决定性时刻，由此来“设计”荣誉感。

最后，还会探索人们最能感到荣誉的一些时刻，比如表现勇气的时刻、勇敢追求自己信仰的时刻。这些时刻并不是辛勤劳作带来的副产品，而是像身体和智力能够通过锻炼来打磨一样，能从中挖掘出如何帮助教师“锻炼勇气”。

简言之，努力工作自然必不可缺，但这并不一定能让我们经历决定性时刻，还需要外部支持与设计。

三、基于个人优势的工作重塑

如何进行工作再设计？传统的工作设计是管理者以自上而下的方式为员工明确任务、责任、权利以及在组织中的工作关系，并由员工被动接受。比如，工作轮换、工作丰富化、弹性时间制、员工参与管理、利用内外部奖励激励，等等。良好的工作设计有利于增强员工的工作动机，并激励其达到更高的绩效水平。

但由于员工个性特征、认知水平等的差异，组织很难制定一套人人适用的工作设计方案。传统的激励方法也大多以外在的物质利益为基础，只能部分地解释员工积极行为的动机。尽管马斯洛需求层次理论、赫兹伯格双因素理论等经典激励理论的出现为工作设计与再设计指明了方向，但工作设计的主要行为人仍为管理者，这种自上而下的管理方式较少关注员工的能动性，多少会使员工的积极性受到限制。

（一）传统的工作重塑

当下，工作对于个人而言已不仅仅是获取物质回报的方式，同时也是自我价值的体现。越来越多的人开始思考工作之于个人的价值，并主动通过对工作内容的主观认识与实践、与他人积极主动地交流互动来获取不一样的工作意义与体验。这种主动性行为能够充分发挥员工的创造性，在帮助员工实现自我的同时，也使组织从中受益。比如，学校清洁工将工作视为教育学生的一部分，不厌其烦地向学生提供帮助与服务，或者通过与学生交流使他们尽快适应学校的环境，尽管这些并非其本职工作。基于此，Wrzesniewski 和 Duton 在总结前人研究的基础上，于 2001 年首次提出了“工作重塑”（Job Crafting）概念，并从员工的视角出发，探讨积极主动的工作方式。对工作重塑的研究不仅能帮助员工提升工作满意度、工作承诺,获得工作意义感,也有助于管理者深刻认识员工与组织相互影响的逻辑关系。工作重塑虽然强调自下而上,但没有降低组织设计的重要性,相反,它与组织设计相互补充,并且能增强员工的工作适应性。

工作重塑指员工为了使自己的兴趣、动机和激情与工作相一致而自我实施的一系列使其工作任务及关系边界发生改变的积极行为。它具有积极主动性、过程适应性与非物质回报性。与自上而下的传统工作设计相反,它是员工在正式工作设计的基础上,根据自身需求自主地对工作内容、方式与工作关系等的重构,其目的是获得工作意义感与身份感。例如,教师设计出创新性教学方案以提高学生的学习积极性,个体努力与同事、上级和下属建立良好的关系以获得工作愉悦感,虽然这些都不是他们必须完成的。

已有研究描述工作重塑的方式有两种,一种是任务重塑、关系重塑及认知重塑(Wrzesniewski&Duton,2001),另一种是基于JD-R模型提出的增加结构性工作资源、社会性工作资源及挑战性工作要求,减少妨碍性工作要求的四维结构(Tims&Bakker,2011)。国内以中小学教师为研究对象,采用质性和量化研究相结合的方式得出中小学教师工作重塑方式包括:任务重塑、角色重塑、关系重塑、技能重塑和认知重塑(齐亚静,伍新春,2014)。

(二)SJC的积极作用

然而,工作重塑不仅使员工感知到工作意义与积极身份、减少工作厌倦、增加工作投入、提升工作满意度,而且还可以创造优势发挥的环境,进而带来个人主观上的满足、自尊与快乐,以及客观上的成就。有学者指出,工作重塑可以从个体动机、优势与激情三个方面展开,其中优势是关键(Wrzesniewski,2013)。个体优势是使个体表现得更好或者最好的个人特征或本质特征,它能让你精力充沛、不断成长,并带来巅峰体验。工作中能充分发挥优势的员工其感觉、思维和行为方式有助于他们在追求重要结果时实现最佳功能。但是,个体优势的发挥需要一定的条件,即某些环境可能影响人们的优势发挥及获得幸福感的能力,而工作重塑可以提供一个更有利于优势发挥的环境(Brickson,2011)。

所以,基于个体优势的工作重塑(Strengths-based Job Crafting,SJC),对增强中学政治教师的职业荣誉感更具有实践意义。发挥优势能让我们感到充实、真实与高效；而重塑工作则使我们的工作充满意义、认同与使命感。整合优势理论、工作重塑、职业成功和职业呼唤研究的已有成果，可以发现：第一，SJC能对个人职业成功、职业呼唤及组织绩效产生影响，对个人职业生涯发展也具有重要的实践价值。第二，SJC是构建最好自我的方式之一。最好自我是个人在一定情境中利用美德与持续才干，通过社会交往形成关于个体优势与贡献的自我形象（Roberts，2005）。最好自我构建过程中最重要的两步就是通过反馈发现自己的优势，然后在此基础上重新设计工作。可见，最好自我是一个以优势为基础的关于个人品质和特征的概念，当人们的优势（知识、能力、天赋等）发挥处于最佳状态时（服务他人、个人贡献等），自我形象也往往处于最佳状态。SJC强调沿着个体优势的方向主动重塑工作认知、关系与任务，奉献于他人、组织与社会，从而找到真实自我，达到人与环境的和谐境界，这在客观上促进了最好自我形象的形成。这些都说明了基于个体优势的工作重塑对于职业荣誉感的意义和价值。具体表现在，SJC对主观职业成功、客观职业成功、职业呼唤及组织的积极作用。

1.SJC有利于主观职业成功。

SJC通过改变重塑者的工作任务及认知来使工作更契合其价值观、动机与信念，从而体验到真实自我所带来的生命意义；又通过扩大与他人的联系与互动，甚至帮助他人来感知自己的工作对别人的意义，从而达到主观上的成功感。

2.SJC能收获客观职业成功

虽然工作重塑具有非物质回报特性，但依然能让人获得工作主动行为所带来的名誉、声望、高收入和创造力等客观职业成功。

第一，它能让人更好地发挥优势。重塑工作往往能带来新奇的事物，再加上自己的优势，往往能解决工作中的难题，这似乎是人类最享受的活动之一，也是优势发挥带来工作重塑要求，工作重塑又带来创造力（Wellman&Spreitzer，2011），即通过重塑，个体能感到深深的目标感及服务于伟大目标的意义感，这大大激发了重塑者的潜能，使其表现出更大的创造力。优势发挥能让人喜欢自己所做的事情，而在此基础上重新界定任务、关系与认知更能使人卷入其中，对工作充满极大的激情，不是出于名利的欲望，而是内心与社会的双重回报（如内心的满足与社会的赞许）。但这在客观上让人的潜能得到了最大的释放，更容易取得职业的成功。例如，一位具有学术优势的老师，通过扩大其工作任务，如成立名师工作室,一方面使其优势得到发挥,另一方面,小组中又会出现新的问题,通过解决、应用这些问题,他的学术水平又会不断提升,并可能成为这些领域的专家。

第二,SJC能使人更具创造力。无论是品格优势或是才干优势发挥都可以让人感到强大,表现出满足感或创造力。当工作挑战与自身才能相平衡时就会产生深层的满足、快乐、心流与巅峰体验。个体优势的发挥会产生愉悦、投入,而通过重塑使优势能发挥到服务于他人、社会与更高利益的工作之中,这样优势就会得到最充分的发挥,与挑战性的工作相匹配从而产生心流与巅峰体验——一种忘却自我、时空不存在的状态,这种状态是创造力的一个重要条件。可见SJC能让人最大限度地发挥优势,体验到心流,表现出创造力,从而获得客观的成功。因此,爱你能干好的事,干好你爱的事;唯有干得好,你才会去爱;唯有爱得深,你才干得更好。

第三,SJC行为具有亲社会倾向。进行SJC行为的个体,能积累社会资本、形成声誉。他们也更容易与别人通过信赖形成强关系,通过声望形成弱关系,及两者的结合形成的潜在关系。进行SJC行为的亲社会者所展示的独特优势能提升别人对其能力的认识,但并不对别人形成威胁,这样他们更多被看作是有价值的合作者,而不是竞争者。最成功的人恰恰是那些具有亲社会行为、乐于付出的人。最有意义的成功方式是帮助他人成功(Grant,2013)。所以说,SJC能促进个人的客观职业成功,也就有利于职业荣誉感了。

3.SJC使个体发现职业呼唤

如前所述,职业呼唤就是指有意义的工作,它可以帮助个体实现自我,是个体存在于世界的目的,也是主观职业成功的最高标准;它虽然无法给个人带来多少物质利益,但却能使整个世界更加美好。SJC能使个人对工作更加投入,同时体验到深层的意义感和目的性,达到真实自我与人职匹配的状态,从而形成自己的职业呼唤。

之所以如此,首先,SJC促进了人职匹配,而人职匹配是形成职业呼唤的条件之一。SJC会使个人与工作环境渐渐达到匹配。人们喜欢与自己核心优势相匹配的工作,且人与其工作匹配时,该工作更可能被看作为呼唤。因为,个人使用优势时,其行为更真实,工作也更积极投入,正是这些把工作变成了呼唤(Allan&Duffy,2014)。工作任务与个人核心优势之间的一致性具有正反馈效应。

人与工作相互提供对方所需：核心优势使人产生寻找与之相匹配的工作的需求，越是需要这种优势的工作，越能满足个人的需求，人与工作也越匹配，也更能产生积极的工作结果。

其次，进行SJC行为的个体把工作本身当作激励、快乐和真实自我的体现，而不是工作之外的物质回报，这也是职业呼唤的核心特征。只要发挥自己的优势，个体就能从工作中得到更多的满足，工作心态就会变得更积极、更愿意面对问题；一旦进入这种心态，就会更有愿景，为大我做贡献，工作就变成了呼唤。而呼唤是我们对工作最令人满意的形式，享受工作带来的乐趣将会超过它带来的物质回报，成为我们工作的基本原因和动力。发挥优势，并通过认知、关系及任务的重塑，个人不仅能创造有意义的人生，也能让别人受益。任何工作都能通过重塑变成呼唤，清洁工、服务员、律师、教师都能重塑自己的工作，利用自己的同理心、实践智慧把工作变成呼唤（Schwartz，2015）。

4.SJC能提高组织绩效

个人—组织契合理论认为，个人与组织的优势、价值观、目标相一致能促进员工的职业发展与职业成功，同时也能使组织获得高绩效（Chatman，1989）。因此，与组织目标相一致的SJC行为通常都能为组织带来正向积极的结果。首先，基于个体优势的管理方法能对组织产生积极影响。如促进了个人幸福感、投入，提升效率的愿望和实际工作效率。其次，组织中工作重塑行为具有传染性（Arts，2012）。工作重塑的主动寻求挑战维度能传染给别人，而且日常层面的寻求资源与寻求挑战与团队成员对组织变革的适应性正相关。这说明，组织内员工工作重塑不仅能扩大重塑的规模，而且还能帮助同事应对组织变革。

总之，如果说优势发挥能让一个人满意，那么SJC能让一群人、一个组织，甚至社会感到满意。如果说优势发挥能让一个人成功，那么SJC能让一群人成功，甚至是组织成功，至少是进步；当然，如果说优势发挥可能带来别人的不安，甚至是嫉妒，而SJC会让人心怀敬仰而激励。同样，如果说工作重塑能让一群人受到积极影响，那么SJC还会让自己与组织变得更具竞争力。这些正是本文所界定的职业荣誉感之于中学政治教师个体、群体及他们所在学校的意义和价值。由此推断，有利于SJC的因素和条件，就有利于职业荣誉感。

(三)SJC的影响因素

影响SJC的因素众多,包括个人因素、组织因素与社会文化价值取向。其中个人因素在第四章作了详细论述,比如对生命意义与工作意义的追求,内在动机和主动性人格等都激发进行基于个人优势的工作重塑,与自己内心的职业呼唤,与外界的重要他人,甚至与更广阔的社会需要建立连接。

本章的主题是讨论组织系统与职业荣誉感的关系,故侧重分析组织因素对SJC的影响。目前的理论与实证研究已指出了组织环境和领导方式对SJC的作用机制。

第一,组织环境对SJC的影响表现是:在一个能提供心理安全感的环境中,员工不惧失败,会大胆尝试自己的优势与改变固有的工作程式。反之,在一个严格控制、监督,过分强调效率与金钱的组织中,员工往往缺少自主性与社会支持等资源,只有从打败别人中才能体验到成功的快乐,那么SJC的可能性就较小。如今的新生代关心的不是简单的就业问题,而是开拓未来,不是成活率,而是成功率,所谓成功就是在适合自身优势的岗位上出类拔萃。因此,知识经济时代的学校必须跳出工业革命时代"管、卡、压"的管理模式,通过增强教师才干与职业使命,建立教师能力与学生发展需求之间的匹配,才能建立一种充满信任、有利于指向职业荣誉感的工作重塑的组织环境。

第二,领导方式对SJC的影响机制与"皮格马利翁效应"一致。当领导认为员工的能力是固定的时候,他们的表现确实较差,而当认为其能力是不断发展时,他们的表现则大大提升(Schwartz,2015)。作为领导应该多问员工是否有足够的自由来利用自己的才能解决工作中的问题。所以,领导应该对教师充满信任,相信他们会做正确的事,并愿意为学校贡献。同时,让他们去发挥优势,不要怕教师超越自己,教师的成功就是学校的成功,教师的优势就是学校的竞争力。同时警惕教师是懒散的、需要监督、只关心物质的偏见,因为这种观念会成为自证预言,即让教师真的变成了需要监督的了。就如管理学家德鲁克的管理思想所表明的,对教师这样的知识型员工应该用目标管理,但不是KPI(Key Performance Indicator),而是基于个人优势与需求的OKR(Objectives and Key Results),工作要求的重点是界定正确结果,而不是规定工作程序,让他们有SJC的空间;一味强调克服短板的木头理论,只会让它变成空泛的伪概念。当然,通过定期举办利用个体优势服务他人、社区与社会的活动,也能够给教师提供进行SJC的机会。

第二节 职业荣誉感与组织群体

群体(Group)指的是为实现特定目标而组合到一起并形成互动和相互依赖关系的两个或更多个体。群体有正式和非正式之分。正式群体是由组织结构界定的、根据工作岗位来确定工作任务的群体,成员的行为由组织目标规定,并且致力于实现组织目标。比如,由一所学校里所有政治老师组成的教研组,由9个学科若干教师组成的年级组等,就是正式群体。相反,非正式群体是那些既没有正式结构,也不是由组织指定的群体,它们是员工为满足社交需要而在工作环境中自发形成的组合。比如,同一批进入学校的年轻教师定期聚餐等。在这样的群体中,成员之间的互动虽然是非正式的,但却能够显著影响他们的心境、观念、行为和绩效。

之所以人们会形成群体,按照社会认同理论的解释,是因为人与人之间会因为相似性、独特性、地位及降低不确定性等形成某种社会认定,表现出来就是形成一个群体。它帮助个体理解自己是谁以及我们和他们的共同点,获得归属感。我们往往会为群体的成绩而感到自豪或羞耻。个体情绪之所以受到所在群体的成败的影响,是因为个体的自尊与群体的表现紧密挂钩。如果群体的表现好,个体就会感到荣耀,自尊感会得到提升。如果群体的表现糟糕,个体也许会对自己感到失望,甚至可能拒绝承认自己是这个群体中的一分子,"弃之如草芥"。比如在重点班或在名校任教的那些政治教师,职业荣誉感就可能高出平均水平。研究也证明,群体对个体的有效性和组织的有效性都有积极影响。前者的例子包括:有助于了解组织和自己,获得新的技能,获得不是针对个人的报酬,以及满足重要的社会需要;后者的例子包括:强化一系列的理念和技能,增强决策和控制,促进变革,以及提高组织稳定性。

当然,也并不是身处好班、明星年级或名校,教师的职业荣誉感就一定很强烈。它还要受到群体发展阶段的制约。也就是说,只有当群体发展到相对成熟的阶段,才能为培育良好的职业荣誉感提供土壤。

一、群体发展阶段

总体而言,群体按照一种可预测的顺序进行演变。虽然只是理论模型,但它对理解群体发展阶段对职业荣誉感的影响是很有用的框架。群体发展五阶段模型(Five-stage Group-development Model)认为,群体的发展过程遵循五个明显的阶段:形成阶段、激荡阶段、规范阶段、执行阶段和解体阶段。(Tuckman,2000)(见图5-4)

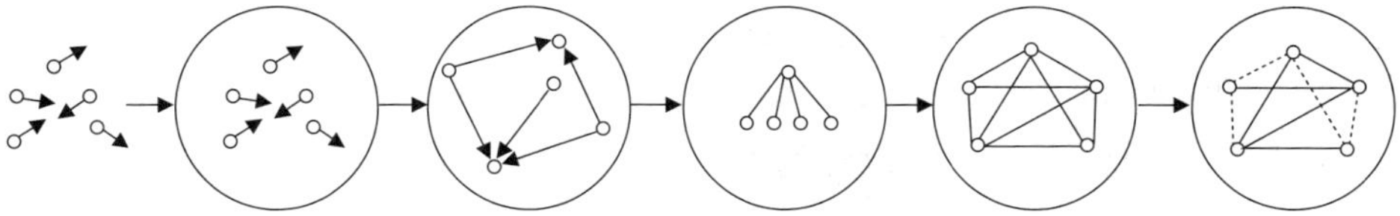

图5-4 群体发展五阶段模型图

形成(Forming)这个最初始阶段的特点是不确定性,甚至是混乱。成员还不能确定群体的目的、结构、任务和领导权。激荡阶段(Storming)正如阶段的名称所表达的,其特点是冲突和对抗。在这种通常是情绪化主导的氛围中,群体成员间可能对角色和责任存在大量的争论和冲突。规范阶段(Norming),成员开始进行合作和协作。他们产生了"主人翁"的感觉,形成了内聚力、群体认同和同志感。执行阶段(Porforming),群体功能得到充分发挥,群体努力去高效地完成在规范期内达成一致的任务。解体阶段(Adjourning)代表群体的终结,永久性的群体不会经历这个阶段。但是,具有特殊目标的项目团队和任务团队在目标达成之后将解散,并形成新的组合,开始一个新的循环。

处于哪种阶段的群体是中学政治教师职业荣誉感生长的沃土呢?显而易见,规范和执行阶段是最佳状态。那些有着强烈目标感和策略的群体会迅速实现较高的绩效,并随着时间的推移不断提高,而那些没有什么目标感的群体则会发现绩效越来越差。同样,那些一开始就有积极社会关注点的群体,能够更快地达到执行状态。当然,群体属性才是群体影响职业荣誉感的关键变量。

二、群体基本属性

工作群体并不是一群无组织的乌合之众。工作群体是有属性的,这些属性能够塑造群体成员的行为，并且帮助解释和预测群体内的个体行为以及绩效。一般而言，群体属性包括：角色、规范、地位、规模、凝聚力和多样性。

（一）六种属性

1.群体属性1：角色

莎士比亚说："世界是个大舞台，所有人不过是舞台上的演员。"工作内外，政治教师要扮演多种不同的角色。要理解他们的行为，把握他们的职业荣誉感状况，关键就要弄清他们扮演的角色，以及由此产生的影响。

角色知觉（Role Perception）是个体对自己在特定情境中应该如何表现的认识和了解。比如针对新入职教师的学徒制，其主要目的就是让初学者观察"专家"的行为，从而学会按照人们期望的方式行动。角色期望（Role Expectation）是指别人认为你在某个特定情境中应该如何行事。通常，中学政治教师的角色被视为刚正不阿、举止得体；体育老师则被视为思维活跃、灵活应变。从心理契约的视角来考察角色期望。教师期望管理层公平公正地对待自己，给自己提供可接受的工作条件，明确传达合理的工作时间和工作量，提供绩效反馈以使他们了解自己的工作表现。另一方面，领导会期望教师具备良好的工作态度、听从指挥并对组织忠诚。管理层如果违背心理契约，就会挫伤教师的积极性，降低其满意度，从而削弱职业荣誉感。

此外，角色冲突（Role Conflict），即主体面临多种且相互矛盾的角色期望时也会影响职业荣誉感。理论上，教师角色冲突的主要表现在教师角色追求的目标上，有表现型角色与功利型角色的冲突；在教师角色规范的程度上，有规定型角色与开放型角色的冲突；在角色行为的态度上，有执着型角色与自由型角色的冲突；在教师角色适应的倾向上，有社会中心型角色与学生中心型角色的冲突；在教师角色功能的形态上，有专一型角色与复合型角色的冲突；在教师角色情感的反映上，有自尊型角色与自卑型角色的冲突。

现实中，本文在对20位资深中学政治教师进行深度访谈的基础上，提炼出几种主要角色冲突：单一型角色与复合型角色的冲突；布道者与服务者的冲突；精英取向者与俯身市场者的冲突。再比如，在发展乡村教育过程中，乡村教师往往面临着多种角色冲突：城乡差异导致身份认同的角色冲突；理想与现实的差距引发的角色冲突；高社会责任期待与社会地位的反差所引起的角色冲突；付出与回报不匹配导致的角色冲突（陈邈，2019）。这些都严重影响了教师自身专业发展和教师队伍建设的进程。

调适教师角色冲突的策略：对社会来说，通过增加投入、完善法治、实施相应改革等途径，为教师角色社会化提供必要的条件和创造良好的氛围，增强教师角色的使命感和光荣感；对学校来说，抓好学校内部的管理体制改革，建立引导机制，强化激励机制，实现科学管理。教师自我角色调适的关键在于通过主观努力，不断提高自我解脱角色冲突的能力。

2.群体属性2：规范

规范（Norms）是指群体成员共同接受的一些行为标准。群体规范让成员知道自己在特定情境下应该做什么，不应该做什么。一旦群体规范被成员认可并接受，它们就能够影响群体成员的行为，这时只需要最低限度的外部控制。规范几乎涵盖了群体行为的各个方面。最普遍的规范可能就是“绩效评估”了，它详细阐明了员工应当以何种努力程度来工作、以何种方式完成工作、何种程度的拖延是可以的。以及诸如此类的事项。这些规范有着强大的作用，能够显著影响个人绩效，其强度甚至高于个人能力和动机的影响。

绩效评估（Performance Appraisal）是绩效管理体系的一个重要组成部分，它通常依照一定标准或指标，对员工的工作态度、工作表现及工作效果等方面进行评估，以考察员工达成绩效目标的程度、对组织的贡献及其未来发展潜能。合理的绩效评估能客观分析员工工作表现中的优势与不足，能有效引领、激励和促进员工的发展，有助于员工个人绩效及组织绩效的提升。但值得注意的是，绩效评估对员工构成的影响不是直接发生的，而是以员工对绩效评估的知觉为中介实现的。如果员工认为绩效评估是准确、公平和有效的，他们就愿意接受评估结果并根据评估结果进行自我反思与改进；相反，如果员工认为绩效评估存在瑕疵，他们往往会感受到挫败和不满意，其工作满意度、主观幸福感、工作动机、工作投入、职业承诺等会受到不同程度的消极影响，影响以评估促发展的效果。

中国从2009年开始实施中小学教师绩效工资政策，政策从上到下快速全员推进，以提高教师待遇、优绩优酬为目标，实施经费明确，教师对政策接受度更高，但对政策目标及方案的科学性、公平性有异议。以四川为例，政策实施以来，取得了较大的成效，但仍然存在着一些问题，激励效果欠佳。主要原因在于城乡存在区域差距、奖励性绩效工资的效价较低、外在奖励挤出内在动机、绩效考核办法与绩效工资分配方案凸显形式主义以及两种激励的分配方式并存（李海,燕田莹,2019)。

在我国中小学管理领域,绩效评估一直被认为是加强教师队伍建设、促进教师发展的重要手段。随着课程改革的深入推进,教师绩效评估经历了由传统向现代的转变,教师绩效工资不仅包括体现工作职责和劳动复杂程度的基本工资,还包括与教师工作量和实际贡献等因素相联系的奖励性工资,由学校在绩效评估的基础上,按照“多劳多得、优绩优酬”的原则确定分配方式和方法。这就要求学校调整绩效评估体系,在注重发展性用途的同时强化管理性功能,使发展性功能与管理性功能统一在一套绩效评估体系中,以提高教师的职业承诺水平,激励教师积极投身教书育人事业。

霍桑实验说明组织中非正式群体的消极作用,阿希实验说明群体内从众心理和同事压力的消极作用。它们的共同点是,都表明教师会遇到工作场所偏差行为(Deviant Workplace Behavior),即违反重要的组织规则而威胁组织或其他成员利益的自发行为。这种行为可以分为生产方面(提前离开、蓄意拖延、浪费资源),财产方面(破坏公物、虚报时间、偷窃组织财物),政治活动(偏袒自己人、传播谣言、指责同事),个人攻击(性骚扰、骂人、偷窃同事物品)。一些研究表明,严重的不当行为会在群体中造成一系列连锁反应。这个过程始于某些消极行为,如逃避工作、陷害同事或者不配合别人的工作。由于这些行为,团队在整体上会产生负面情绪。这些负面情绪又会破坏团队协作,降低群体绩效,尤其是当团队成员间存在大量负面的非语言沟通时。总体上像群体规范一样,个体的不当行为受他们所处的群体环境的影响。换言之,当工作场所偏差行为受到潜规则支持时,它可能会泛滥成灾。这给学校管理者的启发是:当工作场所中出现不正常的规范时,教师的合作、承诺和动机会受到消极影响。

3.群体属性3:地位

地位是指他人对群体或群体成员的位置或层级进行的一种社会界定。它渗透到社会的各个角落。即使是最小的群体也会形成一系列角色、权利和仪式来区别其他成员。当个体感到对自己地位的看法与其他人对自己地位的看法存在差异时,地位会成为一个重要的激励因素,而且会产生明显的行为后果。

根据地位特征理论(Status Characteristic Theory)(Berger,1977),地位主要有三个来源:一是驾驭他人的权力。能够控制结果的人通常会被认为具有更高的地位,因为他们有可能控制该群体的资源。二是对群体目标做出贡献的能力。

那些对群体的成功具有重要贡献的人通常有更高的地位。三是个人特征。那些具有群体所看重的个人特征(如相貌出众、聪明、有钱或者友善)的人,其地位通常高于那些拥有较少此类特征的人。

地位与规范、群体互动、不平等及污名化之间的关系会影响职业荣誉感。第一,地位和规范。地位较高的群体成员常常享有比其他成员更大的自由来偏离群体规范。地位高的成员比地位低的成员更能抵制从众压力。如果一名成员很受群体器重,而他又不需要或不在乎群体向他提供社会性奖励,他就很有可能漠视从众规范。研究表明,将高地位的成员引入群体可能会提高群体的绩效,但作用很有限,或许因为他们可能带来一些反生产的规范(Groysberg,2011)。该现象表现在职业荣誉感上,就是个人野心取向的职业荣誉感及其行为,可能会给组织造成破坏。这也是个人和组织需要警惕的职业荣誉感"阴暗面"。

第二,地位和群体互动。在群体中,地位高的人往往更加果断。他们经常发言,经常批评别人,要求也更多,还会经常打断别人。但是,地位差异实际上妨碍了群体的创造力以及观点和意见的"百花齐放",因为地位低的成员参与集体讨论的积极性较低。当地位低的成员提出对群体有帮助的专门技术和见解时,它们可能不会被充分重视或利用,这样就会降低群体的整体绩效。

第三,地位和不平等。让群体成员认为本群体的地位层级是相对合理或平等,至关重要。如果成员觉得群体中存在地位不平等,就会引起群体内的失衡,并导致他们采取各种各样的措施来纠正这种失衡。群体内的层级可能会在那些处于权力底层的人中引起不满。群体内部巨大的地位差异,与较低的个人绩效、较差的健康状况以及更强的离职意愿相关(Christie,2009)。群体内通常有默认的地位标准。占据社交网络中心职位的管理者通常会被下属视为地位较高的人,而该职位对组织运作有更大的影响力。组织通常会根据排名以及谁有权获取所需资源,来形成一个非正式的地位顺序。

第四,地位和污名化。众所周知,个体的地位会影响别人对他的认知方式,而与他相关的人所处的地位也会影响他人对该个体的评价。在中国社会中,教师职业一直被视为崇高的职业。在公众眼中,教师"燃烧自己,照亮他人",在建设社会文明和推动社会进步等方面具有举足轻重的作用。然而,教师这个行业近几年频频曝出高声望职业的负面新闻,例如,大学教授因性骚扰事件被称为"叫兽"。当某高声望职业的负面报道过多且未能给出令公众满意的解决方案时，久而久之，该职业便会被社会公众污名化。职业污名是由于社会公众对从事某一职业的从业者贴上贬损性“标签”，导致社会公众对从事该职业的人群产生偏见或歧视（Ashforth&Kreiner，1999）。研究表明，职业污名会降低从业者的职业认同，与工作绩效、工作满意度等呈负向关系（Bergman，2012）。然而，由于高声望职业通常是受人尊重的职业，在日常生活中，人们并不会对其产生偏见或歧视；但是，高声望职业负面事件的爆发，社会公众会重新审视这些职业，导致高声望职业污名的形成。

高声望职业污名可以说是削弱中学政治教师职业荣誉感最主要的社会因素，这是因为：①高声望职业的负面新闻一直被公众津津乐道，如教师欺凌学生、收家长红包、科研造假等，这些事件受到社会公众的关注，已经有了标签化的称呼，导致公众对教师的尊重度明显降低，甚至严重影响从业者的工作状态。②负面事件对社会的影响远大于正面事件，尤其是“黑天鹅”事件，对公众的认知会产生颠覆性的影响。当高声望职业群体中发生颠覆公众认知的事件时，公众会改变对这些职业的看法。在负面事件的冲击下，教师地位受到挑战，专业性受到质疑，科研项目得不到支持，学生得不到良好的教育等，这些都会对社会造成巨大损失。③高声望职业从业者为社会做出了很大贡献，并促进社会进步，然而，由于少量负面事件的传播，越来越多的公众将高声望职业污名化，导致从业者产生不良情绪，并影响他们在工作中的投入。

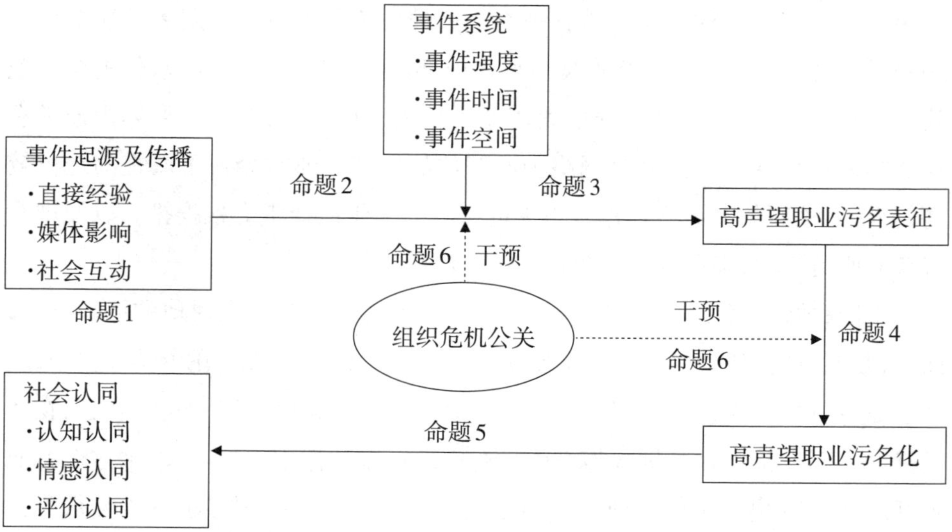

图5–5　高声望职业污名形成机制（张斌，徐琳，刘银国，2013）

这一过程属于社会事件，因此它的形成机制可以结合事件系统理论、社会认同理论和社会表征理论来说明（见图5-5）。

命题1：高声望职业负面事件来源于直接经验、媒体影响和社会互动，且会通过这三种方式进行传播，以此影响到高声望职业污名的形成。

命题2：高声望职业负面事件通过直接经验、媒体影响、社会互动三种方式增加，以及通过这三种途径广泛传播，会使得人们对原本高声望职业的社会表征产生怀疑，从而形成高声望职业污名表征。

命题3：事件强度会正向调节事件和高声望职业污名表征间的关系。当事件具有新颖性、颠覆性、关键性特征时，事件的发生更有可能促进高声望职业污名表征的形成。事件时间会正向调节事件和高声望职业污名表征间的关系。当事件发生在突出的时间、持续时间较长、事件的演变过程并未朝好的方向发展时，事件的发生更有可能促进高声望职业污名表征的形成。事件空间会正向调节事件和高声望职业污名表征间的关系。当事件距离实体更近、由行业中具有较强影响力的人员引发、参与负面事件人员所涉及的层级越多，事件的发生更有可能促进高声望职业污名表征的形成。

命题4：高声望职业污名表征深入人心后，社会公众对高声望职业态度会发生转变，导致高声望职业的社会地位降低，失去信誉和社会价值，遭受到社会公众的排斥和歧视，演变为高声望职业污名化。

命题5：高声望职业污名化会导致社会公众不再认可依旧属于高声望职业群体，即降低对他们的认知认同。高声望职业污名化会导致社会公众认为高声望职业从业者有负于他们的尊重和支持，从业者也可能因为污名化而认为个人付出多回报少，因此降低职业标准，这会导致社会公众降低对高声望职业从业者的信任和依赖，即情感认同。高声望职业污名化致使社会公众认为高声望职业从业者违背了他们所应遵循的职业标准，偏离了他们的期待，因此在对他们表现出歧视和排斥的同时，会表现出个人的负面情绪，降低对他们的认可，减少对他们的尊重程度，即降低了社会公众对高声望职业的评价认同。

命题6：组织危机公关调节着高声望职业污名的形成过程。当组织所采用的危机公关方式具有事件强度、时间或空间属性时，能够有效地抑制高声望职业污名表征或是高声望职业污名化的形成。

理论模型的相关命题,给从声望危机视角思考中学政治教师职业荣誉感的启发是:

对教师而言,善意的社会环境更有利于自身发展,为了应对负面事件对个人所产生的影响,当发现同事有不良行为时应及时制止,并在负面事件发生时,将自己作为该职业群体的一员,以积极的心态面对事件的发生,以改变身边人对该职业的看法,而非以旁观者的心态来看待事件的演变过程。

对学校而言,管理者应该意识到污名事件的特征——引发污名事件的人员数量、在组织中的具体职位等都可能给学校造成巨大的影响。当发生职业污名事件时,需要采取积极的公关方式,如加强对肇事者的处罚力度,以此杜绝肇事者再次做出类似的事情,也可以避免他人犯同样的错误。同时污名事件可能与学校发展关键时点相关,如红黄蓝幼儿园事件。因此学校在发展的关键时点,更加需要注意教师的言行,在教师做出不利于学校的行为时,需要采取积极的危机公关方式,尽可能减小事件的影响。

相关部门需要对公众进行正确的引导,使得社会公众不会将个人错误延伸至其所在职业群体。由于个人在遇事时,其判断会有一定的偏差,甚至会将事件中的某些属性进行无意识地延伸,将某事件中主要犯事成员其职业属性引申至其所在的整个职业群体,认为该职业群体中类似事件频繁发生,甚至从事该职业的所有人都曾做过类似的事情。社会公众的这种以偏概全的想法会对未曾做过此类事件的人群造成重大伤害,影响其正常工作,甚至会打消未来想从事这些职业人群的想法。

4.群体属性4:规模

群体规模会影响群体的整体行为,最直接的表现是社会惰化(Social Loafing)现象,即个体在群体中工作时不如单独工作时那么努力。群体思维是一种有限集体的凝聚,群体团结则是在一定的规则下建立的,但群体团结是有限集体群体思维的行为准则,这种团结效率较高,成员的认同度也较高。在高度凝聚的群体内部,思考、决策都过分追求群体的一致性,极易导致群体极化效应,反而会加重个体对群体的心理逆反,加速其逃离群体,并由此产生社会惰化。个体在集体活动中,意识到群队的整体性优势,就会自动采取消磨的方式降低自己的努力水平,并且群体规模越大,个体的努力水平越低。由于在群体的团队合作中,个体的付出比单独完成时偏少,多数个体就会逐渐习惯于社会惰化。

应对方式是身份凸显个人的职业道德感越强,就越不可能产生社会惰化

(Smrt,2011)。防止社会惰化的方法有以下几种:①设立群体目标,使群体为之共同努力;②增加群体间的竞争,使各群体更关注自己的绩效;③开展同事评估,让每个人对其他成员的贡献进行评价;④挑选愿意在群体中工作、拥有较高积极性的成员;⑤尽可能按照成员的独特贡献制定群体奖励。

5.群体属性5:凝聚力

凝聚力(Cohesiveness)是指成员之间相互吸引以及愿意留在该群体中的程度。群体凝聚力影响生产率,二者的关系取决于与绩效相关的规范。如果这些绩效规范要求过高(如高产出、高工作质量、与群体外的人保持良好的协作关系),那么高凝聚力群体的生产效率就会高于低凝聚力的群体;但如果凝聚力高而绩效规范要求低,生产率就会下降。

影响凝聚力的因素多种多样。其中,领导和群体动力因素(内聚力)都会对组织中的群体表现产生重要的影响。表5-2简要总结了一些增加和削弱群体凝聚力的因素。除了领导的意义之外,一些研究表明,时间在群体内聚力方面能够起一定的作用(Ruddy,2005)。长时间相处使得群体成员有机会进行有意义的交往。重要的是,对于今天的群体环境而言,表层的多样性因素(年龄、性别、种族差异)正在随时间减弱,而深层次的差异性(态度和价值观)则在不断增强。

表5-2　增加和削弱群体凝聚力的因素

增加群体凝聚力的因素	削弱群体凝聚力的因素
认同组织目标	不认同组织目标
频繁地互动	群体规模大
个人吸引力	不愉快的经历
群体间竞争	群体内竞争
有利的评估方式	由一个或更多成员控制

引自:Adapted from Andrew D. Szilagyi, Jr., and Marc J. Wallace, Jr., Organizational Behavior and Performance, 5th ed., Scott, Foresman/Little, Brown, Glenview, Ill., 1990, pp. 282-283.

为了增强群体凝聚力,可以:缩小群体规模;鼓励对群体目标的认同;增加群体成员在一起的时间;提高群体的地位,让人们觉得成为该群体的成员并不容易;鼓励与其他群体的竞争;奖励群体成员而不是成员个体;使该群体拥有单独的物理空间。

6.群体属性6:多样性

多样性(Diversity)指的是问题解决者对问题进行编码和寻找解决方案之间的差异,分为认知多样性和身份多样性。作为个人,所能做到的就那么多,一个人的能力是有限的。但是作为群体,却没有这样的限制,群体拥有无与伦比的多样的思维能力。这些多样性是创新、进步和进一步理解的种子,即“群体的智慧”(The Wisdom of Crowds)(James Surowiecki,2004)。如果群体内成员能够解决好断裂带、偏好多样性等因素导致的冲突,多样性能导致更好的结果,会让个体和群体变得更加开放、更有创造力、做得更好,无论是解决问题还是预测未来。所以,群体多样性对中学政治教师职业荣誉感的影响是复杂的。第一,多样性视角和工具使人们找到了更多、更好的解决方案,从而提高了整体生产力;第二,多样性预测模型使人们能够准确地预测价值;第三,多样性基本偏好给决策过程造成了障碍。运用得当,它可以作为一种战略来提高组织绩效,增强职业荣誉感。

(二)高效模型

通过对群体的讨论,可以得到以下几点结论。第一,通过建立对与错的标准、规范可以控制行为。特定群体中的规范可以帮助管理者理解其成员的行为。第二,地位不平等会带来挫败感,并且对工作效率和教师的职业承诺造成负面影响。第三,规模对群体绩效的影响取决于任务的类型。群体规模越大,满意度可能越低。第四,凝聚力可能会影响群体的工作效率,这取决于群体中与绩效相关的规范。第五,多样性对绩效而言是把“双刃剑”,只有运用得当,才能发挥作用。第六,角色冲突与工作压力和工作满意度低相关。最后,人们通常更愿意与自己地位相当或高于自己地位的人交流。

由此可见,要利用群体属性增强中学政治教师的职业荣誉感,应该注意以下几点:

(1)无论是教师还是学校管理者,要对工作有效性达成认知上的一致性,确保教师完全理解自己的工作角色,这样才能更准确地评估绩效。

(2)如果群体规范鼓励和支持高产出,那么可以预测,该群体中教师的个人绩效要高得多。如果群体规范鼓励反社会行为,个人就有可能在工作中采取偏差行为。

(3)关注学校的教师群体中成员的地位层级。因为地位低的人较少参与小组讨论,地位高的那些人可能会压制地位低的成员的贡献,影响他们发挥潜力。

(4)组建工作团队时,如果要发现事实,就使用大规模团队;如果要执行任务,就使用小规模团队。在创建大规模团队时,要有衡量个人绩效的标准,减小“羊群效应”的负面作用。

(5)为了提高教师的满意度,要努力确保管理者对员工的角色认知与员工对自身的角色认知是一致的。

三、从群体到团队

前面提到,在工作群体(Work Group)中,成员进行互动主要是为了共享信息和制定决策,帮助每个成员更好地完成自己的职责。但工作群体并不一定需要完成要求成员共同努力的集体任务。因此,工作群体的绩效水平主要是每个群体成员的个人贡献之和。其中,不存在一种积极的协同作用能够使群体的总体绩效大于个体绩效之和。

与此相反,工作团队(Work Team)通过成员的共同努力能够产生积极的协同作用。团队成员的努力会导致团队绩效远远大于个体绩效之和。工作群体和工作团队都对成员行为有一定的期待和要求,在集体标准化方面做出努力,奉行积极的组织动力学,并有一定程度的决策权。工作群体和工作团队都需要提出想法、整合资源、协调后勤。然而,对于工作群体来说,他们只需要为群体外的决策者收集信息即可。团队却能让成员间产生共生的意义,能够快速地组合、配置、重新聚焦和解散;它营造出的民主氛围,对成员有重要的激励作用。可以说,通过重塑关系,在不增加投入的情况下,发挥团队的潜在可能性。

(一)群体与团队

通过对比发现,工作群体具有强有力的、明确的、集中的领导;而团队的领导角色是分享的。工作群体具有个体的职责;而团队则包括个人和共同的职责。工作群体的目标与组织的目标是相同的;而团队具有特殊的目标。工作群体具有个体的产出;而团队只有集体的产出。工作群体进行有效率的会议;而团队鼓励开放的、积极的问题解决式会议。工作群体对业绩的测量是间接的(例如,整体业务的财务表现);而团队通过直接测量集体的工作产出来衡量业绩。工作群体讨论、决策并授权;而团队讨论、决策并完成实际的工作。

这些界定有助于我们了解,为什么许多学校尝试围绕工作团队来重新建构工作流程。正如德鲁克早期所预言的,团队将成为许多企业的基本单位,并将在组织的成功中扮演“不可或缺”的重要作用(Stewart&Barrick,2000)。但组建团队不是变戏法,并不能保证一定会产生积极的协同作用。成功的或高效的工作团队具有一些特定的共同特征。如果我们希望利用团队来提高教师绩效,增强职业荣誉感,就要首先保证他们的工作团队具有这些特征。

(二)团队有效性

影响团队有效性的因素众多,可归为三个方面的内容:一是团队绩效,即团队的工作数量、质量或效率方面。二是团队成员满意度,即团队成员感知的满意度和幸福感。三是团队持续性,即团队是否能持续生存。测量团队有效性影响因素常用模型是“输入—过程—输出”(Input-Process-Output,IPO模型)。“输入”主要指团队的结构、成员和环境特征等,“过程”主要指团队中的人际互动的质量以及一些社会心理因素,“输出”则是指团队的有效性。基于Campion的团队有效性模型,我们可以把这些因素简化成一个相对集中的模型。(见图5-6)

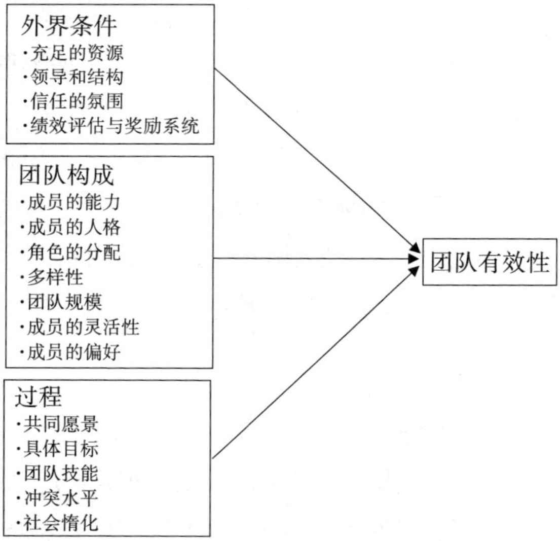

图5-6 团队有效性模型

这个模型反映了有效团队的一些共同特征:充足的资源、有效的领导、信任的氛围、表现团队贡献的绩效评估和奖励体系;团队成员具备技术技能、解决问题和制定决策的技能、人际技能和合适的个人特质,尤其是责任心和开放性。

有效团队一般来说规模较小,不超过10人,由不同背景的人组成更合适。

在这样的团队中，成员可以满足角色要求，同时又具有灵活性，希望成为团队中的一分子。他们所做的工作具有如下特点：有自由度和自主性，有机会施展不同的技能和才干，可以完成一件完整的、可识别的任务或产品，自己的工作对其他成员有着重要的影响。

在有效团队中，成员们认同共同的目标和计划，相信本团队的能力，对将要完成什么任务能够共享一种准确的心智模型，致力于具体的团队目标，维持可控范围内的冲突，并且社会惰化程度低。

由于个人主义的组织和社会对个人成就更感兴趣，更乐意奖励个人成就，所以在这种环境中难以打造团队型教师。为了成功转型，应该设法甄选那些人际交往技能较强、可以成为有效的团队型选手的个体，对这些教师进行培训以开发他们的团队工作技能，对努力开展合作的个体给予奖励。

四、警惕负面效应

到目前为止，讨论的主要是群体和团队的积极影响和功能，但群体和团队可能产生的一系列消极影响也需要加以注意。群体和团队的消极作用可从下列方面加以考察：反社会行为的规范违反、角色模糊/冲突、群体思维/从众、风险转移、社会惰化。这些现象具有抑制组织激励效果、加剧组织内部冲突、降低组织凝聚力、减弱组织竞争力的负面作用。防治措施是：建立完善的激励机制、明确清晰的权责关系、构建平等的双向交流机制、建设积极的组织文化、营造融洽的工作氛围。

表5-3　群体的负面效应、后果及策略

消极作用	后果表现	应对策略
规范违反	出现反社会行为。极端行为包括性骚扰和偷盗。其他的行为包括说谎、造谣、消极怠工和缺勤。长期暴露于反社会行为中的群体成员更容易采取反社会行为，并且对同事不满意感增加，特别是当其同事表现出比他更高程度的反社会行为时。	开创适宜的环境，强调支持、承诺、报偿、沟通、物理空间、群体规模、成员感和凝聚力。
角色模糊	不清楚的工作描述、管理者的命令不完整、被要求完成冲突的任务、被要求完成与个人价值观相矛盾的任务以及缺乏经验，都会导致角色模糊。这种模糊性可以影响个体在群体或团队中工作的有效性。角色的不平等会导致冲突增加，特别是当群体从事不道德和反社会的行为，或者当群体要求其成员遵守一套规则，而正式的领导和组织又要求遵守另一套规则之时。	

续表

<table>
<tr><th>消极作用</th><th>后果表现</th><th>应对策略</th></tr>
<tr><td>群体思维</td><td>盲目乐观和冒险;忽视警告;不假思索地接受群体内的道德观;反对群体的人被刻板地认为是邪恶、懦弱和愚蠢的;质疑各种刻板印象的任何成员都会面临直接的压力,忠诚的成员不会质疑群体前进的方向;存在无异议的错觉,沉默被解释为同意;自命为思想卫士,以保护群体不受任何不利信息的影响。</td><td rowspan="3">通过团队建设计划、强化合作和有效领导来加强。</td></tr>
<tr><td>风险转移</td><td>群体能分散责任,这会增强个体成员在某个方向上的最初的倾向,即群体引导的态度极化。</td></tr>
<tr><td>社会惰化</td><td>群体缺乏对反馈、任务没有内在激励、存在着某些成员的不勤奋被其他成员付出的努力所掩盖的情况,以及不想付出比别人更多的努力的倾向。</td></tr>
</table>

第三节　职业荣誉感与组织情境

组织情境中组织结构与文化、领导、绩效与薪酬体系等均影响职业荣誉感。基于特质激活和自我决定理论,构建组织情境影响工作旺盛感的心理机制模型:“全景式”和“离散式”组织情境能直接影响基本心理需求的满足,或者先激活特质,再影响基本心理需求满足,进而影响职业荣誉感。

一、组织情境对职业荣誉感的影响

组织情境渗透和体现于大量丰富而具体的管理行为之中,具有动态性,而且时刻影响着组织成员的个体行为。情境变量能够有效地预测个体的心理和行为状态(Johns,2017),教师职业荣誉感则直接受到其所处的组织情境的重要影响。组织情境对职业荣誉感的影响,主要表现在组织结构、组织文化、领导模式、薪酬体系对教师职业责任感、职业幸福感有关的心理和行为的调节。其中工作投入、职业成功和职业呼唤是中介变量,最终结果则是客观的工作绩效及主观的工作满意度。

（一）组织结构

组织结构（Organizational Structure）界定了对工作任务进行正式划分、组合和协调的方式。管理者设计组织结构时，一般会考虑六个关键要素：工作专门化、部门化、指挥链、管理幅度、集权与分权以及正规（Daft，2010）。常见的组织设计包括简单结构、官僚结构和矩阵结构。组织结构有助于解释和预测员工的心理和行为。也就是说，除了个体和群体因素，员工所在组织的结构关系也会影响员工的态度和行为。在一定程度上，组织结构减少了员工感受到的模糊性，澄清了员工所关心的一些问题，诸如“我应该做什么？”“我应该怎么做？”“我对谁负责？”组织结构会影响员工的态度，并激励和帮助他们实现更高的绩效水平，最终影响职业荣誉感。（见图5-7）

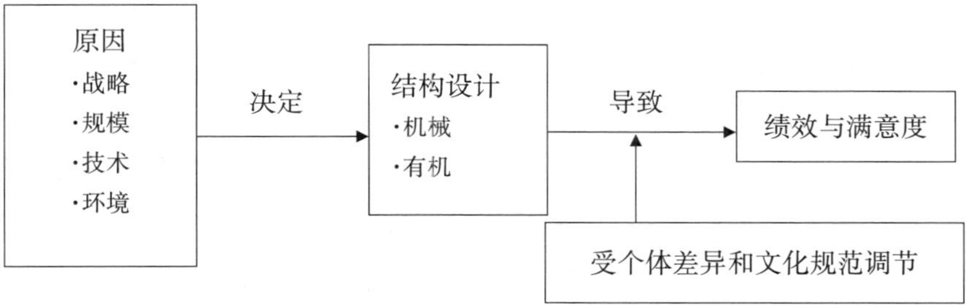

图5-7　组织结构的影响及其结果

从组织结构对职业荣誉感的影响因素及结果来看，专门化可以提高业务效率，但过度专门化会导致不满并削弱动机。避免设计严苛的层级结构，这会过度限制教师自主权。通过精简组织规模来实现成本节约，并把重点放在学校教师队伍建设的核心问题上。组织结构的设计要考虑到环境的稀缺性、动态性和复杂性，在有机和机械元素之间找到平衡。

（二）组织文化

当教师加入一个学校时，也一同带来了他们从前获得的价值观和信念。但这些价值观和信念常常不足以使这些人在现在的学校里获得成功。他们需要学习这个特定的学校是如何做事的。说明这一点的典型例子是军队。在新兵训练营地，教官教给新兵“军人的方式”。这个训练试图从心理上清除这些新兵原有的观念，重建他们的思维方式和价值观。他们被教导像军人那样思考和行动。今天的学校其实也在做同样的事。

组织文化是一种基本假设图式——由一个特定的团体在学习如何应对外部适应性和内部整合性问题时发明、发现或发展出来。这种假设图式已经被证明很有效,也充分考虑到其价值,因此,作为与这些问题相关的正确的认识、思考和感受方式,传授给新成员(Schein,1985)。当个体与组织发生接触时,他们其实也和这些事物发生了接触,即组织中的着装规范、人们所谈论的正在发生的故事、组织的正式规则和程序、组织行为的正式代码、仪式、任务、薪酬体系、行话以及只有组织中的人才能理解的笑话,等等。这些元素是组织文化的一些可见的表现(Martin,2000)。

组织文化有许多重要的特性:(1)观察到的行为规则。当组织成员和其他人互动时,他们使用共同的语言、行话以及与尊重和举止相关的仪式。(2)规范。现存的行为标准,包括对工作量的规定。在许多组织中,它以“不要做得太多,也不要做得太少”的形式传下来。(3)主导的价值观。组织提倡一些主要的价值观并希望其成员认同。典型的例子是高质量、少旷工和高效率。(4)哲学。有专门的政策阐明学校如何对待教师和学生的信念。(5)规则。存在着与在组织中发展相关的严格的指导方针。新来者必须学习这些“内幕”,以便有充分的资格被接受为这个团体的成员。(6)组织的氛围。它是一种整体性的感觉,由组织的外在表象、成员互动的方式、成员与组织之外的其他人交往的方式所传达。

尽管组织中的每一个人都参与组织的文化,但他们的程度是不同的。可能会有一种主导文化,也有一些亚文化。主导文化是由组织的大多数成员参与的一套核心价值观。亚文化是由组织的少数成员参与的一套价值观。

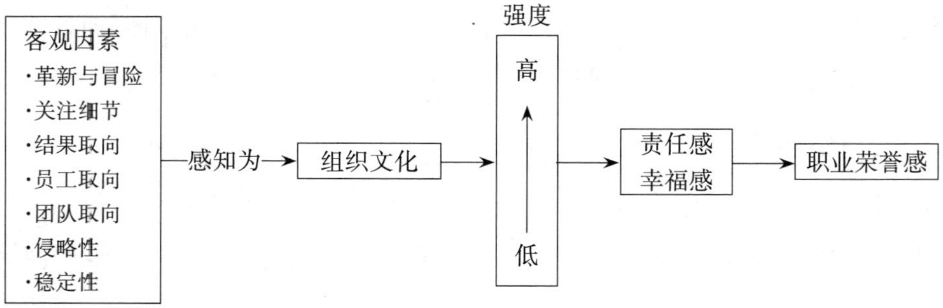

图5-8 组织文化对职业荣誉感的影响

从组织文化对职业荣誉感的影响模型看(见图5-8),首先,组织文化在短期内是相对稳定的,要想实现有效变革,必须制定长期战略。其次,提高教师个人的价值观与组织价值观的匹配度,才能提高职业承诺和幸福感。然后,教师的职业荣誉感、工作投入、社会化在很大程度上取决于他们知道自己的工作角色及其潜在的变化趋势。再次,组织文化可以通过故事、仪式、物质象征和语言传递给教师。最后,无论学校想达成什么愿景,构建何种样态的文化,都应该保证它是道德的、积极的,而与增强职业荣誉感最密切相关的是打造灵性组织。

职场灵性是组织文化对职业荣誉感发挥正效应的关键抓手。职场灵性(Workplace Spirituality)认为,人们的内心生活会支持社会背景下有意义的工作,与此同时,个体的内心生活也受到有意义的工作的培养和支持(Poole,2009)。提倡职场灵性文化的组织认为,既有思想又有灵魂的人会在工作中寻找意义和目标,希望与其他人建立联系,并成为某个团队的成员。这与本文讨论的以性格特质为存在形式的职业荣誉感,以及增强职业荣誉感的工作设计(设计对教师有意义的工作)和变革型领导(强调更高层次的目的和自我超越的目标)等观念不谋而合。

正如本文立足心境研究职业荣誉感一样,理性的神话认为运行良好的组织应该消除情绪色彩。同样,在绝对理性模型当中,对员工内心生活的关注也没有占据一席之地。但是,越来越多的事实表明,对职业荣誉感这类情绪、情感的研究加深了对21世纪政治教师队伍主力——新生代教师的理解。而之所以强调灵性及灵性组织对职业荣誉感的作用,有五点原因:第一,为了缓解动荡不定的生活节奏导致的压力和焦虑,当代人的生活方式——单身、流动性、零工、新技术——使得许多人颇感社会联系的缺乏,而归属需求与社会需求日益增加。第二,弥补信仰缺失带来的空虚感。第三,工作要求使得工作场所在许多人的生活中占据主导地位,但他们又不断质疑自己工作的意义。第四,人们渴望把自己的生活价值与职业生活统一起来。第五,越来越多的人发现,追求更多的物质占有无法让他们获得满足。

实证方面,研究职场灵性与和谐劳动关系的结果表明,基于个体灵性体验、团队灵性联系、个体与组织灵性氛围的职场灵性均对基于劳动权益保障、员工幸福感提升、企业绩效提高的和谐劳动关系有显著正向的影响作用(张同全,2017)。以新生代为对象的研究结果显示,职场灵性与新生代个体工作倦怠呈显著负相关;与工作绩效呈显著正相关(蒋晓荣,2018)。因此,实现学校健康发展,增强教师职业荣誉感必须重视职场灵性的良性发展,打造“以人为本”的学校文化,实现教师与学校的有效沟通,建立合理的心理契约,将教师自我价值实现与学校发展有机融合。

灵性组织的文化特质包括:①仁慈。灵性组织重视对他人表达善意,努力为员工和组织中的其他利益相关者带来幸福。②强烈的目的感。灵性组织围绕着一个有意义的目标塑造自己的文化。尽管成绩是存在的基本价值,但并不一定是根本价值。③信任与尊重。灵性组织以相互信任、诚实和开放为特点。每一名员工的尊严都会得到组织的尊重。④思想开放。灵性组织重视员工灵活思考的能力和创造力。

一种文化一般是由形成了一个核心群体的组织的创始人或高层管理者所开创的,这个核心群体分享一个共同愿景。这个群体一致行动,建立文化价值观、规范以及实现这个愿景所需要的氛围。在维持这种文化时,一般要执行下面几个步骤:仔细选择进入组织的候选人;通过实际工作经历使新员工熟悉组织文化;使新员工掌握自己的工作;小心地测评运营结果并且奖励个人的表现;认真忠于组织最重要的价值观;强化组织的事迹和传奇;最后,表扬并提升组织中工作做得好的个人和可以当新员工的行为榜样的人。由此,学校领导者可以通过展示价值观、态度和行为来激发教师的内在动机以及工作使命感。鼓励教师思考如何通过积累职涯资本来获得使命感。另外,加强党建也是为教师提供信仰支持的有效途径。

(三)领导模式

组织情境有相似性,也有差异性(Johns,2017)。虽然领导行为不外乎计划、指挥、控制、协调和反馈等内容,但组织领导者在实施上述领导行为的过程中,其领导行为的特征或者领导风格则可能千差万别。所以,本文分别从领导风格、领导支持氛围和信任氛围论述领导对职业荣誉感的影响。

领导风格分为真实型领导、包容型领导、授权型领导、变革型领导、服务型领导、悖论型领导和家庭支持型领导等。研究发现,这些领导风格都能够显著影响员工工作动机((Russo,2018),领导风格对职业荣誉感的影响,主要通过表达同理心、提高员工心理安全感以及展现开放性行为等方式。

真实型领导往往能更清晰地认识自己的优点和缺点,准确地看待他人对自己能力的看法;他们会使行动和信念保持一致,在决策之前,客观地分析数据;他们能对他人保持开放性,能鼓励他人挑战自己的观点(Mortier,2016)。在具备上述特征的环境中,教师会产生职业荣誉感。因此,真实型领导行为的水平越高,教师职业荣誉感也就越高。

包容型领导强调尊重和支持员工,激发员工潜能。从行为特征来看,包容型领导具有开放、宽容、共享、认可和关怀五个维度。这种开放性正向影响职业荣誉感的职业责任感和职业幸福感两个方面。一方面,让教师在工作中感受到了关怀和认可,更可能增强归属感,从而体验到幸福感;另一方面,开放和宽容使个体更具有自主感,从而激发出个体的内在活力,产生更强的职业责任心。

授权型领导行为水平越高,教师越能感受到职业荣誉感,当教师自主导向较高时,二者关系将会增强,反之,二者关系将会减弱。授权型领导会鼓励员工决策,并赋予员工较高的决策权和自主权,要求员工及时行动;他们倡导员工参与到内容和资源丰富的工作当中,不仅相信员工的工作能力,而且重视建立与员工之间的信任关系;另外,授权型领导不仅能为员工提供资源,还鼓励员工积极开展工作,使员工不仅更能感受到自身努力的价值,而且更愿意迎接工作挑战(Li,2016)。因此,教师更可能通过学习提升自己,并在挑战性工作中感受到责任感,进而展现高水平的职业荣誉感。

变革型领导能促进教师职业荣誉感,个体经验开放性在二者之间发挥调节作用。当经验开放性处于高水平时,变革型领导能显著影响员工责任感、使命感;当经验开放性处于低水平时,则并无显著影响(Hildenbrand,2018)。变革型领导会对员工进行个性化关怀、智能激发以及鼓舞性激励,员工将感受到更多的鼓励,更能够认识到工作的价值和意义,从而更可能体验到职业荣誉感。

服务型领导行为水平越高,集体工作幸福感越强,个体核心自我评价水平越高(Walumbwa et al.,2018),个体的职业荣誉感越强。悖论型领导对职业荣誉感的影响,主要表现是悖论型领导统一管理员工并且考虑员工的个人需求,有助于满足员工的基本心理需求进而提高员工职业幸福感。另外,家庭支持型领导也能够影响职业荣誉感。因为,当领导体现出对员工家庭支持的行为时,员工的心理可获得性将会提高,进一步提高工作家庭增益水平(Russo,2018)。

综上,组织情境中的领导风格可以预测员工的工作态度和行为(Zohar,

2010),领导风格与职业荣誉感存在显著关联,领导风格作为前因变量直接影响着个体的职业荣誉感。

领导支持氛围能增强教师的职业荣誉感。首先,在领导支持的组织情境中,员工更敢于承担风险并经受失败,因为他们相信自己会得到领导支持(Kahn,1990)。其次,员工能开放性地面对内心以及外在环境,其精神状态也更富有生命力。不仅如此,当员工认识到在其独立成长的过程中,领导愿意为其提供安全的学习环境时,他也能更快成长(Sutcliffe,2013)。领导支持还体现在关心员工幸福、职业生涯发展和重视其工作汇报方面。在这种氛围下,员工将更加专注于工作,进而体验到更多的职业荣誉感。领导与成员之间交换能够显著影响员工工作旺盛感,这主要是由于领导与成员之间交换将帮助员工感受到支持氛围(Chow,2019)。领导支持对教师职业荣誉感的影响,可能是由于领导支持向员工传递出了信赖和积极期待,即提升了员工的心理资本。如第三章所述,具有高水平心理资本的员工,他们更相信自己能够顺利完成任务。当遇到困难和障碍时,拥有高水平心理资本的员工更可能坚持不懈。因此,心理资本丰富的员工,将会更专注于工作,将更多的精力投入到工作中,也就能感受到更多的成就感。

信任氛围会影响员工职业幸福感(Liu,2013)。员工越觉得领导信赖自己,把自己视为团队的重要成员,就越愿意投入到工作中,进而体验到高水平的责任感和幸福感。情感信任能给组织带来一些重要的积极影响。情感信任能提高员工绩效,降低员工离职意向,这些重要的积极后果或许也与工作旺盛感存在某些关联(Newman,2016)。同样,员工信任领导对其职业荣誉感也同样重要。综合上述双向信任行为,源自领导或团队成员的信任,或者源于员工的对其上司或团队成员的信任,都有助于营造出良好的团队信任氛围,员工在此氛围中更愿意分享知识和技能,从而影响其职业荣誉感。

综上,学校可以采取差序式领导模式,即权变式领导策略,来增加中学政治教师的心理资本和工作投入,帮助他们获得职业成功,从而增强职业荣誉感。与中学教师工作投入的关系及心理资本的中介作用。有研究者采用问卷调查法,以湖南、江苏两省中的六地市部分中学教师435人为对象进行调查。结果发现,学校差序式领导与教师工作投入正相关,差序式领导的照顾沟通、提拔奖励可正向预测教师工作投入；而教师的任务型心理资本、人际型心理资本在差序式领导与教师工作投入关系之间起部分中介作用（毛晋平，2019）。

（四）报酬体系

社会认知理论认为，报酬的结果或条件在组织行为中发挥着重要作用。例如，除非考虑到报酬的调节作用，否则人类行为不能被全部理解（Bandura，1986）。而且研究已经发现，报酬系统对于雇员所感觉到的组织支持和领导能力有着显著的影响（Sandy，2002）。学校可能有最新的技术、设计良好的结构以及一个愿景战略计划，但除非所有层次的教师都得到报酬，否则说什么都是空洞无用的，而且不会因为改进了学校的绩效而得到贯彻。

学校为教师提供报酬，试图以此激发他们的绩效并鼓励他们的忠诚和留任。报酬的形式包括薪资、红利、奖金、表彰和福利。

1.物质报酬

尽管最近几年的趋势是在不断降低以薪酬作为报酬的重要性，但有足够的证据显示，对于大多数人，钱可以起到正强化的作用。如果设计一个适合这一策略的薪酬体系，它就可以对个人、团队和组织的绩效都有正向的影响。例如，许多现代企业不仅用薪酬去激励它们的高层管理者，也用薪酬激励组织中的每个人。另外，这些奖励可能并不是必须立即兑现。很多人都会为了很有可能5年或10年后才能兑现的奖励而极为勤奋地工作。此外，钱不仅仅是一种激励因素，有些人得到的越多似乎就想得到更多。这里的意思是，一旦钱满足了人的基本需要，人们就能用它继续前进，去实现一直以来未能实现的目标，因此他们会为了更多的钱而奋斗。相反地，有证据显示，如果一个组织降低了它的薪酬，士气就会遭到破坏。所以薪酬可能需要持续升高。比如，一位研究者发现员工的士气可以被薪酬削减所伤害，因为员工把这看作是对他们的自我价值和组织价值的一种“侮辱”。基础研究显示，在工作场所中，报酬系统对员工的信任有很强的影响。换句话说，员工的士气和其他的心理变量，比如信任，是非常脆弱的。当员工感到他们没有被很好地对待，他们的绩效就会受到影响并危及到组织指标。另外，薪酬分配的差距对员工的表现也有显著的负效应。

钱仍然是一个非常重要，但同时又是一个复杂的潜在激励因素。根据马斯洛的需要层级理论，钱通常仅仅被等同于员工的最基本的需要。它是用物质的观点如购买食品、衣物和住所来看待的。但钱不仅有着经济、物质的含义,也具有象征意义。它可以带来权力和地位,可以是衡量成就的一种方法。所以,使用货币报酬的真正关键并不一定在于它们是否满足了员工的内部需要,而在于它们是如何被给予的。

为了使金钱能在组织的报酬系统中产生效果,这个系统必须尽可能地客观公正,而且报酬的执行要与员工表现出来的绩效行为相一致。一个可以有效奖励员工的薪酬体系必须考虑到三个问题。首先,学校必须问自己要寻求的结果是什么。第二,这个学校必须能够衡量这些结果。第三,必须把奖励与这些结果紧密挂钩。今天的很多学校所面对的问题是,它们仍然不知道它们想要什么,或者不能去衡量结果。

2.表彰报酬

薪酬是一种无可置疑的报酬形式。但它并不是组织可以奖励员工的唯一方法。除了钱,认可或表彰作为报酬形式——对员工杰出绩效的认定和奖励——是组织的报酬系统中至关重要但又经常被忽视的一部分。当人们被问及是什么激励了他们,钱始终在他们的原因列表里。但是,被系统使用的正式的组织表彰和社会认可,对于教师和他们日常的行为以及绩效的效力都是非常重要的。

表彰可以有许多不同的形式,可以是小的,也可是大的,而且在许多时候是可控的。例如,除了社会性认可和正式的奖励,管理者可以赋予一个员工越来越多的责任。研究发现,有许多类型的表彰能促进绩效和忠诚度的提高(Fred,2000)。其中有一种越来越受到关注,就是许多员工都有工作和家庭责任,当组织帮助他们处理这些责任时,忠诚度就增强了。一项对商业、政府以及非营利组织中的大量员工的态度和经历的调查揭示:只有30%的人感到有责任留在现在的雇主这里;被自己的组织高度认可的员工倾向于工作得最好;对自己的工作不满意的人最不可能高产;大型组织中的员工倾向于比小企业中的员工更不满意;低层级的员工比高层级职位上的人更不满;答卷者希望他们的组织多关注的事更多地包括公平对待员工,关心他们,以及信任他们(July,2000)。

除了表彰形式,表彰内容也需要考虑。新课改背景下,表彰创造力变得越来越必要。教师作为专业人员,他们的主要职责是创新、设计和解决难题,即有创造力阶层。为了让有创造力的员工达到最高的绩效,广受尊敬且十分成功的软件公司SAS用挑战奖励优秀,重视工作本身而不是工具手段,尽量减少争论。

有效地管理一种正式和非正式的表彰程序需要建立下述步骤:当引入新的表彰程序和计划的时候,利用所有的沟通工具——包括内部的互联网和其他信息共享网络——使每一个人知道正在发生什么。培养管理者,要求他们将表彰作为全部报酬的一部分。使表彰成为绩效管理过程的一部分,让每个人都开始使用它。在学校的沟通渠道比如周报或月刊里的特定位置公布表扬内容。宣传教师的最优秀表现,以使每个人都知道一些他们能够做的、可以获得表扬的事。让每个人知道最优秀的管理者正在有效地使用表彰。不断地审视和检查表彰程序,以引进新的程序和计划,并且去掉那些不再有效的内容。同时从教师和管理者那里征求关于表彰的想法,因为他们是最有可能知道什么有效、什么无效的人。

3.心理报酬

在报酬系统中,组织支持和组织公平是重要的心理报酬。在组织支持方面,当员工觉得组织关心他们的幸福,欣赏他们并为他们提供帮助时,员工就更能体验到职业幸福感(Ahmed,2016)。员工感受到组织的关心,可能会增加其归属感;同时,员工感知到组织欣赏自己的工作,可能会增加其胜任感,进而感受到职业荣誉感。另外,组织支持感可分为情感性支持和工具性支持,两者均影响责任感、幸福感(马莹,2015)。区别在于,当员工感受到组织的情感性支持时,体验到的幸福感多于责任感,而当员工感受到组织的工具性支持时,则会体验到更多的责任感。最后,如前所述,绩效管理系统能够体现组织对员工工作的支持,因为组织在财力和时间方面为员工提供较多的培训机会(Zhang et al.,2019),进而影响职业荣誉感。

组织公平显著影响职业荣誉感。组织公平主要体现为程序公平、人际公平、信息公平和分配公平,它们各自均显著影响职业责任感和职业幸福感(邓佳鑫,2016)。这是因为,一方面,在管理程序上,组织公平对待员工,员工更愿意投入到工作中,有助于提升员工自主感和胜任感;另一方面,组织在人际交往和结果分配上公平对待员工,可能增强员工的归属感。同时,团队中的公正氛围能够积极地影响员工瞬时的自我效能感(Bassi,2013)。团队公正氛围使员工感受到团队成员的公平对待,使员工感受到自己有能力完成任务,进而在工作中体验到活力。由此可见,在一个公平的组织中,员工更愿意展现自己并发挥潜能,会有更多冒险和创新行为。因此,员工不仅可能在工作中感受到幸福感,在信息等资源分享中获得成长，也更可能感受到责任感，从而体验到职业荣誉感。

综上所述，组织公平和组织支持均有助于提升员工的自主感、胜任感和归属感，进而影响其职业责任感和职业幸福感，最终增强其职业荣誉感。

二、组织情境的影响心理机制模型

鉴于组织情境对教师职业荣誉感的重要影响，基于特质激活理论(Tett&Burnett，2003)和自我决定理论(Deci&Ryan，2000)，尝试提出组织情境影响职业荣誉感的心理机制模型(见图5-9)，以整合工作特征、群体及组织因素对职业荣誉感的影响，勾勒出组织行为系统作用于职业荣誉感的机制过程。

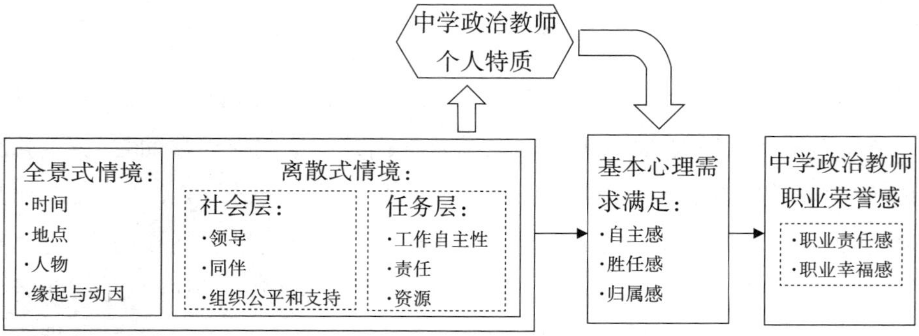

图5-9 组织情境影响职业荣誉感的心理机制模型

根据情境特征的差异，组织情境分为“全景式情境”(Omnibus Context)和“离散式情境”(Discrete Context)(Johns，2017)。本文认为，两类情境可直接影响基本心理需求满足，并以此为中介影响职业荣誉感，或先激活个体特质，以基本心理需求的满足为中介，影响职业荣誉感。本文拟从影响职业荣誉感的两类情境、作用过程的两条路径及基本心理需求的中介作用三个方面阐释该模型主要思想。

(一)影响的两类情境

情境可以分为全景式情境和离散式情境两类。全景式情境，指情境中包含着大量丰富的具体细节，如时间、地点、人物以及事件的来龙去脉等，它聚焦于情境中“有血有肉”的大量信息。离散式情境，指能直接影响行为或调节变量间关系的特定情境变量，包括物理层、任务层和社会层。任务层可能包括工作自主性、不确定性和工作资源等；社会层可能体现为社会结构和社会影响，如领导方式等(Johns，2017)。

如前所述,离散式情境对职业荣誉感有重要影响。一是离散式情境中的社会层能显著影响职业荣誉感。它涉及在组织中与个体有密切工作交往的主体,以及过程中的关系、情感和氛围,包括领导、同事以及组织支持和公平状况等。如真实型领导和领导支持的显著影响。二是任务层也显著影响职业荣誉感。它包括任务自主性、不确定性、责任和资源等(Johns,2006)。此外,自主决策和挑战性压力通过内在动机对职业荣誉感也会产生重要影响。全景式情境通过组织中发生的某些重要事件影响职业荣誉感。如战略转型、重大人事制度改革、裁员、集体离职等。

(二)作用的两条路径

组织情境可通过两条路径作用于职业荣誉感:一条是直接影响基本心理需求满足,另一条则是先激活特质,再影响基本心理需求满足。

特质激活理论认为,当情境特征与个体某项特质匹配时,组织情境会将休眠于个体内部的该特质激活,刺激其表现出与该特质对应的显性工作行为。休眠的特质能否被激活,取决于特质相关线索是否存在(Tett&Burnett,2003)。当组织情境中不存在与特质匹配的线索时,无论情境强度如何变化,均无法激活特质。

据此,组织情境影响职业荣誉感的两条路径为:组织情境中若无特质相关线索,则会直接作用于基本心理需求,若存在特质相关线索,则会先激活相应特质,再影响基本心理需求满足。这两条路径最终都会作用于职业荣誉感。组织情境中授权型、真实型领导最容易成为与员工开放性人格匹配的特质相关线索,激活个体开放性,进而通过影响个体基本心理需求满足,最终作用于职业荣誉感。

(三)心理需求的中介

根据自我决定理论,人类的三种基本心理需求的满足(即胜任、自主和归属需求)是心理成长、健康和幸福不可或缺的条件。若组织情境能够满足它们,员工可获得丰富的心理营养,为其学习和成长提供心理能量和资源,从而产生责任感与幸福感。故本文认为,两类情境可通过两种方式,影响基本心理需求满足,并以此为中介作用于职业荣誉感。

工作中个人成长的整合模型列出了多种影响基本心理需求的组织情境，包括自主决策、信息共享和尊重的气氛等（Spreitzer，2013）。本书则将组织情境拓展到了更广泛的范围，凡是对个体基本心理需求满足带来影响的组织情境，均可能影响职业荣誉感。比如，工作场所无礼行为通过降低员工归属进而影响幸福感，因为个体对归属需求的满足保持着高度的警觉性（刘玉新，2013），无礼行为会破坏个体之间的合作与尊重，对个体造成伤害，降低其归属感，从而削弱职业荣誉感。

三、激活职业荣誉感的组织

只有激活教师，学校才有可能具有创造力。在学校与教师之间的价值互动之中，一方面承认个体价值崛起，个体更加自主与自由；另一方面也更深地理解到个体需要在一个组织平台上工作，否则个体价值无法得到真正释放。所以，增强教师的职业荣誉感，就是让个体价值最大化，这对教师和学校都提出了要求：共同构建激活职业荣誉感的职业发展管理模式。（见图5–10）

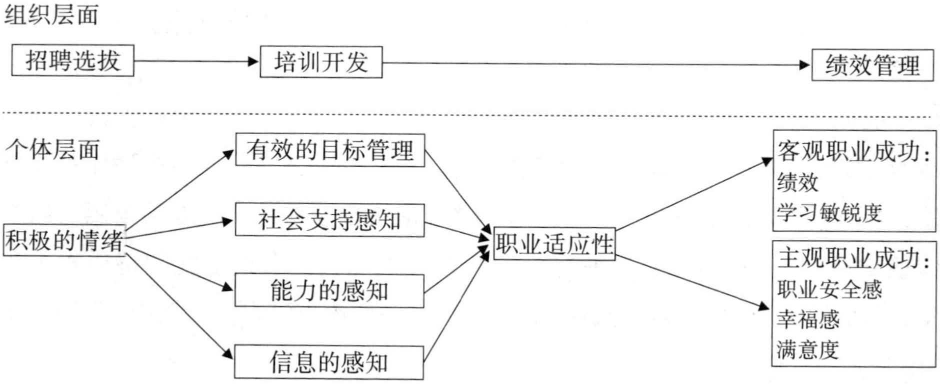

图5–10　激活中学政治教师职业荣誉感的职业发展管理模式

（一）激活个体

只有激活个体，组织才有可能具有创造力。一个组织的创新能力，依赖于组织成员的创造力发挥，所以激活个体成为组织管理新范式的核心。从个体的视角看，对于激活个体而言，组织需要具有的新属性包括平台性、开放性、协同性和幸福感。组织以员工为核心构建一个共同的价值共享系统，为个体实现价值创造提供机会与条件。

学校除了需要具有创新能力之外，还需要具有驾驭不确定性的能力，即需要有持续与环境互动的能力。在不确定性成为常态的当下，驾驭不确定性成为学校管理的核心挑战。所以，在激活个体的基础上，还需要具有驾驭不确定性的能力，即需要从管理运行的逻辑、分工法则、协作体系、柔性化程度几个方面做出根本性的改变，其核心是学校转换自己的管理功能，从管控转向赋能。因此，激活组织，打造价值共享系统，为个体赋能，成为学校管理的新内涵。

从个体与工作的关系上看，要增强中学政治教师的职业荣誉感，应该转绩效考核为激励价值创造。未来学校管理的核心命题是：价值的创造、评价、分配。大部分的学校管理之所以关注绩效考核，是缘于把绩效考核等同于价值创造。在无法界定个人价值或者组织价值大于个人价值时，绩效考核无疑是一种有效的管理方式。但是同样需要关注的是，绩效并不等同于价值创造，有时候，绩效考核恰恰是扼杀价值创造的手段。当教师习惯于绩效考核时，往往会满足于静态的工作，养成满足现状的习惯，没有创新和冒险精神，不愿意做出超值贡献，形成一种非增长型的组织思维惯性。

从个体与群体的关系上看，要增强中学政治教师的职业荣誉感，应该转分工为协作。在分工的语境中，教师无异于庞大的社会机器里一颗无足轻重的螺丝钉；在协作的语境中，教师则是复杂的社会网络里一个传递价值的搭桥者。而协作观念的树立，有赖于学校形成自下而上的自我管理模式以及共生格局。所谓“共生”，指的是生物在长期进化过程中，逐渐与其他生物走向联合，共同适应复杂多变环境的一种生物与生物之间的相互关系。共生，既具有组织过程的一般特征，又具有共生过程的独特性。它不是共生单元之间的相互排斥，而是相互激励中的共同合作进化。这种合作进化不仅可能产生新的单元形态，而且可能产生共生能量和新的物质结构，表现为共生个体或共生组织的生存能力和增殖能力的提高，体现共生关系的协同作用和创新活动。但是共生不排斥竞争，它不是自身性质和状态的摒弃，而是通过合作性竞争实现单元之间的相互合作和相互促进。这种竞争是通过共生单元之间功能的重新分工定位与合作实现的。

从个体与情境的关系上看，要增强中学政治教师的职业荣誉感，应该转规范为文化。让组织文化发挥该作用的三个条件是：第一，文化必须有价值，其必须能够使学校所做的事情产生教育价值，即文化必须要有积极的教育效果；第二，文化必须是稀有的，其必须有与其他大多数学校不同的特点；第三，这种文化还必须是难以模仿的，试图模仿的学校将会有许多不利的声誉、经历等。文化的本质是行为习惯而非概念，当文化从理念转化为行动时，文化才能奏效。

激活个体的最佳案例莫过于阿里巴巴的“六脉神剑”指标体系（见表5-4）。这里面表达了他们的价值观，并通过鼓励价值创造的评价方式传递了价值观，营造了组织文化，实现了价值驱动。在这样灵活的管理模式下，个体的职业荣誉感被激发，创造力、勇气和意志力被最大限度地释放。

表5-4　阿里巴巴的价值观指标

“六脉神剑”		项目	分值
理念	解释	描述	
客户第一	客户是衣食父母	尊重他人，随时随地维护阿里巴巴形象	1
		微笑面对投诉和受到的委屈，积极主动地在工作中为客户解决问题	2
		与客户交流过程中，即使不是自己的责任，也不推诿	3
		站在客户的立场思考问题，在坚持原则的基础上，最终达到客户和公司都满意	4
		具有超前服务意识，防患于未然	5
团队合作	共享共担，以小我完成大我	积极融入团队，乐于接受同事的帮助，配合团队完成工作	1
		决策前积极发表建设性意见，充分参与团队讨论；决策后，无论个人是否有异议，必须从言行上完全予以支持	2
		积极主动分享业务知识和经验；主动给予同事必要的帮助；善于利用团队的力量解决问题和困难	3
		善于和不同类型的同事合作，不将个人喜好带入工作，充分体现“对事不对人”的原则	4
		有主人翁意识，积极正面地影响团队，改善团队士气和氛围	5
拥抱变化	突破自我，迎接变化	适应公司的日常变化，不抱怨	1
		面对变化，理性对待，充分沟通，诚意配合	2
		对变化产生的困难和挫折，能自我调整，并正面影响和带动同事	3
		在工作中有前瞻意识，建立新方法、新思路	4
		创造变化，并带来绩效突破性的提高	5

续表

“六脉神剑”		项目	分值
理念	解释	描述	
诚信	诚实正直，信守承诺	诚实正直，表里如一	1
		通过正确的渠道和流程，准确表达自己的观点；表达批评意见的同时能提出收益，直言有讳	2
		不传播未经证实的消息，不背后不负责任地议论事和人，并能正面引导，对任何意见和反馈“有则改之，无则加勉”	3
		勇于承认错误，敢于承担责任，并及时改正	4
		对损害公司利益的不诚信行为，正确有效地制止	5
激情	永不言弃，乐观向上	喜欢自己的工作，认同阿里巴巴的企业文化	1
		热爱阿里巴巴，顾全大局，不计较个人得失	2
		以积极乐观的心态面对日常工作，碰到困难和挫折的时候永不放弃，不断自我激励，努力提升业绩	3
		始终以乐观主义的精神和必胜的信念，影响并带动同事和团队	4
		不断设定更高的目标，今天的最好表现是明天的最终要求	5
敬业	用专业的态度和平常的心态做非凡的事情	今天的事不推到明天，上班时间只做与工作有关的事情	1
		遵循必要的工作流程，没有因工作失职而造成的重复错误	2
		持续学习，自我完善，做事情充分体现以结果为导向	3
		能根据轻重缓急来正确安排工作优先级，做正确的事	4
		遵循但不拘泥于工作流程，化繁为简，用较小的投入获得较大的工作成果	5

(二)激活组织

在组织与个体之间的价值互动之中，一方面承认个体价值崛起，个体更加自主与自由；另一方面也更深地理解到个体需要在一个组织平台上工作，否则个体价值无法得到真正释放。基于前面论述的关于衡量组织有效性的指标理论，本文认为能够增强职业荣誉感的管理方式，是让个体价值最大化的管理方式。

据《中国统计年鉴》的数据，在1980—1993年之间出生的人约有2.85亿，目前这一群体中的大部分已踏入工作岗位，正在成为中学政治教师的主体。人们都注意到这一群体具有更加独立的人格，他们富有激情与想象力，善于接受新生事物，但依赖心理较强，应对失败和挫折的能力较弱，有其自身难以绕过的“暗礁”。已有的研究发现，新生代员工在职场上呈现出更高的流动性及离职倾向，也更加重视组织提供的职业发展路径（王鑫，张再生，2012）。新生代教师必将成长为教育发展的中流砥柱，因此为了保证他们的工作稳定性、增强他们的组织承诺、提升他们的职业荣誉感，针对他们的职业发展管理至关重要。

如本文第一章论述的内容，职业发展是一个终身的过程，是个人、环境相互影响不断发展的过程。处在竞争越来激烈的劳动力市场，现今的年轻人获得职业成功的意愿越来越强烈。为了更好地获取职业成功，职业发展管理必不可少。个人与环境的相互作用，在不同时期形成不同的职业胜任力要求和学习需求。根据Schein（1978）的职业发展阶段理论，个人在不同的职业阶段，都需要与特定组织需求相匹配。例如，年轻人初任一个职业，要经历进入工作世界、基础培训、获得早期职业的正式成员资格和获得职业中期的正式成员资格四个阶段。在这几个关键阶段中，员工的职业适应性是一项重要的指标，因为它最大程度地符合激活组织的基本原则：个体价值最大化。

个人在不同的职业阶段，都需要与特定组织需求相匹配。每个阶段，都需要进行职业适应性的提升，这对教师和学校都提出了要求：教师尤其是初入职场的年轻教师，需要进行自我管理，以很多国家正在开展的职业管理技能蓝图为例，个人需要形成积极的自我概念，与他人进行有效互动，在经历中不断改变、成长，在生活、工作角色中保持平衡，为了职业目标而参与终身学习计划，获得职业安全感，参与管理自己的职业进程等；学校需要为其教师的职业发展构建一个管理系统，提供外部资源和辅助计划。这就构建了一个完整的职业发展管理系统，从而帮助教师，尤其是新生代教师增强职业适应性、获取职业成功。

无论宏观层面还是微观层面的研究，都表明人力资本与组织绩效的正向关系（Crook，2011）。组织为了提升人力资本，需要进行战略人才管理：对关键岗位进行识别，并为这些关键岗位发展人才库（Collings&Mellahi，2009）。学校需要为教师提供支持和信息，使教师投入时间和精力去培养职业适应技能。

学校帮助教师培养职业适应技能，首先体现为导师的职责。根据依附理论（Attachment Theory），员工会将职业管理看作是导师对其进行辅导、支持的一种关系过程，信任发挥着中介机制；员工如果对导师的依恋回避越强，则对职业发展机会的感知越负面，对职业发展活动的参与越少，产生高离职倾向（Crawshaw&Localizacion，2015）。因此，需要年长优秀教师充当“导师”的角色，了解新手教师的优势、劣势和工作上的困难，帮助其面对工作责任和挑战；对下属进行潜能评价，使其找到合适发展方向，顺利渡过职业初期的适应期；对员工工作态度或技巧的提升进行奖励。

组织帮助员工培养职业适应技能，还体现为学校对教师的职业通道设计、职业发展引导。

第一，学校应该根据各业务条线设计相应的职业通道。学校的业务条线包含以下五类：学科教学条线、教学事务条线、道德教育条线、技术支持条线、管理条线。应考虑学校需要、教师个人实际情况及职业兴趣，所有专业序列的职位均可以垂直晋升，也可以横向往管理方向发展，还可以作横向轮岗，前提是必须符合各职位族的相应职位任职条件，经过负责人员讨论通过后执行；采取易岗易薪原则，岗位职级根据新岗位确定。这有利于准确把教师调配到合适岗位，人尽其才。当教师职业发展通道以制度的形式固定下来，可根据发展战略做年度调整。

第二，学校进行职业发展引导时，应对教师的职业目标管理进行辅导，包括：建立职业发展沟通制度，例如入职沟通、计划沟通、目标实施过程和调整沟通等；每年定期对照教师职业发展计划、能力开发需求检查评估一次，评估这一年的职业发展工作是否达到阶段要求，并及时调整发展计划。学校还可以进行职业技能干预（Career Skills Intervention），这是对年轻员工的基于职业胜任力的培养。实验研究发现，参与职业技能干预项目的员工，在职业胜任力的各方面有了提升，例如动机、品质、社交、职业控制等（Akkermans，2015）。

附　助力职业荣誉感——教育家思维模型

成功心理学的原理说明，目标对于个人的职业成功具有重要意义。尤其是那些能引发质变的超长期目标。这个道理对中学政治教师及其所在的学校同样适用。怎样管理一个超长期目标？这个问题的边界是这样的：

第一，管理超长期目标和管理短期目标截然不同，它不是短期行为的堆积；第二，它的周期超级长，所以一旦形成负面影响是无法回溯补救的；第三，它超级远，比如你可能需要十几年之后才能看到成果。

是不是觉得似曾相识？中学政治教师的工作（教学目标及教学效果），学校的运作过程及其结果等，都具有超长期目标的特征。而且，目标的意义感越强，它就越具备前面说的这三个特点。类似的，比如扶贫事业、文明积累；再比如，个人对自己职业生涯的经营。结合职业的性质，我们发现教育家就是最擅长管理这种超长期目标的人。

俗话说：十年树木，百年树人。虽然"百年树人"是一种情感性的表达，但是，这说明了一个基本的社会共识：教育他人，是一种超长期的行为。要从事教育行业，就必须具备管理超长期目标的能力。

所以，我们将解决这种问题（增强职业荣誉感、获得职业成功、立德树人等）的思维模型定义为教育家思维模型。基本框架来自北京十一中学校长李希贵。北京十一中学在公立学校里，是一个成功而又神奇的存在。这是因为李希贵校长在任期间，对学校进行了大刀阔斧的变革。中学政治教师管理自己的职业生涯，或学校选择给自己设立一个超长期目标，管理的难度不是简单的时间长，更重要的是变量多，而且不在个人的控制之中。这种困境是远远超过一般中短期目标的。那么如何管理？李希贵在北京十一中学做了六件事。

不量化指标，只引导行为

因为超长期目标首先面对的困境是，这个目标没法量化。试想一下，对于一个教育家来说，什么是超长期目标，什么是短期目标？李希贵认为，区分它们的关键因素，就是看这所学校里，老师的责任是教学还是育人。如果是教学，那就是短期目标。如果是育人，那就是超长期目标。

教育目标很具体，可以是让学生考上名牌大学，可以是提高升学率等，这些也完全可以在短期内得到验证。而"育人"这个目标就不具体，因为育人效果甚至在学生毕业时都是未必能看清楚的。你要等他成为一个要开始为社会负责任的成年人之后，才能看到。这时候，他已经离开学校十几年了。而且即使看到之后你也无法验证，并没有量化证据能够表明一个人获得的成就，跟他曾经在某个学校接受的教育直接相关。

不能量化，怎么管理？李校长的经验是：不能量化指标，那就引导行为。一切教育的效果，只会产生在老师和学生相处的时间里。也就是说，老师在一个学生身上投入的时间越长，学生接收到的教育启发就越大。所以，教育家的关键发力点，就是应该无限拉长师生之间的相处时间。

为此，李校长在北京十一中学设计了一系列措施，引导和保障这个行为。比如，北京十一中学的教职工组建了很多志愿服务队，例如交通事故救援队，如果一位老师在路上开车遇到了交通事故，立即打电话，这支救援队就会出动去做善后。再比如，接孩子志愿服务队，如果老师工作时间调剂不开，立即求助，就会有一支队伍来帮助老师们接送小孩，等等。再比如，李校长还想方设法把老师们安排住在离学校最近的地方，学校里专门为老师开办了两个食堂可以全天就餐，甚至还会帮老师的家属找工作等。表面看，李校长的行为只说明他是一个为人民服务的好领导。其实，他是想通过解决老师的后顾之忧，让他们把尽可能多的时间投入在学生身上。

问题是：校长主动做这些当然很好，但是老师不买账怎么办？通过深入研究职业荣誉感，我们都知道，人的积极性是有周期性的，长期来看，总是会懈怠。

这其实就是管理超长期目标所要面对的第二个困境：时间会稀释个体的目标感。也就是说，今天所有的计划和目标会随着时间的推移，遭遇各种变量，发生巨大的变化，甚至变得毫无价值。例如，李校长说，虽然中国的家长一直很重视子女教育，但是，是最近三年大家才变得空前焦虑，就是因为三年前（2016年）发生了一件事：AlphaGo打赢了李世石，人工智能的无限可能性在一瞬间被推到了所有普通人的面前。一所学校、一个家庭千辛万苦培养出来的学生，不知道在未来的哪个时间，就可能被人工智能替代了。而现在的课程、教学方法还没有顺应趋势，去适应未来的变化。

不营造紧张，只营造富余

时间长、变量多，所以，无法抓着一张计划表走完全程。肯定需要根据变化，随时调整计划，改变打法。因此，个体和组织必须有发动变革的能力。

普通变革，不怕成本高、冲突大，反正目标很快就能得到验证。是要实现目标，就成王败寇。这种情况适用于大部分商业机构。但是，如果像教师和学校这样为实现超长期目标而推进变革，就必须尽可能让所有人都成为变革的参与者和拥护者。因为目标太长期，任何一个今天的潜在反对者，在未来都可能成为破坏者。所以需要形成结盟关系，消除隐患，实现目标。

不营造紧张，只营造富余，说的是李校长在学校推行的“双向聘任”制度。

一提到双向聘任、竞争上岗这件事,大部分人脑子里都有模型,就是要严格控制指标,最好一百个人争夺十个岗位,足够稀缺,才能筛选出优秀的人。所以,以往我们见过的竞争上岗,都是人员数量多于岗位数量。但是李校长的做法却恰恰相反。他把岗位数量,设置得略多于人员数量。

这样做的好处是:第一,这一招给老师们创造了极大的安全感。没有人的核心利益会受损,所以,所有人都能成为变革的同盟。并且老师们会把这种安全感传导给学生。第二,那些传统的竞聘模式,因为岗位稀缺,所以会导致同事之间关系紧张,甚至破裂。从长期看,团队的互信关系会被严重破坏。一个互相不信任的团队,无法一起实现超长期目标。第三,虽然不用担心没有岗位,但是具体想做的那个岗位,却不一定能拿到。比如,你想教高二,可能高二不接收你;你想去高一,高一不一定要你;最后你可能去了一个你并不太喜欢的职能部门。其实竞聘上岗的紧张度并没有因此减少。

反过来说,因为竞聘上岗是双向选择,对于年级主任、部门负责人来说,也是一个考验。如果教师欺上瞒下,或者水平不高,就不会有人来竞聘这样的团队。所以,北京十一中学对教师的管理,看起来特别散漫:不打卡、不考核、不查备课方案。外人看来不可思议,李校长说,这不是不要做,而是无需做,竞聘上岗就是最好最严格的管理。

把精力放在统一目标上

这第三件事,也是为了在变革中和所有人结成同盟,让每个人都发挥出最大的主观能动性。很多人认为,想提高执行力就是要让大家的想法都一样才能拧成一股绳。李校长拒绝这种做法,他认为想法根植在每个人的头脑里,永远是多样性的。所以,他认为一个教育家应该尊重独立思考、尊重个性,把精力放在统一目标上。

具体的做法有:学校每年花两个月的时间去统一大家的目标。这两个月就是开教师代表大会。很多学校把这种会议开成一个仪式。但是北京十一却把这个会开得极其实在。他们会把一年中教师所需要了解、解决的问题,一一列出来,充分讨论、形成共识、制订方案。表面上持续很长时间,但议题可以从会议直接进入日常执行,反而省去了层层传达、反复拉锯、天天动员的工作。

管理超长期目标,还必须考虑一个问题:这个目标的实现是依赖个人意志还是可持续的团队行动?答案很明显。假如你的目标是让大家知道时间,那么在报时和造钟之间,必须重视后者。所以在李校长看来,校长不是发动机,校长是给每个人装上发动机的人，必须把制定规则作为超长期目标实现的一个保障。这就是他接下来做的第四件和第五件事。

从“利”着手，制定规则

这样可以实现“责权利”等边，意思是一个人的责任、利益和权利是相等的。一般学校都强调责任第一，北京十一中学的经验是从“利”开始，这才是顺应人性的做法。先让大家热心参与进来，他们自然会去主动承担责任。比如，学校把预算单位规划到小得不能再小。全校总共有500多教职工，却有176个预算单位。每一个责权利等边的组织都是一个预算单位，比如教研组、学科组等。很多人都交叉在多个预算单位里，扮演不同的角色。

这样做，为的是让听得见炮声的人有决策权，哪个层级获得的信息最充分，就在哪个层级做出决策。提升了自主决策权，也就不用担心老师们的积极性和责任感了。

把经验转化成知识，解决传承

经验和知识的最大区别在于，经验只存在于个人的头脑里，没办法共享和传承；而知识能够存在于组织内部、个体之间，可以反复验证和优化迭代。依靠经验做事当然是有用的，甚至是高效的。但前提是，这是解决短期问题，不考虑组织能力的长期积累。如果是在一个很长的周期里，靠经验，只能应付现在，无法适应未来。因此，把经验变成知识，是管理超长期目标时所必需的。

李校长认为，培养组织的元认知能力，也就是构建学习型组织，才能有应对外在变化的自适应能力。基于此，北京十一中学从2007年开始，每隔三年，就会总结一次成功经验，并把可验证的关键因素梳理出来。这项知识管理工作，经过十几年的积累，已经形成了学校独有的《行动纲要》和《学校章程》来规定自己的一切行为。他们还出版了一本书——《非常理想，特别现实》，把经验和做法固化成知识产品，开放给教育同行。

总之，当教师或学校面对自己的超长期目标时也可以如此，在固定时间周期里梳理出关键因素，不断地把经验变成知识，才能够持续地自我优化。

持续行动，维护信用

前面五件事设想得再好，都必须要管理自我，才能更好地实现这个目标。因为超长期目标涉及变量多，管理自我的重点应该是管理自己的信用。

李校长运营校友关系的例子很值得借鉴。对校长来说，他的责任是尽最大可能调动老师的积极性，让老师始终有热情投入教学。对此，他的洞察是：老师最兴奋的、最容易被激励的时刻,是他以前的学生回来看望他,这是办好教育的关键时刻。

为了这个目的,搞好校友关系就特别重要。没有一所学校会说自己不重视校友。但同时,很多人都有过这种经历。毕业那天,校园卡就失效了,通常会有被母校扫地出门的感觉。

北京十一中学在学生毕业的时候,有一个特别的传统。毕业生们在一站式服务中心自助换领校友卡。只要持校友卡,学校的公共设施,仍然可以如常使用。这就让学生与学校间保持了一个终身联系。

另外,北京十一中学还有一个非常漂亮的阳光大厅,叫"缘宫"。这是学校的公共空间。只要是北京十一中学的毕业生,提前预约,就可以终身免费使用这个空间举办活动,可以是公司的招待酒会,可以是个人的婚礼、摄影展。这样做的效果是:第一,不管用不用得上,校友都知道它可以用。第二,在校生虽然还没毕业,他就知道,这个地方永远是他的母校。第三,来办活动的校友,就不是某个特定标准挑出来的。每一个校友都有机会把自己各种方面的成功,呈现给学弟学妹。第四,在校生有机会看到各种各样的人生可能性,这本身就是一种教育。第五,受邀参加活动的来宾,即使不是校友,他也会因此建立对北京十一中学的认同感。第六,当年教过这个学生的老师,看到毕业生今天的样子,就会因此受到非常强的、持续的激励。

总之,中学政治教师这个职业本身就是超长期目标,教师和学校做的工作也是。代入教育家视角思考如何管理超长期目标:

(1)要明确认识到,超长期目标管理的难题和挑战,不要试图用短期行为来堆积长期目标。

(2)超长期目标,需要发展尽可能多的同盟和参与者。

(3)如果是一个重视超长期目标的人,就必须把自我管理的重点放在信用积累上。

第六章

制度规范系统

人类发明了制度以寻求整体更美好的发展。然而，制度并非总能如人所愿。制度在实现人类最初的价值预设与发展愿景的同时，也可能影响人的发展。人与制度的关系在特定时间或情境下可能是被动的。不过，就本质和整体而言，人具有自身的强大主体性，具有在制度面前行动的可能性与现实性，即彰显个体能动性的荣誉感。对于当前制度之下的中学政治教师群体而言，这一信念具有重要的观念重塑和行动支持的意义。

一方面，制度具有先在性。作为具体的人，总是被抛入既存的制度环境之中，少有选择的权利和可能，往往被动地承受着制度。此时的制度相对于具体的人，具有其优越的先在性和强大的客观性。此时的人是制度里的公民，制度确定了人们的选择集合，也限制了人们的选择集合。制度构成了人发展的现实空间，也形成人的现实生活世界。[①]这种先在性和客观性受到传统文化、社会习俗、经济发展阶段等各种复杂社会因素的影响而形成，具有其必然性。然而，先在和客观并不代表制度始终合理、不可撼动，制度自始至终都需要接受人类的价值评判和拷问。合理的、能够不断推动人类进步和发展的制度，会得到接纳并促成其功能的实现；而不合理的制度，则可能在人类理性的质疑中逐渐失去其存在的地位和空间。

另一方面，人又具有能动性。在制度面前，人常常感到自己的卑微和渺小。然而，制度只是一个框架，一种结构性的约束，始终为主体行动留存着自由和弹性。由制度所形成的社会结构既是制约个人行为的因素也是个人行为的产物。承认结构约束下自主行为的可能性意味着关注个人行为改变社会结构的可能性。[②]因此，人在制度面前可以确立坚定的主体自信和强有力的行动姿态。具有能动性的个体，应拒绝在制度面前的宿命论姿态，为创造或改变而存在。

中学思想政治教育的制度性特征尤为突出，制度型构是中学政治教师“身份”及职业合法性的主要来源。自我是职业荣誉感的心理基础，而教师的自我认同无法脱离制度的影响孤立存在。因此，要透视中学政治教师职业荣誉感的时代内涵，解释其现实状况，提出有效对策，还必须把握制度规范系统对它的影响和作用机制。只有通过揭示作为一种身份或职业的“中学政治教师”对个体意味着什么，即个体态度和行为动机的制度根源，才能真正理解当下发展中学政治教师荣誉文化、健全中学政治教师荣誉制度、激发中学政治教师职业荣誉感，对加强中学政治教师队伍建设的紧迫性与价值性。

制度规范系统对职业荣誉感的影响表现为隐性—教师文化和显性—荣誉制度两个层面，自我概念在其中发挥中介作用。一方面，受整体文化价值变迁的影响，教师的荣誉文化也发生了改变。表现之一就是职业荣誉感的内涵发生了不同程度的“变态”：工具理性对职业荣誉感的消解、平庸之恶对职业荣誉感

①道格拉斯·诺斯．制度、制度变迁与经济绩效[M]．刘宇英，译．上海：三联书店，1994：5.

②河连燮．制度分析[M]．北京：中国人民大学出版社，2014：121.

的异化、简历美德对职业荣誉感的降格。另一方面,文化身份与制度身份之间的错位,使教师的自我认同面临着危机和挑战。具体而言,虽然国家从社会需求层面界定了中学政治教师的价值、地位和功能,为该群体的存在提供了合法性;也从职业生态系统运作层面形成了完善的人才培养、认证和规范体系。但没有从个体或群体职业发展层面确认该群体的行动结果。

换言之,确认行动结果对于增加职业管辖权有重要意义。一是能发挥信号作用。通过健全指向行动结果的荣誉制度,不仅从业者能感受到社会支持,而且也能汇集社会的注意力,彰显中学政治教师职业及个体行动—结果的文化意义,从而缓解制度身份与文化身份之间的张力。二是能产生教育意义。荣誉制度与中学政治教师的积极职业心理和行为之间存在正反馈效应,发挥制度引导亲社会行为的积极作用;荣誉制度还为社会提供了一套相对专业、客观、公正、稳定的教师行为评价标准,引导社会尊重教师专业权力,引导学校增强教师专业自主,从而缓解中学思想政治教师的信任危机,切实营造尊师重教之风。

总之,要发挥制度规范系统对中学政治教师职业荣誉感的正面效应,需要通过教师荣誉文化缓解信仰缺失问题,通过教师荣誉制度解决社会缺席问题。

尊师重教是中华文化的优良传统。近年来,随着国家对教育问题越来越重视,教师的地位、待遇问题再次成为全民热议的话题。随着建设教育强国成为共识以及知识经济的发展,我国在制度层面上对教师职业以及教师的劳动成果给予了肯定,形成了相对完善的教师荣誉制度。这一制度在激励教师,吸引更多优秀人才投身教育事业方面发挥了重要作用。故有必要对教师荣誉制度进行分析并反思,为从制度入手增强中学政治教师荣誉感提供有益参考。

一、制度荣誉的生成逻辑

制度逻辑的定义为:由社会建构起来的关于物质实践、假设、价值、信念以及规则的历史模式,个体通过这些模式生产和再生产他们的物质生活、组织时间和空间以及为他们的社会现实赋予意义(Thornton,2012)。制度逻辑理论可以解释权力、责任、职业声望等。理论认为,每种制度秩序都有物质和文化的双重要素,而精神受场域中逻辑理性和文化多样性的影响。基于此,本文将制度荣誉的生成逻辑阐释如下。

(一)声望来源及不平等分配

如前所述,声望指针对某群体的综合性价值评价(Weber,1987),是个体荣誉感的社会基础。针对社会声望,呈现出两条基本的理论脉络:唯实论和唯名论。这两条基本的理论脉络,就社会声望的来源及其在不同社会群体间的不平等分配提出了不一样的假设。在唯实论的理论脉络当中,物质分配的不平等与社会声望分层同构。首先,财富和权力非常重要,社会当中的个体追求的是物质目标,且他们一般关注那些更为富裕和更有权力的人。其次,个体在经济和政治体系当中的位置是社会声望的基础。因为社会当中的个体普遍追求物质财富和权力,因此,拥有更多这两样东西的人更易获得尊重和认可。最后,正因为社会声望的根本是物质财富和权力,所以它是派生性的,并不重要。

在唯名论的理论脉络当中,社会声望相对独立于物质财富和权力。一种取向是将个体看作是理性的声望追求者,他们在社会声望系统中寻求最大化自身的声望。其中,持温和主义假设的研究者认为个体要获得声望,就需要以群体认可的方式行事,或表现出他人所认可的特征,比如,服从群体规则。持愤俗主义假设的研究者则认为,面对社会竞争时,个体会毫不犹豫,操纵规则,让声望的分配对自己有利。另一取向是游戏主义,则对人性作出了不一样的假设。在这一取向的研究者看来,人类追求的不是声望,而是喜欢这个游戏。

由于教师工作内涵的特殊性,其一直被视作与荣誉有着天然的联系。虽然就教师个体感知到的职业荣誉,已有的理论研究并不充分。但荣誉本身一直是社会和人类学研究的经典议题之一。有人类学家把荣誉分为横向荣誉与纵向荣誉(Stewart,1994),“横向荣誉”是指由于属于某一群体而自然获得的认可与尊重。“纵向荣誉”则是考虑到荣誉在群体成员之间或者不同群体之间的非均等分配的状况,它意指荣誉的等级结构。从这个意义来看,荣誉是一项社会建构。当提及荣誉,即认可与尊重,它必然与群体以及不平等分配挂钩。

(二)从社会声望到个体荣誉

后来的研究人员则试图在坚持声望系统相对独立的基础上对其作制度主义的分析。例如,在针对职业声望的分析过程中,强调声望的认知基础,认为其需要通过群体成员共享一套意义系统而得以维持(周雪光,2005)。基于制度秩序(Institutional Order)的概念对职业声望加以界定,任何社会都有价值观和信念的制度秩序,这套秩序对社会产品和社会行为的合法和正当性加以规定,而社会声望则是基于这套共享的制度逻辑之上,任何社会位置、行为与角色要获得社会声望都需要以之为基础。虽然“荣誉证书”颁受的对象是每个拥有较长教龄的个体,但这一政策本身不应当仅仅被视作针对每个个体的奖励行为。与其他类型的奖励不同,它不仅构建出了一个新的群体——获奖教师,在教师看来,它还对这一特殊群体进行了社会声望授予。教师对声望来源的认知,是理解教师对于自身所属群体社会声望认识的基础。

声望与荣誉感之间的关联机制,即教师群体声望的授予将如何转化为个体感知到的认可和尊重,个体要获得限于某些群体的认可和尊重,只要成为群体一员即可(Tamler,2009)。这与唯实论的财富和权力可以直接带来荣誉的观点类似。而唯名论认为荣誉感的获得一要通过努力和争取,表现出社会认可的特质或行为,忽视了其前提,共享的价值观和信念。后来的研究表明,与荣誉相连是一套稳定的制度以及有关制度角色的安排。群体成员所习得的与之关联的角色是他们身份认同的重要组成部分。对于个体而言,身份认同感意味着与之有关的角色和行为模式的内化。身份认同感低会影响个体主观感受到的荣誉感。换言之,身份认同是社会声望与个体荣誉感之间的中介。这也说明,本文从自我概念角度剖析中学政治教师职业荣誉感,能为教师荣誉制度有效性提供心理理论的基础。

二、我国的教师荣誉制度

教师国家荣誉制度是新时期教育战略发展的重要支撑,是科教兴国和优先发展教育的政治宣誓。教师国家荣誉区别于传统教师荣誉,立足于国家层面,面向全体教师,更具象征性和价值导向,具有政治意义、社会意义和重大激励价值。

我国建立教师国家荣誉制度不仅具有法理依据,同时具有现实紧迫性。2015年,国务院发布的《乡村教师支持计划(2015—2020年)》(简称《支持计划》)中明确提出要建设乡村教师荣誉制度,由国家对在乡村学校从教30年以上的教师按照有关规定颁发荣誉证书。省(区、市)、县(市、区、旗)要分别对在乡村学校从教20年以上、10年以上的教师给予鼓励。2016年,教育部、人力资源和社会保障部联合发文,决定自当年起组织开展“乡村学校从教三十年教师荣誉证书”的颁发工作。①具体措施,包括颁发荣誉证书,给予物质奖励、政策倾斜以及休假疗养假期等。制度建设的基本目标在于提升乡村教师职业荣誉感,宣传乡村教师坚守岗位、默默奉献的崇高精神,在全社会营造关心支持乡村教师的浓厚氛围。长远来看,它另一方面的意义在于,通过与其他相应政策措施的配套与整合,增强教师队伍的吸引力,推动教师队伍的补充和结构优化。2021年11月29日,教育部发布《中华人民共和国教师法(修订草案)(征求意见稿)》拟建立教师荣誉表彰制度,设立国家教师奖。对有重大贡献的教师,授予具有广泛性、代表性和最高权威性的“全国模范教师”“全国优秀教师”“人民教育家”“全国教书育人楷模”等称号。

教师荣誉制度作为教师管理制度的重要组成部分,已有不少学者对这一问题进行了不同程度、不同视角的研究,也取得了丰硕的成果。基于此,本文从教师荣誉制度的内涵、特点、存在的问题以及完善建议四个方面论述,说明制度对增强职业荣誉感的重要价值。

(一)教师荣誉制度的内涵

目前,研究者从多角度阐释教师荣誉制度的内涵,尚未形成相对统一的认识。例如,教师荣誉是国家和社会对教师辛勤付出和获得成就的一种肯定和赞扬方式(罗明煜,2014)。在深入剖析“教师荣誉”“制度”“荣誉制度”内涵的基础上,将其定义为教师荣誉授予机构对做出杰出贡献的教师所做的贡献给予承认而授予教师荣誉的制度安排(张姬则,2014)。从国家与政府的关系方面着手,认为国家荣誉必须是以国家的名义颁发,由国家元首授予,如此方可体现出国家荣誉在整个荣誉体系中的权威性,并据此把教师国家荣誉制度定义为国家为在教育事业中做出突出贡献的卓越教师颁授国家层级的荣誉称号、勋章或奖章的制度体系(李源田,崔建强,2013)。虽然内涵的表达方式和侧重点虽有不同,但都有一些共同要素:荣誉授予机构、条件及对象。

(二)教师荣誉制度的特点

国外的教师荣誉制度的研究中,均把综合国力较强的国家作为教育优质国

①中华人民共和国教育部.教育部人力资源社会保障部关于做好乡村学校从教30年教师荣誉证书颁发工作的通知[EB/OL].2016-4-12. http://www.moe.gov.cn/srcsite/A10/s7000/201605/t20160504_241883. html.

家,基于当前综合国力竞争乃是人才的竞争的思考,本文认同这样的假设。因此,研究这些国家的教师荣誉制度,对完善我国的教师荣誉制度具有借鉴意义。教育优质国家教师荣誉制度的特点主要有:普遍设立国家级教师荣誉,社会影响广泛;教师列入公务员编制;体现以学生发展为中心的思想;注重对教师的"荣誉后"管理。

第一,制度设立。主要发达国家都设立了国家最高荣誉奖,如美国的"国家年度教师"、英国的"年度教师奖"、澳大利亚的"教师国家成就奖"以及新加坡的"总统教师奖"(张姬则,2014)。在国外,国家级荣誉作为教师的最高荣誉已经历了漫长的历史并臻于成熟,成为全国耳熟能详的词,并产生了深远影响。英国的这一奖项在英国影响广泛,每年英国BBC都会对该奖项的颁奖仪式进行专题报道(罗明煜,2014)。美国时任总统也会在白宫表彰当年的国家年度教师,足见其在本国的影响力。我国以立法形式拟设立国家教师奖。

第二,教师编制。有研究者认为我国的教师教育制度顶层设计可参照日本,把教师列入公务员编制,教师享受一般公务员的待遇,同时也享受教师的待遇,如寒暑假带薪休假、教师进修等,这是教师的一大荣誉(周洪宇,2013)。不仅在日本,韩国、法国、德国也均把教师列入了公务员编制,极大地提高了教师的社会地位和薪资待遇。我国出台多项措施,加强教职工队伍建设。建立了教师工资保障长效机制和完善了中小学教师收入分配激励机制。

第三,评选标准。英、美、新加坡等国的荣誉教师评选标准都是以奖项鼓励教师的成就,注重以学生为落脚点(罗明煜,2014)。以澳大利亚"国家成就奖"为例,评审标准不仅仅停留在教师专业发展能力上,而是要更加强调教师积极为学生的发展和改变做出的巨大努力上(王志勇,2015),体现出以学生发展为中心的思想。

第四,誉后管理。国外大多教师荣誉制度均注重对教师的"荣誉后"管理(王志勇,2015),主要表现在两个方面:一是荣誉称号有时间限制和定期跟踪考核制度,留有部分奖金作为教师后续发展基金;二是注重教师荣誉制度与教师资格认证相结合,力图通过教师荣誉称号提升教师教育标准。

(三)教师荣誉制度的现状

通过问卷调查与教师访谈,对教师荣誉获得的机会、层次与类别,教师对荣誉的了解程度，教师对荣誉评选的体验等进行了分析。结果发现，中学政治教师荣誉获得机会受性别、教龄等因素影响而存在较大差异。被调查教师获得荣誉多为县级及以下荣誉。教学类荣誉、个体荣誉占比最高。多数教师对荣誉体系与评选规则的知晓度较差。在荣誉评比的积极体验方面，过程取向的价值体验得分略高于结果取向的价值体验；负面体验方面，荣誉评选影响同事关系、加重工作负担两项得分最高。总体上看，教师荣誉评比的规范化水平越来越高。

（四）荣誉制度存在的问题

通过与国外成功案例的比较，可以发现我国教师荣誉制度中存在的问题。已有的研究结果表明我国教师荣誉制度中存在的问题主要有：教师荣誉体系不完善；评选标准既笼统又过于量化；“荣誉后”管理需完善。

首先，荣誉体系方面。我国的教师荣誉体系的顶层制度设计正在完善，拟设立有权威的、广泛的、代表性强的国家级教师最高奖。

其次，评选标准方面。调查发现，在评选优秀教师时，评价标准一方面比较笼统，另一方面又过于量化。过于笼统表现在评价标准不够清晰明确，过于量化是指许多学校都对参评教师在论文发表数量、外语水平、升学率等方面有硬性要求（张姬则，2014）。有的教师为了获得荣誉称号不惜铤而走险，违背信用，花钱买论文、买证书等有违师德的行为屡禁不止（周洪宇，2013）。新时代教育评价改革的重点环节是“破五维”，构建符合学术发展规律和教师成长规律的评价体系。

最后，誉后管理方面。我国缺乏相应的管理机制，而且在评选优秀教师时存在“吃果果，排排坐”的现象，没有荣誉感和责任感，自然而然在誉后疏于自我管理，没有发挥示范带头作用。

实证调查方面，以特级教师为例，誉后发展的困局表现为“特级”步入高原，誉后专业成长乏力；“教优则仕”现象普遍，琐务掣肘学问精进；应有效力发挥有限（金连平，2011）。另外，由于教育行政重评轻管，学校工作负荷加重，导致“誉后”发展缺乏政策引领和支持性文化环境，即使教师欲攀高履新也心有余而力不足（谢晨，2015）。对乡村教师荣誉制度实施现状的调查研究表明，乡村教师荣誉制度实施前的引导准备工作不充分，制度的实施带给乡村教师的荣誉感不高，对荣誉乡村教师的管理激励措施还不到位（彭冬萍，曾素林，2018）。一项就乡村教师荣誉制度建设的最新措施——从教三十周年荣誉证书的发放的大规模探索性研究的数据分析表明，受访教师倾向于将荣誉证书的发放建构为一项社会声望授予尝试。由于体验到较为强烈的声望危机，他们在职业身份认同上处于摇摆状态，谈及“荣誉证书”以及荣誉感时大多显示出一定的矛盾心理：既认可又表示其“含金量不够”，无法帮助他们提升社会声望并进一步获得建基于此的荣誉感（谢爱磊，刘群群，2019）。

（五）完善荣誉制度的建议

完善我国教师荣誉制度的建议主要包括：提高重视度、设置称号、完善流程、加强“荣誉后”管理等方面。

一是提高重视度。举行隆重的颁奖仪式，由国家领导人亲自授予奖项，以此来彰显制度的权威性以及对制度的重视（龚兵，周俊，2016）；二是设置称号。根据教师的荣誉心理需要来设置“阶梯式”荣誉称号，称号须体现教师职业的专业性及教师专业发展的阶梯性，而且教师的最高荣誉必须是实至名归的国家级称号。三是完善流程。从评选的标准、主体、对象及操作程序方面着手，增强过程可操作性，评选结果科学合理化，保证公平公正。四是加强“荣誉后”管理。奖励不一次性发放，而是留出部分资金供荣誉教师后续教学实验、教学创新及专业发展所用，同时设计合理的跟踪考核制度，激励荣誉教师保持其先进性。比如，有学者在分析当前乡村教师“荣誉后”管理的现状后提出，构建乡村教师“荣誉后”管理机制，应从定期跟踪帮扶、搭建发展平台、组织交流学习、发挥引领作用四个方面着手（侯伟浩，曾素林，2016）。

总而言之，应做到：立足教师，以多元视角完善政策框架；回归个体，以专业发展激发专业荣誉；系统推进，以社会风气转变促使教师境遇改善。

三、三个职业荣誉感案例

（一）社会：国家荣誉制度

教师是教育发展的第一资源，是国家富强、民族振兴、人民幸福的重要基石。习近平总书记强调，要在全社会倡导尊师重教。党的十九大报告中强调要倡导全社会尊师重教。2013年回信时，强调要“使教师成为最受社会尊重的职业”；2016年在八一学校，强调“让教师成为让人羡慕的职业”；特别是2018年在全国教育大会上，强调教师是人类灵魂的工程师，是人类文明的传承者，承载着传播知识、传播思想、传播真理，塑造灵魂、塑造生命、塑造新人的时代重任。全党全社会要弘扬尊师重教的社会风尚，努力提高教师政治地位、社会地位、职业地位，让广大教师享有应有的社会声望，在教书育人岗位上为党和人民事业作出新的更大的贡献。随着办学条件不断改善，教育投入要更多向教师倾斜，不断提高教师待遇，让广大教师安心从教、热心从教。

为了提高广大教师的社会地位，党中央、国务院明确提出了“加大教师表彰力度”的要求。2019年两会期间，全国人大代表、山东省教育厅巡视员、中国教育三十人论坛成员张志勇表示，为了在全社会弘扬尊师重教的社会风尚，建议尽快建立完善教师国家荣誉称号和表彰奖励体系：

教师是教育的第一资源。立德树人是学校教育的根本任务，是广大教师的天职。为了在全社会重振师道尊严，营造尊师重教的浓厚氛围，根据《国家功勋荣誉表彰条例》，参照国家级表彰奖励体系建立的情况，建议将“教学名师”评选更名、升格为国家级表彰奖励，参照国家设立国家最高科技奖表彰奖励科学技术工作者的做法，设立“国家教师奖”，每年在教师节期间表彰奖励一批在教书育人方面做出重要贡献的卓越教师。地方则可以根据相应权限，开展相应的教师表彰奖励活动。之所以将这一国家级教师表彰奖励直接冠以“国家教师奖”称号，是为了充分唤醒教师职业的神圣感和使命感，强化教师职业的国家担当和崇高使命。

具体而言，一是设立“人民教育家”国家荣誉称号。2015年12月27日中华人民共和国第十二届全国人民代表大会常务委员会第十八次会议通过的《中华人民共和国国家勋章和国家荣誉称号法》第四条规定：国家设立国家荣誉称号，授予在经济、社会、国防、外交、教育、科技、文化、卫生、体育等各领域各行业作出重大贡献、享有崇高声誉的杰出人士。国家荣誉称号的名称冠以“人民”，也可以使用其他名称。国家荣誉称号的具体名称由全国人民代表大会常务委员会在决定授予时确定。根据上述法律规定，建议设立“人民教育家”国家荣誉称号，每年在教师节期间表彰在教育领域作出重大贡献、享有崇高声誉的少数教育界杰出人士。

二是建立国家级教师表彰奖励制度，设立“国家教师奖”。《国家功勋荣誉表彰条例》规定，表彰奖励按层级分为国家级表彰奖励、部门和地方表彰奖励。目前，国家级表彰奖励主要有“全国优秀共产党员”“全国优秀党务工作者”“全国先进党组织”党内表彰，全国劳动模范和先进工作者表彰，国家科学技术进步奖，全国民族团结进步模范表彰等，以及中央军委奖励表彰。部门和地方可根据相应权限开展表彰奖励。当前，教学名师、教学成果奖等虽然名为国家级奖励，但仍然为部门表彰。

表彰不仅仅是为了纪念过往的奋斗，更是为了激发奋斗的激情和对未来的向往。国家荣誉源于个人自我满足的需求和对社会承认的渴望，成为现代社会强有力的动力源泉。国家以荣誉作为其与社会之间的纽带，一方面以表彰促进政治认同，另一方面推崇社会价值。在自我激励的能动性和国家示范导向的互动中，形成两者的耦合。

（二）学校：教师激励方案

教师是学校里第一重要的群体，其精神状态和工作态度将决定学校组织的兴衰成败。学校发展的生命力来自教师对教育事业的忠诚及其对本职工作的热忱。因此，激励而不是控制，是“领导”与“管理”标志性的区别之一。李希贵在领导过程中，非常注重组织成员的参与，强调唤醒组织成员的主体性，调动人的潜能和主观能动性，主要做法分为7大方面14个工具。①

1.把检查和评价分开，淡化慎用评价

在任何组织里，评价都是一个高利害的武器。正式的评价应该是基于标准的评价，是一项专业性很强的工作，如果搞不好，在某些环节上不是很科学，评价的结果就会大打折扣。一位领导者切不可随意评价任何一位老师的工作，你可能以偏概全，也可能坐井观天，所以，评价是一件很严肃的事情。另一方面，评价还是一把双刃剑，用好了能激励教师，用不好会引起很多矛盾、问题，起到相反的作用，还不如不评。基于此，在有些学校已经将评价覆盖到无孔不入的时候，北京十一学校开始淡化评价。

学校提出：淡化评价本身就是对老师的无形激励。这表现在：

其一，将“评价”引导为“诊断”。例如，学校每个学期组织一次学生层面的调研，这项工作在过去叫“评教评学”，淡化评价后，改为“教育教学情况调查”，

①本文提炼总结了北京十一学校构建一套多元的教师激励机制的方法，作为一个增强中学政治教师职业荣誉感的学校案例，内容选编自《学校转型：北京十一学校创新育人模式的探索》。

意在告诉老师们,这项工作不是领导拿来说事的评价,而是以研究的态度,帮助老师查找自己的问题,是为诊断和改进教育教学服务的。

其二,将检查与评价分开。有些事情可以检查,但不要评价。譬如,对一些青年老师来说,需要通过对他们备课情况的检查发现他们教学中的优点和问题,然后促进他们成长进步,但却不适合以此评价他们的工作,因为,对备课情况的评价是最容易引发诸如"弄虚作假""千人一面"等问题的。有些检查需要认真仔细,但评价却不要太计较。如对学生的常规检查,如果我们与老师"分分"计较,老师就必然与学生"分分"计较,既影响师生关系和班级生活质量,也不利于学生的长远发展。

2.运用各种非正式的表扬手段进行激励

创造各种机会,运用多种方式,发现并展示每个人的闪光点,促使其自觉、持久而稳定地提高工作绩效。

案例1:譬如,把每个学期教师教育教学情况调查中许多学生满怀深情地给老师写下的那些令人感动的评语汇总在一张贺卡上,在新年的第一天,很郑重地交给老师,甚至将它镌刻在笔筒上送给老师。

案例2:学校每个月举办一次"生日会",每年有一个主题,其中有一年就是寻找身边的感动,工会录制了寿星老师的同事、学生对老师的赞美,生日聚会现场播放,令老师们感动不已;每年退休的老师都会收到一份"退休纪念册",其中展示的是他们在学校闪光的业绩和辉煌的历史。

案例3:为刚刚入职的新教师开办"迎新酒会",以西餐酒会开放交流的灵活方式,搭建一个展示新教师和新老教师交流的平台。

案例4:教职工的幸福,有来自工作的成就感,也有来自家庭美满和孩子健康成长的幸福。为了激励教职工子女追求卓越的人生目标,养成勤奋学习的良好习惯,学校专门制定了《北京十一学校教职工子女升学奖励办法》。学校对品学兼优的教职工子女进行一年一次的奖励,颁奖典礼邀请教职工和他们的子女一同出席。奖励名单以大幅海报张贴在学校的显著位置。希望通过奖励他们的孩子,让教职工感受到学校对他们个人幸福家庭的关心,使他们因此备受激励。

这样,评价者无须殚精竭虑,被评价者也心情愉悦。当然,非正式表扬也不可随意为之,它必须出于真诚,且要以事实为依据,尽量避免面面俱到,评价所涉及的方面必须真实可信。

3.为教师设置多种展示舞台

案例5:以“发现身边教职工的闪光点和精彩的感人肺腑的人和事”为主旨,学校每个月举办一次“月度人物”的推荐、宣传活动,精心制作的月度人物宣传海报被张贴于十分显要的位置。月度人物来自于学校生活的各个岗位,有一线的教师,也有后勤的职工;可以是个人,也可以是群体。

案例6:为了激励年轻教师的成长,学校专门为35岁以下的青年教师设置了“青年才俊”展示窗口。青年才俊不是评选先进青年,不是考核评优,其目的在于“展示风貌、关注成长、建设团队”,重在为青年教师提供展示的平台,让他们交流成长经验,鼓励他们不断刷新自我,追求卓越,争做师德的表率、育人的模范、教学的专家。

案例7:为了充分发挥党员教师的模范带头作用,学校设置了“党员风采”展示平台,展示那些在自己的岗位上,以一名共产党员的身份带头工作的教职员工。

4.注重教师的专业成长

学校非常重视教师的职业规划和专业成长。《行动纲要》明确指出:“我们的‘本来’在不断折旧,必须通过持续学习以实现自我保值和升值;要注意职业规划,不断刷新自我。”

案例8:为帮助教师成长,学校成立了“教育家书院”,专门负责教师的专业发展。书院充分考虑到教师发展的不同需求,设置了多层次、多类别的教师专业发展课程,供教师选择。为了减轻行政命令式的专业成长可能带来的压力和负担,“教育家书院”明确为民间组织,以学术而非行政的方式推进,激发教师自主提升的愿望和需求,变被动成长为主动成长。

每一位教师都十分在乎自己的学术发展,如果牵线搭桥,让老师们进入自己喜欢甚至追求的学术圈子,既能够满足他们的成就感,也有利于学术发展。因此,我们创造条件让老师们进入各种学术组织、研究机构或教材编辑部门等,让他们在校外的学术领域中快速成长。

5.让每位教职工在合适的岗位发挥特长

正像学生有差异一样,教师也是存在差异的,发现他们的特长并设置平台发挥他们的特长,是学校激励中非常重要的策略。

案例9:比如,为了适应选课走班下学生动态管理的需要,学部实施“分布式领导”模式,由具有某方面管理专长的教师担任分布式领导。这项工作极大地激励了教师的工作热情和创新精神，在学校制度重建的过程中，一些岗位的管理规范都来自于他们的智慧。

案例10：再比如，有一些博士教师在学科专业学术方面特别突出，他们负责高层次课程的研发和拔尖学生的培养，就显得得心应手；有些教师思想活跃，又有着深厚的文化底蕴，高考课程让其无法施展，而任教思想政治、历史和地理的I类课程更能够让他们发挥专业特长，深受学生喜爱；还有些工作需要有专长的教师承担，如不同行业的学生职业考察顾问、不同类型的学生研究性课指导教师等，这时候，学校往往公布岗位名单，让教师自己选择，这样，既有利于发挥教师们的个人专长，也有利于推动工作的深入开展。

6.设置各项奖励办法以表示对教师才能和工作的充分认可

学校改革工资体制，实施双向聘任制度，八级职级岗位对应不同的条件要求和工资待遇，这是对教师最大的评价，也是最大的激励，因为岗位是对自己工作最大的认可。

案例11：为促使教职工注重专业素养和学术能力，推动教师的专业成长，学校制定了《教职工学术积分实施办法》。学术积分主要包括教师主持或参与课题和项目研究情况、学术成果的发表和奖励情况等，实行积分累积制，分金、银、铜三级，每年表彰奖励一次。对于教育教学等各个方面有重大突出贡献者，学校还设立了“功勋积分”奖励。这些奖励办法和高三教育教学成绩评定一起构成学校的激励体系，成为学校教职工评优获奖、评职晋级的重要依据。

7.通过媒体和社会活动把优秀教师推向社会和大众

一所学校的管理者不仅要有一双发现崇高的眼睛，也要建造一架传递崇高的桥梁，不仅要把一位位卓越的老师推向社会，更要把教师这个职业中的崇高之处向大众诠释。

案例12：北京十一学校60周年华诞时，校方在主流媒体中推出了一批优秀教师，并让绝大多数老师的名字和照片出现在媒体报道中，让每一个人都感到自己重要，这起到了很好的激励作用。当社会认识并认可了这些崇高，向老师们投以敬佩的目光的时候，教育既多了一份责任，也多了一份动力。

案例13：激励还体现在邀请社会成功人士参与校内教师的表彰活动。诸多名流、各界精英之所以能有今天的杰出，往往离不开他们人生不同时期一些老师的点拨指导，邀请他们参加学校里有关老师的各种活动，往往也会令老师们意气风发。

案例14：在学校每年的“功勋奖”颁奖典礼上，都会邀请一位老师们喜爱的、德高望重的名家担任颁奖嘉宾。另外，为一些老师举办教学思想研讨会，邀请业界的学术权威给予点评指导，让老师们感到杰出就在身边，卓越触手可及，这更是对老师无形的激励。

（三）个体：致加西亚的信

2011年，湖北省武汉市解放中学的初中政治老师吴又存发表了一篇关于汪金权教师生涯的议论性文章。该文凸显了汪老师的崇高职业荣誉感，他这样写道：

“巍巍师魂，时代标杆，大别山下的汪金权老师是一位让千万人感动落泪、让千万人景仰的时代英雄。他也因此先后被授予全国‘教书育人楷模’、全国优秀教师、湖北省骨干教师等称号。全国教育工作会议期间，他应邀第一次走进了首都北京。作为全国唯一的普通教师代表，聆听了中央关于国家未来教育事业发展的总体部署。2010年教师节期间，又受到了胡锦涛总书记等党和国家领导人的亲切接见。”①

无独有偶，这位立志成为送信到加西亚的“罗文中尉”，也将自己的职业荣誉感变成了现实的存在。2019年3月18日，他获邀参加了习近平总书记亲自主持召开的学校思想政治理论教师座谈会，作了题为《努力做好学生的引路人》的发言。他在后面的回忆文章中叙述道：

“与我握手时，我感到习近平总书记的手很宽厚、很有力量。我激动地说‘总书记好！’总书记微笑着说：‘好，你讲得好！’听到总书记的赞许，特别是能面对面聆听总书记教诲，我兴奋得一夜无眠。”②

吴又存老师的案例说明：先进者的示范作用，高层次的荣誉制度是中学政治教师职业荣誉感不可或缺的外在支持性力量。因为它们明确了行动的方向、肯定了行动的结果，增强了教师坚守信念、积极行动的勇气。

---

①吴又存.大山红炬 巍巍师魂[J].思想政治课教学.2011(1).

②吴又存.做新时代最好的初中思政教师[J].中学政治教学参考.2019(11).

附　助力职业荣誉感——卓越教师的引领①

卓越教师是稀缺资源,很多国家都设立了各种类型和层次的卓越教师奖项以甄选和表彰卓越教师,美国印第安纳大学布鲁明顿校区设立的"阿姆斯壮教师教育者"奖项(Armstrong Teacher Education Award)颇有特色。该奖项从设立至今已有二十几年,不仅为该州选拔了200多名卓越教师,还将这些卓越教师资源作为学院教师教育的重要补充。"阿姆斯壮教师教育者"奖项的运作使卓越教师的价值实现了最大化。尽管这只是一个由大学设立的旨在甄选和表彰中小学卓越教师的奖项,其运作经验并不一定适用于所有层级的卓越教师奖项,但其超越荣誉的理念对于我们进一步思考如何完善教师荣誉项目的运作、如何实现教师教育的革新有重要的借鉴意义。

制度理念:引领作用

"阿姆斯壮教师教育者"奖项于1997年设立于美国印第安纳大学布鲁明顿校区教育学院,旨在甄选卓越的中小学教师。该项目的明确定位是:将印第安纳最好的教师带到布鲁明顿与未来的教师一起工作。为什么要在大学设立一个甄选卓越中小学教师的奖项?怎么理解?如何做到让卓越的中小学教师为大学服务?这些问题的答案都蕴含在奖项的基本运作及其甄选卓越教师的标准之中。

奖项的获奖者被称为"阿姆斯壮教师",一方面是资方要求。另外,奖项还特别强调甄选的是具备"教师教育者"特质的卓越教师。教师教育者至少具备以下四种能力:能够教育教师;能够与不同背景的成人一起合作和工作;具有组织能力;能够在专业上实现自我发展。因此,教师教育者在教育场域里通常扮演着多重角色:学科教学教育者、课程开发者、在职教师教育者以及研究者。因而,阿姆斯壮教师教育者奖项所要挑选的是卓越的教师教育者——不仅要在教学领域表现优秀,还必须具有组织能力和创新能力,能在教育教学的变革中发挥领导作用。正如一位阿姆斯壮教师所说,阿姆斯壮教师应该成为学校教育的领导者,应该站起来、走出去,向公众宣传在公共教育体系中哪些是正确的,以

①龚兵,林惠琴.超越荣誉:由"阿姆斯壮教师教育者"奖项引发的思考[J].教育科学研究,2019(06).

及什么是好的公共教育。这说明,该项目评选出的卓越教师超越了传统意义上的卓越教师角色,是一些具有革新能力的教师教育者。

该项目的候选教师在参评时需要递交一份500字的自评书。自评书需要包含以下几个方面的内容:申请人作为教师最突出的方面;申请人在教学方面的特色,比如教学方法、教育哲学以及教学革新等;申请人未来将如何为学校服务;申请人对自己在专业方面有何期待以及未来的成长计划。该奖项的评选通常在每年的11月份启动,第二年的3月份揭晓评选结果,到4月份,所有获奖教师应邀前往教育学院,或授课、或讲座,开启为期一年的"阿姆斯壮教师"生涯,由此也揭开阿姆斯壮教师走进大学、为大学服务的序幕。

我国一直秉承尊师重教的传统,也初步建立起较为完善的教师荣誉体系。我们的很多教师荣誉项目在评选卓越教师的时候,都非常注重参选教师的教学能力,但对教师研究能力和领导能力的关注较少。另外,我们的教师荣誉项目都非常重视荣誉称号的授予环节,甚至有时候荣誉的授予成为教师荣誉项目的核心。这就使得卓越教师奖项从启动到实施的整个过程有时候被简化为一个环节——卓越教师荣誉的授予。尊重卓越教师需要有仪式上的体现,但作为一个教师荣誉项目,除了表彰卓越教师之外,是否可以进一步拓展其功能呢? 各类奖项的设立者和管理者可以更多地思考如何在荣誉授予仪式之后,进一步发挥作为稀缺资源的卓越教师的专业价值和教育引领作用。

阿姆斯壮教师教育者奖项的运作经验告诉我们:教师荣誉作为对教师工作的一种肯定和认可,它不是一个终点,而是教师专业生涯中的一个峰点。因此,教师荣誉不应只是一种奖励形式,它还应当发挥引领、服务等功能。

制度运作:专业规范

评选卓越教师是教师荣誉项目的核心内容和关键环节。为确保评选的客观、公平和公正,阿姆斯壮教师教育者奖项在运作的过程中专门成立了由教育学院的教育专家组成的项目管理团队负责该项目的运作,并制定了明确的评选标准,规定了参评者的参评资格以及具体的参评程序。

该项目的负责人被称为执行主席。执行主席的主要职责有:负责阿姆斯壮教师的评选,规划阿姆斯壮教师任期内的各项专业发展活动,进一步修订和完善项目管理规定,等等。为了确保评选的公正性,最后的获奖人选由执行主席与学院的专家以及前任"阿姆斯壮教师"一起商讨确定。学院还专门建立了一个介绍该项目的网页，公开关于该项目的所有重要信息，包括奖项的基本情况和宗旨、评选标准、历届获奖教师的情况等。

据统计，奖项设立至今共有204名教师当选为阿姆斯壮教师。获奖教师最多的一年共有22名教师当选，最少的一年也有6名教师当选。历年的获奖教师来自于印第安纳州的各个学区和学校，他们任教于不同年级的不同学科，表现出不同的人口学特征。这充分体现出项目立足于服务印第安纳州且为布鲁明顿校区挑选卓越教师的目的。奖项每年评选出的获奖人数不一，具体人数通常会基于学院的未来教师养成计划进行微调。

我国的卓越教师奖项在运作和管理的过程中少有教师和教育专业人士参与，大多由行政管理人员负责，这使得某些奖项有时会向行政人员倾斜。不妨来看看某校设立的一个卓越教师奖项：为保障评选公开、公正、透明，该校专门设立了"卓越教学奖"管理办公室，由分管教学工作的副校长牵头，人事处、教务处、宣传部、财务处、学生工作部、校团委、校纪律监察处等有关部门联合参与推进工作。此外，该校还专门成立了"卓越教学奖"评审委员会，由院士代表、校督导专家代表、各学科专家代表、校友代表及学生代表等共35人组成，校领导不在其中。规模如此庞大的项目管理团队似乎可以赋予奖项更高的权威和效率，但在运作过程中却显露出奖项的行政色彩和随意性。还有一些问题让人心生疑惑，如，专门的"卓越教学奖"管理办公室由哪些人员组成，具体职责是什么？由分管教学工作的副校长"牵头"是否等于副校长全权负责奖项的运作？"有关部门联合参与推进工作"究竟是指哪些部门？各部门之间权责如何划分？"35人组成的评审委员会"究竟如何运作？学校专门成立"卓越教学奖"评审委员会，共35人组成，校领导不在其中，如此庞大的评审委员会或许是为了体现奖项的专业性，但来自不同学科背景的各方代表所组成的临时评审委员会，如何在评选过程中协调与合作，如何体现评选的科学和公正呢？

上述奖项只是一个校级的卓越教师奖项，其运作模式并不完全具有代表性。再来看看国家级卓越教师奖项的运作："全国优秀教师和全国优秀教育工作者"评选每三年进行一次，是我国最高级别的教师荣誉奖项之一。遗憾的是，该奖项在评选过程中并未设立一个公开和正规的渠道介绍奖项的有关信息，公众只能从媒体的零散报道中了解奖项的细枝末节。有关评选的具体流程，如评选委员会的成员、评选的标准、获奖者的福利与职责等，公众几乎无从得知。这也说明了我们的国家级奖项在运作上存在程序不透明、标准不清晰等问题。正如某些学者所说的，目前我国教师荣誉体系在评选程序方面涉及多个具体问题，第一条就是评选标准不清晰，具体表现为评审标准流于空泛、多为形式化语言、太过灵活、操作性不够，等等。

卓越教师的选拔和荣誉授予是极具专业价值的活动，需要体现教育精神，需要教育专业人员全程参与并负责具体运作，项目的管理和运作也应该尽可能地规范化。如果卓越教师评选本身缺乏专业性和规范性，最终不但不能彰显卓越教师的荣誉，不能充分体现荣誉项目奖励先进的用意，反倒可能贬损卓越教师的名誉和奖项的价值。

制度目标：超越荣誉

根据阿姆斯壮教师教育者奖项的规定，每年当选的卓越教师都会定期到访印第安纳大学布鲁明顿校区开展讲座，与准教师、大学教师以及教育学院的管理者进行交流和沟通。他们的教育智慧和经验点燃了众多准教师的教育热情和雄心，也促进了包含大、中、小学教师在内的各类教师群体的专业发展。有人认为，阿姆斯壮教师教育者奖项在影响力上甚至超过了印第安纳州州立教师评选。不管这个评价是否客观，至少说明阿姆斯壮教师教育者奖项确实取得了持续的成功。

为了更充分地发挥卓越教师的价值和影响，项目于2016年特增设了“驻校教师”岗位。根据获奖教师自身的意愿并通过获奖教师与其所服务的学校协商确认，项目组每年会从获奖教师中挑选几名教师作为驻校教师。驻校教师的职责是在任期内定期到访印第安纳大学布鲁明顿校区，参与教育学院指定的活动，与大学师生一起交流讨论。驻校教师还需要与大学教师一起合作完善大学教学，并主持一些与教育和教师职业生涯相关的研讨会。

阿姆斯壮教师教育者奖项的可持续性还与项目组对待荣誉的态度有关。据统计，印第安纳州仅公立学校的教师就有六万余名，能够从数万名教师中脱颖而出当选阿姆斯壮教师对任何教师来说都是一项极大的荣誉。如何理解卓越教师所取得的荣誉？如何奖励获奖教师？是用较多的物质奖励表彰卓越教师，还是采用别的激励办法呢？事实上，阿姆斯壮教师获得的物质奖励非常有限，且这有限的物质奖励还是以获奖教师参与教师专业发展活动的补助形式发放的。这种“吝啬”的奖励机制会不会影响阿姆斯壮教师的热情以及项目的影响力呢？答案是否定的。该奖项的这种激励方式或许受到美国国家荣誉制度的影响。大体上，美国的国家荣誉制度比较重视精神激励，而轻视物质奖励。国家科学奖和国家技术奖堪称美国科学技术界的诺贝尔奖，却都不设奖金，只颁发一枚奖章，以表彰科学技术人员在各自领域所作出的贡献。

阿姆斯壮教师教育者奖项将"如何为学院的准教师服务"视为优先考虑的事情。该项目在卓越教师的选拔、荣誉授予以及奖励内容等方面都会立足于准教师的需求进行充分考虑。超越荣誉以及充分发挥卓越教师的价值，成为项目运作的指导思想。

阿姆斯壮教师的奖励大体有这样一些形式：获奖教师应邀参加秋季学期在印第安纳大学举办的讨论会，可以获得500美元的奖励。此外，当他们受邀到访印第安纳大学参加各种专业发展活动时，项目组会补偿他们的交通和住宿等费用，也会为他们支付短期离开学校不得不聘请临时代课教师的费用。对于少数驻校教师，项目组还会给予他们一些额外的资助和支持，但奖励的总金额不超过3500美元。另外，驻校教师还可以免费听取6个学分的研究生课程。

与物质奖励相伴的是阿姆斯壮教师应该承担的责任。阿姆斯壮教师在一年的任期内需要到访教育学院3次，举办各种有关当前教育问题的座谈会和研讨会，与大学师生一起座谈。此外，他们还需要与大学教师合作，参与特定课程的教学改革。他们还必须带领教育学院的准教师参观自己的学校和课堂，开展教育实习，将自己的经验与准教师分享。他们甚至还需要在网上建立探讨教学问题的平台，并与社区的教育工作者合作，针对特定的主题与中小学师生一起开展活动。任期结束时，阿姆斯壮教师还要提交一个简短的报告描述他们在任期内所做的工作。

阿姆斯壮教师教育者奖项的设立超越了对个别卓越教师的表彰和奖励，将原本功能单一的卓越教师评选项目打造成立体、多元的教师专业发展项目——以阿姆斯壮教师为中心，以大学师生为主体，包含中小学教师在内的一系列专业发展活动。阿姆斯壮教师教育者奖项推动了大、中、小学各层级教师专业实践的改进与完善。

我国的卓越教师奖项非常注重评选前的宣传以及对获奖者的物质奖励。重视荣誉是我们的传统观念，这原本无可厚非。教师对教师荣誉称号特别是国家级的综合类教师荣誉称号尤为重视，其原因在于这类荣誉功能价值高（对教师的认可、尊师重教、感觉很神圣、利于教学水平提高、支持专业发展)、规格高(荣誉高、层次高、数量少、受领导人接见)、评选标准高(难评上、有具体量化标准、综合评价)、待遇高(与工资直接挂钩、晋级必备政绩、奖励可以兑现)、影响力大(权威性、社会认可度高)。

荣誉项目的设立者和管理者需要从可持续发展的角度思考奖项的价值和作用。卓越教师是一种稀缺资源,丰厚的物质奖励并不一定能孕育卓越教师,甚至有时候,给予卓越教师过高的物质奖励还会导致一些负面影响。澳大利亚的学者曾经做过一项研究,发现过于重视对获奖教师的物质奖励会引发一些负面的效应。比如,引发同行的嫉妒和不理解。尽管大多数参与研究的获奖者认为多数同行会对其获奖给予积极的评价,但也有少数参与研究的获奖者会从同行那里接收到一些消极的情感,如,冷漠、嫉妒和怨恨。55%的获奖者认为,获奖会引发同行的嫉妒和不信任,会滋生一些消极的东西。

奖励卓越教师是为了体现对卓越教师的高度尊重,也是教师荣誉项目获得教师和公众认可的一个重要因素。不过,一味地以物质奖励方式激励卓越教师,容易导致公众的焦点从卓越教师本身的专业价值转移到卓越教师所获得的物质回报,偏离了卓越教师评选的真正意义。笔者以为,发现卓越教师独有的价值并予以保护才是真正意义上对卓越教师资源的尊重。当然,这并不是说反对或者禁止给予卓越教师物质奖励,而是希望所有荣誉项目的设立者和管理者能够思考更科学和更具可持续性的奖励方式。卓越教师奖项不应成为个别教师的致富之道,而应该着眼于打造一个平台——帮助卓越教师实现自己的"教育之梦",并最大程度地发挥卓越教师的价值。

针对卓越教师奖项的激励机制,能否改变常规的一次性发放奖金的奖励办法,设计不同形式和类型的激励策略呢?如,设立卓越教师教育改进基金,建立卓越教师教育创新网络平台,围绕卓越教师成立优秀教师联盟,共同致力于教育问题的探索和研究,等等。对于卓越教师而言,自我实现才是他们最高层次的需要。

第三篇

中学政治教师职业荣誉感的培育与应用研究

第七章

中学政治教师职业荣誉感的实证研究与分析

职业荣誉感是一个时代特征极强的概念，无论是理论研究，还是现实的干预措施，都应采取情境性、动态性、非线性、多角度和个性化的方式进行。基于实证研究，发现自我产生的精神力量是中学政治教师职业荣誉感形成、变化及发展的核心动力。职业荣誉感内涵的自我概念包含了三个面相：时间轴上的自我、多面体上的自我、多层级上的自我。自我概念的清晰性、复杂性、独异性和发展性决定了中学政治教师职业荣誉感的内容、结构及层次，从而对应了不同的培育、增强或净化对策。

第一节　基于理论模型的现状调查与分析

利用具有一定效度和信度的自编量表《中学政治教师职业荣誉感调查问卷》(见附录三),于2019年以川渝地区30所中学的200名政治教师为调研对象(见表7-1),调查了四川省、重庆市部分地区中学政治教师的职业荣誉感的现状,探究了不同背景变量及社会经济变量对中学政治教师职业荣誉感影响的差异,分析了其成因。

一、中学政治教师职业荣誉感现状的调查过程

(一)调查目的

了解川渝部分地区中学政治教师的职业荣誉感的现状,探究不同背景变量及社会经济变量对中学政治教师职业荣誉感影响的差异,分析中学政治教师职业荣誉感现状的成因。

(二)调查工具

1.自编《中学政治教师职业荣誉感调查问卷》(见附录三)

问卷包括了两部分,第一部分是调节变量,采取单选形式调查被试的人口学变量和经济社会地位信息。第二部分是经过修订的中学政治教师职业荣誉感结构量表,共计12题项。

2.SPSS20.0 for Mac OS X软件处理数据资料

(三)调查对象

表7-1　调查对象基本情况

背景变量	情况	人数	百分比	职业荣誉感得分	
				M	SD
性别	男	106	53	4.048	.419
	女	94	47	3.978	.500

续表

背景变量	情况	人数	百分比	职业荣誉感得分	
				M	SD
年龄	30岁以下	67	33.5	3.657	.694
	31~40岁	69	34.5	3.688	.619
	41~50岁	48	24	3.764	.478
	50岁以上	16	8	4.115	.483
教龄	5年以下	55	27.5	3.688	.578
	6~10年	31	15.5	3.575	.482
	11~15年	31	15.5	3.664	.433
	15年以上	83	41.5	3.840	.358
专业职称	高级	75	37.5	3.997	.354
	一级	52	26	4.008	.440
	二级	26	13	3.971	.503
	三级	14	7	3.553	.485
	其他	33	16.5	3.464	.616
学校类型	重点公办	96	48	3.729	.580
	重点民办	44	22	3.706	.719
	普通公办	55	27.5	3.783	.573
	普通民办	5	2.5	3.768	.430
工作所属地	核心区域	58	29	3.958	.502
	川渝北部	44	22	3.824	.530
	川渝东部	32	16	3.718	.410
	川渝南部	40	20	3.706	.633
	甘阿凉	26	13	3.112	.758
工资年收入	2万~4万	44	22	3.392	.763
	4万~8万	91	45.5	3.691	.557
	8万~12万	59	29.5	3.959	.407
	12万以上	6	3	4.541	.202
荣誉称号	省级及以上	15	7.5	4.133	.615
	市县级	75	37.5	3.823	.537
	区级	44	22	3.691	.510
	校级	39	19.5	3.611	.562
	无	27	13.5	3.481	.872

二、中学政治教师职业荣誉感现状的调查结果

（一）中学政治教师职业荣誉感的整体特征

综合分析定性及定量调查结果，中学政治教师职业荣誉感整体水平较高，但这种积极的职业情感体验更多的是来自主体职业责任感的调节，而得到职业幸福感的支持不足。

第一，定性研究方面，在开放式问卷环节设置了一道让被试通过图形描述自己职业荣誉感状况的测试题（见附录一），有超过45%的被试选择了第四个程度，即近五成中学政治教师认为自己比较有职业荣誉感；在正式问卷中又设置了相应的两道题，一道考察被试对当下中学政治教师群体职业荣誉感状况的看法，59%的被试态度积极，认为基本上有；另一道让被试通过职业荣誉感的概念评估自己的符合程度，有57%的被试认为自己具有比较强的职业荣誉感。以上三个结果的一致性在一定程度上表明川渝地区政治教师职业荣誉感整体状况良好。当然，也有超过30%的被试认为该群体整体有职业荣誉感但程度较弱。

第二，定量研究方面，问卷的第二部分即中学政治教师职业荣誉感量表的测试结果可以从定量的角度考察整体状况。将200份有效问卷的数据做了统计分析，通过计算中学政治教师职业荣誉感及其两个因子的平均数和标准差（见表7-2），数据显示该群体职业荣誉感总体较强。但值得注意的是，两个因子中职业责任感的平均值大于4，高于职业幸福感。基于此，本研究进一步对两个因子之间及它们与职业荣誉感之间的相关性程度作了检测，结果显示三者存在显著的共变性，呈显著正相关。其中职业幸福感与职业荣誉感的相关系数为0.958（$P=0.000<0.05$，两者关系为高度正相关，即中学政治教师职业幸福感对职业荣誉感的影响超过了职业责任感。所以，在分析职业荣誉感偏弱的对象时，更多地需要从影响其职业幸福感的因素入手。

表7-2　中学政治教师职业荣誉感及其因子的平均值和标准差

	职业荣誉感	职业责任感	职业幸福感
M	4.015	4.565	3.405
SD	.459	.660	.921

（二）不同变量调节下中学政治教师职业荣誉感的特征

1. 中学政治教师职业荣誉感的性别差异

表7-3 中学政治教师在职业荣誉感及各因子在性别上的差异比较

检验变量	性别	N	M	SD	T
职业责任感	男 女	106 94	3.981 3.883	.647 .675	1.049
职业幸福感	男 女	106 94	3.562 3.701	.695 .891	−.683
职业荣誉感	男 女	106 94	4.048 3.978	.419 .500	−1.433

注：***<0.001**<0.01*<0.05

上表说明：职业荣誉感及其因子职业责任感和职业幸福感经过T检验，未达到显著水平，即中学政治教师的职业荣誉感在性别上不存在显著差异。

2. 年龄差异对中学政治教师职业荣誉感的影响

把教师年龄划分为四组，下表中的数字1~4分别指30岁以下、31~40岁、41~50岁和50岁以上的中学政治教师。

表7-4 中学政治教师在职业荣誉感及各因子在年龄上的差异比较

检验变量	年龄	N	M	SD	F
职业责任感	1 2 3 4	67 69 48 16	3.625 3.554 3.617 3.628	.775 .686 .540 .586	1.742
职业幸福感	1 2 3 4	67 69 48 16	4.057 3.757 3.920 4.375	.735 .656 .490 .492	5.679***
职业荣誉感	1 2 3 4	67 69 48 16	3.657 3.688 3.764 4.115	.694 .619 .478 .483	2.628*

注：***<0.001**<0.01*<0.05

通过上表方差分析结果可以看出，中学政治教师职业责任感在年龄上没有显著差异，但职业幸福感在0.001水平上达到显著差异。事后多重比较，50岁以上的教师在职业荣誉感得分上均显著高于其他年龄段的教师，在职业幸福感得分上呈U字形，即两头高，中间低。

3. 教龄差异对中学政治教师职业荣誉感的影响

将教师的教龄划分为四个阶段，5年以下（表中数字1），5~16年（表中数字2），17~21年（表中数字3），21年以上（表中数字4）。

表7-5　中学政治教师在职业荣誉感及各因子在教龄上的差异比较

检验变量	教龄	N	M	SD	F
职业责任感	1	55	3.686	.745	.917
	2	31	3.504	.537	
	3	31	3.512	.840	
	4	83	3.678	.623	
职业幸福感	1	55	3.984	.725	7.989***
	2	31	3.702	.536	
	3	31	3.691	.776	
	4	83	4.166	.521	
职业荣誉感	1	55	3.688	.578	1.777
	2	31	3.664	.433	
	3	31	3.575	.482	
	4	83	3.840	.358	

注：***＜0.001**＜0.01*＜0.05

上表结果显示，经方差分析，中学政治教师职业荣誉感及其因子之一，职业责任感在教龄上不存在显著差异，而职业幸福感则在0.001水平上达到显著差异，这与将年龄设置为自变量的分析结果一致。事后多重比较发现，教龄5年以下的和21年以上的教师，其职业幸福感比中间阶段的教师强。从数据上可以看出，中学政治教师的职业荣誉感呈U字形，教龄17~21年是一个转折点，处于这一阶段的教师职业荣誉感最低，这一结论与教师职业生涯发展阶段相吻合。

4. 专业职称差异对中学政治教师职业荣誉感的影响

按照教育部最新的规定，中学教师专业职称增加“正高级”级别，但考虑到政策才铺开，调查对象中还不存在这样的被试，所以将专业职称划分为五组，表中1代表高级，2代表一级，3代表二级，4代表三级，5指其他。

表7-6　中学政治教师在职业荣誉感及各因子在专业职称上的差异比较

检验变量	专业职称	N	M	SD	F
职业责任感	1	75	3.687	.607	1.349
	2	52	3.611	.605	
	3	26	3.678	.656	
	4	14	3.268	.695	
	5	33	3.595	.911	
职业幸福感	1	75	4.123	.575	5.390***
	2	52	4.004	.534	
	3	26	3.865	.625	
	4	14	3.857	.751	
	5	33	3.470	.780	
职业荣誉感	1	75	3.997	.354	1.912
	2	52	4.008	.440	
	3	26	3.971	.503	
	4	14	3.553	.485	
	5	33	3.464	.616	

注：***＜0.001**＜0.01*＜0.05

经过方差分析，从上表的结果中可以看出，不同职称的中学政治教师在职业荣誉感及其因子职业责任感上不存在显著差异，而职业幸福感则在0.001水平上达到显著差异。事后多重分析，中学政治教师的职业幸福感与职称呈正相关关系。从数据可以看出，虽然教师的职业荣誉感不存在显著的统计性差异，但在得分上与职称呈正相关关系，即职称越高，教师的职业荣誉感及其因子的水平越高。

5.学校类型差异对中学政治教师职业荣誉感的影响

将学校类型划分为四组，重点公办（表中数字1），重点民办（表中数字2），普通公办（表中数字3），普通民办（表中数字4）。

表7-7　中学政治教师在职业荣誉感及各因子在学习类型上的差异比较

检验变量	学校类型	N	M	SD	F
职业责任感	1	96	3.711	.790	.132
	2	44	3.597	.623	
	3	55	3.509	.503	
	4	5	3.600	.658	

续表

检验变量	学校类型	N	M	SD	F
职业幸福感	1 2 3 4	96 44 55 5	3.994 3.695 4.286 4.150	.577 .742 .355 .418	9.191^{***}
职业荣誉感	1 2 3 4	96 44 55 5	3.729 3.706 3.783 3.768	.580 .719 .573 .430	3.062^{*}

注：***＜0.001**＜0.01*＜0.05

经方差分析，学校层次、类型不同的中学政治教师在职业荣誉感及职业幸福感上存在显著差异，职业责任感差异不大。事后多重分析，职业荣誉感得分排序从高到低：普通公办＞普通民办＞重点公办＞重点民办；职业幸福感得分排序从高到低：普通公办＞普通民办＞重点公办＞重点民办。从数据角度看，不同学校类型的教师职业责任感也存在差异，属于普通公办学校的教师职业责任感低于其他三类学校，而重点民办学校的教师职业责任感得分最高。

6. 工作属地差异对中学政治教师职业荣誉感的影响

将教师工作所属地划分为五个区域，核心区域（表中数字1），川渝北部（表中数字2），川渝东部（表中数字3），川渝南部（表中数字4）及甘阿凉地区（表中数字5）。

表7-8　中学政治教师在职业荣誉感及各因子在工作属地上的差异比较

检验变量	工作属地	N	M	SD	F
职业责任感	1 2 3 4 5	58 44 32 40 26	4.120 3.955 3.992 3.919 3.442	.636 .639 .442 .608 .831	5.254^{***}
职业幸福感	1 2 3 4 5	58 44 32 40 26	3.877 3.759 3.582 3.600 2.947	.568 .592 .486 .736 .760	10.534^{***}

续表

检验变量	工作属地	N	M	SD	F
职业荣誉感	1 2 3 4 5	58 44 32 40 26	3.958 3.824 3.718 3.706 3.112	.502 .530 .410 .633 .758	10.568***

注：***<0.001**<0.01*<0.05

对不同区域的教师职业荣誉感进行方差分析发现，教师职业荣誉感及其各因子在工作所属地上均达到0.001水平的显著差异。就教师职业荣誉感整体而言，甘阿凉地区的教师显著低于其他地区的教师，核心区域教师的职业荣誉感最强，然后依次是川渝北，川渝南，川渝东；就教师职业责任感而言，甘阿凉地区教师显著低于其他区域的教师，核心区域教师的职业责任感最强，而川渝东和川渝南地区水平高于川渝北；就教师职业幸福感而言，甘阿凉地区教师的职业幸福感最弱，核心区域的教师最强，川渝东地区则低于川渝北和川渝南。

7.工资年收入差异对中学政治教师职业荣誉感的影响

根据相关研究将教师工资年收入划分为四个层次，2万~4万（表中数字1），4万~8万（表中数字2），8万~12万（表中数字3），12万以上（表中数字4）。

表7-9 中学政治教师在职业荣誉感及各因子在工作年收入上的差异比较

检验变量	工资年收入	N	M	SD	F
职业责任感	1 2 3 4	44 91 59 6	3.400 3.901 4.322 4.583	.763 .552 .413 .204	6.811***
职业幸福感	1 2 3 4	44 91 59 6	3.390 3.587 3.778 4.521	.836 .658 .499 .357	25.215***
职业荣誉感	1 2 3 4	44 91 59 6	3.392 3.691 3.959 4.541	.763 .557 .407 .202	12.703***

注：***<0.001**<0.01*<0.05

上表显示，经方差分析，中学政治教师职业荣誉感及其因子在年工资收入上均存在显著差异，从事后多重分析结果可以看出，教师的职业荣誉感及职业责任感和职业幸福感与其工资年收入呈正相关关系，工作年收入越多，中学政治教师的职业荣誉感相应地越强。

8.荣誉称号差异对中学政治教师职业荣誉感的影响

根据级别不同将荣誉称号划分为五个等级，省级及以上（表中数字1），市县级（表中数字2），区级（表中数字3），校级（表中数字4）及无（数字5）。

表7-10 中学政治教师在职业荣誉感及各因子在荣誉称号上的差异比较

检验变量	荣誉称号	N	M	SD	F
职业责任感	1	15	4.333	.617	2.911^{*}
	2	75	3.997	.662	
	3	44	4.051	.487	
	4	39	3.865	.607	
	5	27	3.454	.763	
职业幸福感	1	15	4.033	.745	6.136^{***}
	2	75	3.737	.580	
	3	44	3.511	.582	
	4	39	3.484	.658	
	5	27	3.495	.960	
职业荣誉感	1	15	4.133	.615	3.766^{***}
	2	75	3.823	.537	
	3	44	3.691	.510	
	4	39	3.611	.562	
	5	27	3.481	.872	

注：***＜0.001**＜0.01*＜0.05

经方差分析，获得不同荣誉称号的中学政治教师在职业荣誉感方面存在显著差异，其中职业幸福感在0.001水平上达到显著差异。事后多重分析，职业荣誉感及其各因子与教师获得的荣誉称号级别呈正相关关系，即中学政治教师获得的荣誉称号层次越高，其职业荣誉感水平越高。

三、中学政治教师职业荣誉感现状的成因分析

(一)调查结论

1.目前中学政治教师职业荣誉感整体比较强,但构成职业荣誉感的两个因子表现水平不均衡,职业责任感很强,但缺乏职业幸福感。

2.中学政治教师职业荣誉感不存在显著的性别差异,从数据角度看,女教师的职业荣誉感略强于男教师。

3.中学政治教师的职业责任感受年龄、教龄差异的影响不显著,但在职业荣誉感及职业幸福感因子上则达到显著差异水平。

4.专业职称对中学政治教师职业荣誉感及职业责任感不存在显著影响,而在职业幸福感上有差异,二者呈正相关关系。

5.学校类型对中学政治教师职业荣誉感存在显著影响,职业责任感方面,普通民办学校教师略低于其他三类学校的教师,但不存在显著差异;但职业幸福感方面,重点公办学校的教师得分最高,其中重点民办学校教师的职业责任感与幸福感落差最大。

6.工作所属地使得中学政治教师职业荣誉感存在显著差异,核心区域较其他地区教师在职业荣誉感及其各因子上表现都要良好一些,川渝北部的教师职业幸福感水平低于川渝南部和川渝东部的教师,而甘阿凉地区教师在职业幸福感因子上显著低于另外几个区域的教师。

7.中学政治教师职业荣誉感在工资年收入上存在显著差异,尤其是职业幸福感,其与教师的年工资收入水平呈显著正相关关系。

8.中学政治教师职业荣誉感受所获荣誉称号差异的影响相当明显,荣誉称号级别越高的中学政治教师,其职业荣誉感越强。

9.教师的个体背景变量和社会经济变量对职业荣誉感影响大小的变化趋势与教师职业生涯发展阶段特征相符合;诸变量中工资年收入状况、学校组织环境和荣誉称号获得情况的影响最为显著。

(二)中学政治教师职业荣誉感现状的成因分析

1.中学政治教师职业荣誉感整体状况的成因分析

本研究结果显示,中学政治教师职业荣誉感整体状况良好。一方面由于传

统社会尊师重教之风，让许多在职中学政治教师对职业声望持肯定态度，对自己的职业角色及其相应的职责有清晰的认识和高度的认同；另一方面，由于不断加强教师队伍建设、建立健全师德建设机制，当下中学政治教师的职业责任感都比较强，不存在严重缺乏职业理想、敬业精神的现象。当然，更不容忽视的问题，多数教师表现出职业幸福感不足的问题。承担特殊教育任务的中学政治教师，普遍面临职业期望与职业声望、专业使命与专业素养等方面的矛盾，这些矛盾是使该群体职业幸福感不足的根本原因。

2.中学政治教师职业荣誉感性别状况的成因分析

虽然教师的职业荣誉感未在统计学上达到显著水平，但从被试的性别结构来看，初中阶段女教师占比较大，高中阶段男教师占比较大，高中教师职业荣誉感高于初中教师，初中女教师职业幸福感要高于高中教师，而初中男教师职业荣誉感和幸福感水平低于其他阶段的教师，这说明职业荣誉感在性别上还是存在差异的。社会中关于性别特征的刻板印象影响着中学政治教师队伍的性别构成，男性在生理、心理特征等方面与女性不同，被认为属于高成就动机群体，他们对职业荣誉感的向往和追求高于女性。所以，初中政治教师被默认为是一种“女性职业”，而高中政治教师这一角色本身比初中政治教师的职业声望要高，便吸引了大量男教师。

3.中学政治教师职业荣誉感年龄、教龄状况的成因分析

年龄、教龄对教师职业荣誉感的作用呈U字形，与教师处于不同职业发展阶段及职业道德发展阶段时，表现出的职业荣誉感阶段性特征相符。处于低年龄、教龄段的教师和高年龄、教龄段的教师职业荣誉感最强，前者主要是因为刚刚入职，不仅饱含教学热情，而且精力充沛，不容易产生职业倦怠感；后者主要是因为即将步入退休年龄，经验丰富、专业地位高、成就动机较弱，主观上容易得到满足，所以职业情感状况也比较良好。而处于中年龄、教龄段的教师，面临的社会生活压力大，教师日复一日的工作特点消磨着他们的耐性，对外界的反馈比较敏感，加之中学政治课内容低创造性的特点进一步挫伤他们的成就感、幸福感。

4.中学政治教师职业荣誉感专业职称状况的成因分析

教师专业职称的水平是教师在工作岗位上取得各类成就的集中体现，职称水平越高，说明教师的工作经验越丰富，教学成果越多，得到领导、同事、学生和

家长的认同与肯定的可能性越大，从而体验到积极职业情感的机会越多，所以教师的专业职称水平与教师的职业荣誉感呈正相关关系。一方面，职称的提高会对教师履行职业承诺的行为形成一种外在的约束，高职称的标签意味着教师需要对教学工作投入更多的精力才能"名副其实"；另一方面，职称的提高会对教师产生积极职业情感形成一种内在动力，荣誉感需要来自外界的肯定，而专业职称的晋升就是对教师能力和劳动价值的褒奖。

5. 中学政治教师职业荣誉感学校类型状况的成因分析

不同学校类型的中学政治教师，其职业荣誉感得分排序从高到低：重点公办＞重点民办＞普通公办＞普通民办，而职业幸福感得分排序从高到低：重点公办＞普通公办＞普通民办＞重点民办。其中职业幸福感最低的是重点民办教师，这主要是与不同性质的学校在教师管理机制上不同导致的。重点民办教师待遇虽然较高，但职业稳定性低、工作压力大、同事间竞争激烈、缺乏安全感等，所以即使他们自身取得了显著的教学成果、专业能力得到不断提升、福利待遇较高，也难以弥补因缺乏人性化管理而带来的情感挫伤。另外，有44%的教师认为学校是增强教师职业荣誉感的主要角色，34%的教师将职业荣誉感状况归因为学校评价机制，20%的教师归因为工作压力，这些都表明学校的管理方式、组织环境、舆论氛围是重要影响因素。

6. 中学政治教师职业荣誉感工作所属地状况的成因分析

教师的职业荣誉感在其工作所属地上存在显著差异，其中甘阿凉地区的教师职业荣誉感显著低于其他地区的教师，川渝核心区域的教师水平最高。主要有两方面的原因：第一，甘阿凉地区发展教育的物质基础匮乏。与核心区域及周边地区相比，前者无论是在地理位置，还是教育教学"硬"环境等方面都相对差一些，教师的发展机会少一些，这些都加大了教育难度；第二，甘阿凉地区的教育"软"环境不利于提升教师的职业荣誉感。生源参差不齐会削弱教师的职业责任感，由于当地教育重视程度不够，教师在社会交往中缺少尊重感，这样又会削弱教师的职业幸福感。

7. 中学政治教师职业荣誉感工资年收入状况的成因分析

工资年收入与教师职业荣誉感呈显著正相关，与马斯洛需要层次理论相符。被试中近五成的教师工资年收入在4万~8万之间，他们要么是公办学校的中青年教师，要么是入职没几年的新教师，有迫切的经济需要。而其中有的则是在与民办学校教师待遇相比较后,认为收获与付出不相匹配,职业幸福感不强,从而影响其职业荣誉感的水平。

8.中学政治教师职业荣誉感荣誉称号状况的成因分析

调查发现荣誉称号的层次对教师职业荣誉感呈显著的正相关关系,这背后与社会及学校的荣誉制度不健全有密切联系。荣誉称号是教师职业荣誉感最直接的来源,但与国外一些国家相比,我国的国家教师荣誉制度还有待完善。学生的成长、学校的发展固然是对教师劳动价值最好的肯定和回报,但与其他同类性质的职业相比,如新闻工作者有普利策奖,科技领域有"科技四大奖"等,而教师职业的社会价值缺乏具有广泛影响的文化符号的认可,还存在评价主体太单一,评价方式不科学,评价程序不公正等问题,即中学教师的工作成就缺少相对固定的,具有广泛性、代表性和权威性的荣誉称号,很难引起教师自身的群体认同感,从而树立远职业理想。

第二节　基于混合研究的特征归纳与反思

混合思辨与实证两种研究方法,综合心理学原理,比如自我决定理论、生涯建构理论和比较理论等,结合实证研究发现,尝试归纳中学政治教师职业荣誉感的建构过程,即生成演进的规律——职业荣誉感变化的黄金圈:为什么会变化,是怎样变化的、有什么特点。

职业自我是中学政治教师职业荣誉感的精神内核。自我建构对人的心理与行为的影响既深也广,遍及个体的认知、情感、动机与行为,已有的研究也明确地界定了不同自我建构者的基本差异:自我界定不同;对经验分类的方式不同;行为更多地依从规范或个人态度;关注内群体需要或社会交换;关注事物的背景还是事物本身;追求个人目标还是集体目标,等等。

自我建构是根据人己关系对自我进行表征、对个体信息进行表征的认知结构。自我建构对于人们的认知、情感、动机与行为有着非常重要的意义。大量研究表明，自我并非是一个单一的、整体的认知结构（Leary&Tangney，2012），至少包含三种基本的表征形式暨三重自我建构：个体自我（Individual Self）、关系自我（Relational Self）、集体自我（Collective Self）。即在自我认知过程中，人们试图通过3种角度诠释自我：从个体自身独特性的角度诠释自我即个体自我；从“个体—他人”的二元关系角度表达自我即关系自我；从群体成员的角度表征自我即集体自我（Sedikides，Gaertner，Luke，O′Mara&Gebauer，2013）。

综合分析相关文献，可以发现文化、性别、认知特点、情绪以及行为动机等因素对自我建构均有不同程度的影响。最先提出自我建构概念的Markus等认为，西方人和东方人的一个显著差异就在于自我在多大程度上是根据与他人的关系来定义的。概括来说，亚洲等地区崇尚集体主义文化，倾向于互依型的自我建构，注重自己与他人的联系，渴望获得良好人际关系，其自我表征多以人际交往为背景；相反，西欧、美国等地的人们则崇尚个人主义文化，则倾向于独立型的自我建构，认为自己与他人是彼此独立的，追求个人的独立自主，与之相联系的自我表征多涉及个人特质、能力和偏好（Markus，1991）。

在不同自我加工的相对优势性问题上，目前存在4种假设：个体自我至上假设、关系自我至上假设、集体自我至上假设以及情境性假设。自我分类理论表明，自我定义会随着情境而在个体自我和集体自我之间起伏变化，在群际环境下，集体自我起主要作用；而在群内环境下，个体自我起主要作用（Onorato&Turner，2004）。另外，借助认知神经科学手段开展的关于中国人自我结构的研究发现，自我的相对重要性取决于情境因素。换言之，究竟哪种自我占据加工优势主要取决于具体的加工阶段，对自己的个体自我加工并不一定始终保持优势地位，在加工的早期，关系自我占主导，然后是集体自我占主导，直到加工后期，个体自我才逐渐占加工优势（王沛，陈庆伟，2017）。

因此，本书认为，情境性假设对职业荣誉感的精神内核——职业自我的建构，具有更强的解释性。与此同时，自我决定理论及相关实证研究也表明，内在动机是影响个体心理与行为的根源。故本节首先结合前面几章的分析结论，分别从微观、中观及宏观三个维度总结归纳变化的特点。微观视域下的职业荣誉感建构过程就是教师通过时间比较推动职业自我心理发展的过程；中观视域下的职业荣誉感建构过程就是教师通过社会比较推动职业自我心理发展的过程；宏观视域下的职业荣誉感建构过程是群体间的地位效用、网络效用以及个体运作的共同结果。然后运用自我决定理论分析变化的动力机制,也是提高职业荣誉感的根本原则,即找到内在动机。

一、中学政治教师职业荣誉感建构的规律

职业自我是职业发展理论中的一个重要的概念(Super,1984)。一个人的自我概念包括个人的自尊,自我认知的明确性、和谐性、发展性、切实性,以及个人的兴趣范围、能力与潜能的发展状况等,是由一系列与职业活动相关的自我图式组成(Villa,2001)。职业自我分为两部分:一是心理上的,专注于个人如何选择以及如何调适其选择;二是社会性的,重点是个人对其社会经济情况及职业特点的评价。职业自我是一个人整体自我的重要组成部分,是一个人整体自我概念在职业选择和职业发展上的反映。同时,一个人对职业的选择及其职业行为又对他的职业自我概念乃至个人的整体自我概念的发展起着重要的作用(Super,1984)。自我概念是生涯发展与选择的中心,整个生涯发展的过程实际上是实现个人自我概念的历程。另外,个人的职业喜好、能力、生活与工作的环境,会随着时间与经验而改变,因此,自我概念也是动态发展的、变化的。那么,以自我概念为核心的职业荣誉感的变化规律是:在时间比较、维度比较和社会比较的参照框架下,个体内呈现出S形变化趋势;个体间存在大鱼小池效应。在社会网络的分析框架下,表现出地位效用、网络效用和运作效用。

(一)英雄之旅与自我发现

人是用故事思考的动物,所以也可以从故事分析转变的历程。英雄冒险的故事就提供了一个很好的隐喻。研究神话的学者坎贝尔(Campell)通过搜集世界各地的各类英雄故事,发现无论是非洲的部落、亚洲的寺庙,还是现代的都市,大家讲的英雄故事,都有相似的内核,即转变。他在《千面英雄》一书中讲了英雄需要经历的三个阶段:启程、启蒙和回归。这三个阶段,正对应人生重要转折的心路历程。结合中学政治教师的职场生活,来进一步理解职业荣誉感建构的发生、发展过程。

第一阶段:启程。在英雄故事的最开始,个体听到职业召唤,比如在工作中感到疲倦时,偶然在心头升起的关于改变的念头。这些召唤提醒个体,某些重要的东西正在心里消失,某种已有的力量正在衰退,或某些伤痛需要疗愈。不

过，此时的个体对这些召唤是陌生的，甚至是排斥的。因为它们挑战了个体的职业假设和自我概念。虽然个体可能会选择漠视、忽略或将其当做偶尔的异想天开，想要忘记。但这些召唤如同宿命般，始终在心里挥之不去。慢慢地个体不再抗拒召唤，而是开始认真考虑它，即使这通常意味着巨变、麻烦和危险。最终，个体克服对变化的恐惧，决定顺应这些召唤，勇敢上路。

第二阶段：启蒙。如果启程阶段意味着教师从日常的职业生活中离开，启蒙的阶段则是在一个超自然的世界中冒险，并获得成长的过程。从决定走上这段冒险之旅开始，个体就跨越了一个门槛。从熟悉的世界来到了一片充满未知、危险和希望的全新领域。跨越门槛，意味着个体走出心理舒适区，这会伴随各种困难、挑战、痛苦、危险，未知和巨大的不确定性。此时，个体会发现原来的思维模式和行为习惯在新世界都失效了，必须学习新的内容。同时，跨越门槛也意味着，个体无路可退，必须勇往直前，寻找出路。在这段旅程中，幸运的个体能找到一个特别的守护者。这个守护者能提供知识、技能、经验或情感上的支持。他可能是现实中的重要他人，也可能是仰慕的榜样，甚至可能是神话人物和书等。它们让个体深入理解自己要走的路，理解自己的使命。个体与守护神的联系越紧密，越能坚定地走完旅程。在积累能量的同时，个体故事中的反派也出现了。最初个体以为这个恶魔是外在的敌人，比如不顺利的工作，不顺心的领导，不暖心的家人。成长顺利的个体会发现，这些问题其实来自内心，是自己的贪心、傲慢、恐惧和胆怯，是个人头脑中太多的思维定式的映射扭曲了现实。意识到这一点的个体，将战胜自我，发展出新自我、新资源，学到新技能、新的思考方式，最终收获信息和智慧。这个阶段艰难漫长，充满了挣扎、斗争和奉献。

第三阶段：回归。在这个阶段，英雄完成了使命，回到出发地，把旅程中的经验分享给他人。有的个体还能变成别人的守护者。

英雄之旅，具体说，就是一个包括了听到召唤、投入召唤、跨越门槛、寻找守护者、面对和转化恶魔、发展内在自我、蜕变、带着礼物回家的旅程。这与每个人建构自我的心路历程如出一辙。有职业荣誉感的教师，就是在讲述自己的英雄故事。这些故事的本质，不是战斗，也不是英勇的行为，而是在几十年的从教过程中经历的自我转变和自我发现的旅程。面对转折，个体会迷茫、犹豫，而内心有坚定信念,认真倾听自己的生命故事的教师,会不断修炼自己,果敢地结束过去,面对过渡期的迷茫,最终重生。

(二)内外参照与大鱼小池

自我概念复杂多面,加之职业荣誉感的社会情感属性,故其建构过程,不仅是个体将自我放置于时间轴上进行比较的结果,也是个体内不同领域比较、个体间同一领域比较的结果。

1.内外参照模型

在已有自我概念建构的研究中,Marsh(1986)提出的内外参照模型(Internal/External Frame Of Reference Model)是其中最主要的理论模型之一。根据这一模型,个体在评价自己的职业自我概念时,同时使用了内部和外部两种比较过程。内部比较过程实际上就是不同领域能力之间的维度比较过程;外部比较过程则是个体将自己的职业地位或工作绩效与他人的相比较,其水平越高,相应自我概念也就越高。

(1)社会比较理论

个体具有评价自己能力和观点的动机,当人们无法通过客观和确定的手段进行自我评价时,就会倾向于通过与他人的比较来判明自己的能力和观点,所以比较的参照对象和比较结果对个体的自我认知和行为具有重要影响。在自我认知的过程中,具有相同的客观特征和成就的个体因为使用参照系和比较标准的不同,可能产生截然不同的自我概念。个体在自我评价时,如果比较或参考框架不确定或者被忽视,就无法客观正确地了解自我(Festinger,1945)。简而言之,所谓社会比较,就是把自己的处境和地位(包括能力、观点、身体健康状况等)与他人进行比较的过程;这一过程包括认知、情感和行为等不同的成分;社会比较的过程和信息具有进化价值。

关于社会比较的类型,研究者提出了种种不同的理论假说和模型。一般来说,可分为三种:平行比较、上行比较和下行比较。当然,也可能是个人建构的结果(Goethals,2000)。从社会比较理论提出以来,关于其动力机制的研究很多,已比较完善。概括起来主要有以下三种观点:自我评价、自我完善和自我满足。在日常生活中,即使能力非凡的人,也会遇见比自己更有才华的人,上行比较是不可避免的,正所谓“山外有山,人外有人”。但是,有研究者发现维护积极的自我价值感是人类的根本需要，当个体面临消极的社会比较信息时，会采取各种各样的社会比较策略来应对威胁（Gibbons，2002），这些社会比较策略主要包括：回避，补偿，降低社会比较的水平、数量和重要性，天才效应。

（2）维度比较理论

自我概念是人格发展的核心，对个体行为具有重要的定向和调节作用，与个体个性品质的完善和社会性发展有着紧密的联系（李振兴，2013）。已有研究发现，在个体自我概念的形成过程中，比较方式具有重要作用（Gore&Cross，2014），其中社会比较（Festinger，1954）和时间比较（Albert，1977）是研究者主要关注的比较方式。除了社会比较和时间比较之外，维度比较也在个体自我概念的形成过程中扮演重要角色（Marsh，2013），研究者由此提出了系统的维度比较理论（Dimensional Comparison Theory，DCT）。

维度比较是指，个体将自身某一目标领域的能力与自身标准领域的能力相比较的过程。如，和课堂教学相比，我的班级管理怎么样？班级管理就是目标领域，课堂教学就是标准领域。对于维度比较的内涵，可以从任何比较理论都必须关注的核心问题，即比较的动机、比较标准的选择、比较的结果三个方面来进行理解。

自我评价（Self-Evaluation）、自我维护（Self-Maintenance/Self-Enhancement）、自我改善（Self-Improvement）是进行维度比较的主要动机。从非动机的观点来看，使用以内部参照系为基础的维度比较信息是一种相对经济的方式。个体不需要花很大精力去寻找有关他人的或过去时间点的信息，维度比较信息很容易获得。

比较领域之间的相似性和比较动机是影响维度比较标准选择的主要因素。相似性具有两个方面的含义：一是情境或内容的相似性。已有研究发现，和社会比较不同，在维度比较中，个体往往把具有相似情境或内容的另一领域作为比较标准。二是参照系的度量标准。相同情境中不同领域往往具有相同的度量标准，这使得他们容易进行维度比较，如组织情境中以测验分数或百分等级为共同度量标准。

在比较动机方面，不同的比较动机影响了不同比较标准的选择。对特定领域自我评价的需要促使个体将自身某一特定领域的能力与相同情境中的另一领域的能力进行比较。在某些情境中，个体必须在不同领域之间做出选择，如选择教学岗位还是管理岗位，这时个体必须对这些领域进行对比评价，发现自己的优势和劣势，从而做出正确选择；对自我保护、自我增强及自我改善的需要往往会促使个体将自身目标领域和另一表现相对较好的标准领域进行比较，即进行向上维度比较。研究发现，大部分被试选择了向上维度比较，个体认为向上维度比较能够增强自我价值感，提高个体积极情绪，或者改善相对较弱领域的表现（Husemann，2006）。

维度比较有利有弊。它一方面能够提高个体相对较好领域的自我概念，增加个体积极情绪体验，另一方面也会降低个体相对较弱领域的自我概念，增加个体消极情绪体验。

但即便如此，维度比较对个体发展具有重要影响。首先，维度比较能够使个体充分认识到自己的优势和劣势，从而有助于个体在未来作出正确的决策，如从事什么样的职业，做什么岗位的工作。其次，尽管维度比较是一把"双刃剑"，但已有研究仍然发现，个体在能力较强领域所提高的自我概念和情感体验强度明显大于能力较弱领域所减少的强度，即维度比较的净效应是正向的（Pohlman，2009）。这一结果说明个体可以使用维度比较来调节自我评价和情感体验。如果个体通过社会比较发现自己在某一领域的能力远低于同伴时，他可以将该领域的能力与自身其他方面的能力进行比较，从而获得较为积极的自我概念和情感体验。再次，维度比较有助于促进个体的工作绩效和职业发展，提高个体心理健康水平。个体通过对自身不同领域能力进行比较，会形成不同的特定领域自我概念（Marsh，2015）。而自我概念是人格的核心，积极的自我概念一方面对个体未来的工作投入、工作绩效的提高、职业生涯自我管理等个体客观发展指标具有积极作用（姜金伟，2011；Jansen，2015），另一方面也能够促进个体社会适应、主观幸福感等主观心理水平的提高（王钢，张大均，吴明霞，2011）。最后，维度比较不但可能发生负向的对比效应，而且可能发生正向的同化效应。当比较领域性质差异较大，会发生强烈的对比效应，随着比较领域性质差异逐渐缩小，对比效应会逐步减小，甚至会发生同化效应（Marsh，2015）这说明或许我们可以通过引导个体选择性质较为相近的领域作为维度比较的参照系，从而同时提高个体两个比较领域的自我概念。比如，在实际的教师管理和组织管理实践中，当教师评价自身某个职业能力或职涯资本时，可以有意识地引导他们选择性质相近的作为比较的参照系，如评价领导力时，可以将班级管理能力作为比较的参照系,从而同时提高自我概念,促进个体这两方面的良性发展。

从上述对维度比较内涵的论述可以看出,维度比较的动机、比较标准的选择及比较的结果可能是一种逐步递进的因果关系,维度比较的动机决定着比较标准的选择,最终导致不同的比较结果。

维度比较不仅仅可能发生负向的对比效应,也可能发生正向的同化效应。选择性通达模型认为信息比较的效应是假设检验过程的结果。在相似性检验过程中,个体会选择性地注意目标与标准之间一致性的信息内容,产生同化效应;在相异性检验过程中,个体会选择性地注意目标与标准之间不一致性的信息内容,产生对比效应(Mussweiler,2003)。据此,维度比较的同化效应和对比效应的发生可能是比较动机和假设检验过程共同作用的结果。如果个体基于自我改善的动机进行维度比较,为了提高自己相对较弱领域的能力水平,在与能力相对较强领域进行比较时,其更可能努力找出两个领域之间的差异,分析目标领域能力表现相对较弱的原因,吸取能力相对较强领域的经验,此时个体更容易注意目标与标准之间不一致性的信息,进行相异性检验,导致对比效应的发生;相反,如果个体基于自我增强的动机进行维度比较,在与能力相对较强领域进行比较时,为了维护和提高自身价值及积极体验,其更可能注意目标和标准之间一致性的信息内容,进行相似性检验,从而导致同化效应的发生。

2. 大鱼小池效应

大鱼小池效应(Big-Fish-Little-Pond Effect,BFLPE)是指对于同等能力的教师来说,进入高能力水平学校的个体要比进入低能力水平学校的个体习得更低的职业自我概念的现象。这类似于我国生活格言“宁做鸡头,不做凤尾”的描述。大鱼小池效应包括个体采用概括他人和特定他人的比较标准所分别产生的同化效应和对比效应,社会比较对职业自我概念的形成具有特定影响。

大量实证和元分析研究均表明职业自我概念和职业成功是相互影响的关系,个体先前的职业成功会影响其职业自我概念,反之,个体的职业自我概念又会影响其职业成功,即交互影响模型(Reciprocal Effects Model,REM)(McInerney,2012)。这说明,教师的职业自我概念不仅取决于个体能力,同时取决于教师所在学校的平均能力水平。由此,职业荣誉感一方面是对比效应的结果,即优异个体的自豪感,或个体自我建构的优越感等;一方面又是同化效应的结果,也就是可能因为自己处于重点学校而产生荣誉感效应。当同化效应无法抵消平衡大鱼小池效应时，个体会产生相对剥夺感，进而采取回避、补偿等策略。如果策略失效，就可能出现职业倦怠、职业停滞等问题。BFLPE不仅对教师的职业自我概念有明显负效应，还会通过自我概念的中介对工作绩效、职业抱负产生明显的、持久的负面影响（Nagengast&Marsh，2012）。

关于效应出现情境的研究结果显示，个体能力、机械记忆、焦虑状况、合作取向四个特征对大鱼小池效应具有调节作用，即个体水平越高，或焦虑水平越高，或越喜欢使用机械记忆作为认知策略，或越倾向于合作社会取向的教师，其更容易产生大鱼小池效应（Marsh，2010）。个体对自己在组织中地位的觉知、组织规模及性别也具有调节作用（Helmond，2010），觉知地位越低，学校规模越小，更容易产生大鱼小池效应，个体的职业自我概念更容易受同性别同事的影响。在学科差异上，大鱼小池效应对荣誉感效应的削弱作用，在中学政治这样的传统副科教师身上更明显。这些研究结果说明，要减小大鱼小池效应的效应值，放大内外比较的荣誉感效应，需要教师采取更加灵活的归因方式，掌握多种评价技巧，实现对比效应和同化效应的平衡。

上述自我概念的建构规律说明，在人的自我建构与发展的过程与结果之间，心理预期可能形成包括正向或者负向的循环引导关系。正向的心理预期，有助于在过程与结果之间形成更加合理的良性关系。人对自身生物有机体、社会有机体、精神有机体的建构与发展，作为一种合目的性行为，受到人的自我建构与发展意识、目的的制导。当人的自我建构与发展意识处于混沌状态，又或者其目的缺乏合理性，则易出现人的自我建构与发展危机。克服危机的可能性与可行性在于实现人的自我建构与发展的认知自觉、实践自觉及其两者之间的动态耦合。

（三）排位稀缺与网络效应

1.排位稀缺

无论是个体，或组织内部，职业荣誉感本身具有稀缺资源的属性。简单说，重要他人的关注和认可是我们这个富足时代最贵的东西。职场也不例外。以精神为存在方式的职业荣誉感不仅始终属于稀缺品，而且社会的物质越丰富，它就越稀缺。比如，教师的绩效奖金、年终奖金等物质性荣誉感可以随经济发展水平的提升而增加。但名师称号、圈内影响力、职业发展机会等，从理论上说，不可能变丰富，永远都是稀缺。互联互通的时代背景又进一步放大了这个效应。对于个人（群体）、组织、社会而言，精神性荣誉感的价值只会越来越高。因此，可以用排位稀缺效应概括和解释它的这一建构特点。

所谓排位稀缺，就是能让个体在众人之中突出出来，把位置往前排的东西。社会越富足，排队的人越多，它只会越稀缺。排位稀缺不是什么可以批量生产的实体商品，它只存在于人们的头脑中，类似于体验、回忆和印象等，这说明它可以经营、管理或干预。比如，提到圈内的知名专家陈友芳，核心学术期刊《思想政治课教学》和北京十一中学这样的事物，我们一般会充满崇敬之情，如果和他们有关联，就是一件体面的事，此时体验到的职业荣誉感就很强烈。再比如，听到习近平总书记发表关于思想政治课教师的讲话时，看到他接见吴又存老师时，内心的自豪感是不言而喻的。它们之所以厉害，是因为它们拥有排位稀缺。

排位稀缺有三种：优越感、进入权和引导力。优越感代表能让个体比别人更高的地位的东西。比如奢侈品必须通过限量来保证自己的稀缺地位，教师的荣誉称号也遵循这样的逻辑。进入权则是能在熙熙攘攘的人群之中给个体某种特权的东西。比如有的省市就出台规定教师享有优先乘车权等，这就是“特权”。如果说很多优越感和进入权都是可以通过外部的人为因素调节，那么引导力，最接近本文所指的那种基于自我发展的职业荣誉感，则是必须自己经营，才能得到的一种宝贵的稀缺力量。它是个体给别人推荐什么，别人就真的认可和支持的能力。

这本质上与网红带货的心理机制相当。在这种视域下，中学政治教师职业荣誉感的建构逻辑是：引导力加优越感推动个体成为圈内正统和权威的象征，从源源不断的正反馈中获得持续的驱力，并渐渐习惯化；随着外在动机的内在化，原有的依存型荣誉感蜕变成了独立型荣誉感，即工作动机、职业态度和行为都源于内心认定的原则。因为又能吸引注意力，还能说服他人的个体、组织就是所谓的正统和权威，都会小心翼翼地维护自己的声望。

2. 网络效应

所有社会，无论大小，无论是原始社会还是现代社会，都有这样的等级排列现象：领导者和社会声望高的人位于顶端，其他人排在中间位置，还有一些人处在社会等级的底层。①而社会等级序列的出现，一方面可以是源于当前生存和未来发展的需要，个人(群体)社会地位依据其附着的经济资源、政治资源、人力资源和文化资源等生存性资源的多少而定，即遵循的是生存逻辑。另一方面也可以是基于对传统价值和社会规范的依从和尊重，个人(群体)社会地位因其所拥有的社会资源、声望资源和公民资源等道德性资源而定，即遵循的是道德逻辑。也可以是综合上述两大逻辑来判定个人(群体)的社会地位。

借鉴这一社会历史学理论，由于不同条件下，教师所处的职业环境不一，综合判断个体职业荣誉感所遵循的逻辑也有区别。可以按照中学政治教师职业荣誉感的生成逻辑，把其建构过程划分为四个阶段。第一阶段属于原始社会型荣誉感，弱生存逻辑且弱道德逻辑。由于生存才是王道，关于职业生态的等级排序观念尚未形成。第二阶段属于部落社会型荣誉感，强生存逻辑而弱道德逻辑。这一阶段的教师心理总体上秩序较为混乱且崇尚武力，并存在建立在年龄、性别和个人特性基础上的轻微不平等，这些特性包括勇气、职业技巧和成绩竞争等生存性技能和能力。因此，在这个阶段获得生存物品和服务的多少的能力决定个人(群体)的荣誉水平。第三阶段属于农业社会型荣誉感，弱生存逻辑而强道德逻辑。在此阶段，职业生存环境得到根本性改观，而且个体已形成稳定且系统的职业价值体系。尽管生存仍是此一阶段需要面对的问题，但此时职业群体内部已分化成“拥有财富的统治阶级”和“贫穷的被统治阶级”，这两大群体的生存空间和压力相对封闭和稳定，群体等级序列分明有致。因此，在各自相对稳定的系统内，个人(群体)的荣誉水平取决于其是否遵照传统价值及其具体表现，并以此形成诸多职业规范。每个人都极为尊重职业规范和传统价值，并努力成为价值秩序的示范者，以此标榜身份和显示社会地位。第四阶段属于工业社会型荣誉感，既强生存逻辑又强道德逻辑。个人(群体)维持自身生存和影响他者生存的能力大小和拥有生存性资源的多少影响其群体内地位高低。另外，无论个人(群体)还是其间的交往程度都较以往更为复杂，这也更需要道德伦理来调节，这使得该阶段仍注重遵循传统价值在荣誉评价中的参照作用。因此，中学政治教师职业荣誉感根植于所处的社会关系网络，不同的网络，其荣誉感的内涵和生成逻辑不同。

① 丹尼尔·U.莱文，瑞伊娜·F.莱文.教育社会学(第九版)[M].北京：中国人民大学出版社，2010：54.

地位效用认为，较高社会地位的人拥有更多用于经营交往圈的资源，有能力适时建立、维持扩大和调整人际社会网络，形成有效社会资本（林南，1982）。网络效用认为，社会关系网络就是社会资本，网络规模越大，网顶越高，网差越大，网络构成越合理，社会资本越丰富（边燕杰，2004）。运作效用认为，个体可以能动地激活关系网络中的资源蕴藏，将其转化为社会资本。其次，回报机制研究主要关注两种机制的作用：信息传递和人情影响。

由此，中学政治教师职业荣誉感的网络效应有两层含义：（1）个体层面的网络效应：职业荣誉感越强的个体，他获得的主观和客观职业成功越多，他的职业荣誉感也会越来越强。（2）组织层面的网络效应：在组织里，具有职业荣誉感的个体会对其他个体产生示范作用，其他个体会在从众心理的驱使下模仿榜样的行为，并在模仿的过程中内化榜样的价值观念。

二、中学政治教师职业荣誉感建构的动力

动机是行动的原因。从来源看，人的动机分为内在和外在动机。自我决定理论认为，外在动机会阻碍个体行动，只有找到自己的内在动机，才能真正提高行动力。个体往往会误以为只要愉快，自己就在做自己想做的事情。其实在现实中，很难确定自己做事情是不是真的遵从内心。比如，认真工作、持续学习，到底是发自内心还是行为结果的奖励效应。区分的关键就在于行为结果的发生点是内在的还是外在的。

内在动机是指个体为了满足好奇心、个人兴趣、自尊、发展能力、自我控制等自身内发性精神需要，主要不是为了某些工作之外的结果，而是主要由于工作或任务本身的某些特性所引发的一种伴有积极情绪体验的行为倾向。因此，内在动机型的职业荣誉感主要具有以下四个基本特征或判断标准：指向性、积极性、精神性和自主性。

第一，就指向性来说，它主要指向活动过程而不是活动的最终结果。或者说，个体主要对活动过程本身感兴趣而不是仅仅对其最终结果感兴趣。受到内在动机激励的个体，他们将活动过程作为满足自我需要的主要对象。具有强烈内在动机的个体，他们主要不是因为外在监督和物质报酬等因素而学习工作，而是对工作过程本身感兴趣，即便在没有外在奖励和物质刺激的情况下也会自愿学习工作。

第二,内在动机型的职业荣誉感往往伴随着积极情绪体验。受内在动机驱使的个体,工作任务对他来说不再是负担而是爱好。具有强烈内在动机的员工,往往满足陶醉于工作过程之中,甚至将其视为人生享受感觉其乐无穷。

第三,内在动机型的职业荣誉感往往是受个体内发性精神需要引导的动机。很多动机研究者一开始就注意到需要兴趣和情感因素等内在精神性因素与内在动机的重要关系。无论是马斯洛的自我实现需要,White的成就感、能力或者掌控性,还是Deci等人的自主需要、能力需要和归属需要,这些需要均属于内在精神性需要。

第四,内在动机型的职业荣誉感往往具有较强的自主性,即自由选择性。员工自己愿意工作,自己有权决定如何工作,而非外力强迫。个体自觉自愿地参与到活动之中,维持行为以实现最终目标,而无须外力约束与外部监督。个体乐于参与某一活动,而不是别人要我做或不得不做。

如果基于内在动机产生的职业荣誉感才是可持续的、正向的,那么就要从工作任务本身特性、兴趣需要与情感因素、自我效能感、个体行为目标设置、组织内部的社会交换以及外部激励与反馈等几个大的方面培育内在动机型的职业荣誉感。

总之,自我产生的精神力量,是中学政治教师职业荣誉感形成、变化及发展的推动力。比较之后认知到或体验到的差异会造成心理张力,推动自我变化。而个体不仅可以通过和他人比较、和自己过去比较,而且可以通过对自身不同领域之间的比较,来评价自身在某一领域的状况,形成特定领域自我概念。因此,职业荣誉感内涵的自我概念包含了三个面相:时间轴上的自我、多面体上的自我、多层级上的自我。自我概念的清晰性、复杂性、独异性和发展性决定了中学政治教师职业荣誉感的内容、结构及层次,从而对应了不同的培育、增强或净化对策。

第八章

提升中学政治教师职业荣誉感的对策与建议

提升中学政治教师职业荣誉感的对策应该以教师不同职业发展阶段的具体需要为依据，与教师职业荣誉感阶段特性相适应。另外，在诸多调节变量中工资年收入状况、学校组织环境和荣誉称号获得情况对不同阶段的教师均有显著影响。所以，一方面对处于任何职业生涯阶段的教师都需要通过意义建构坚定其职业信念，现实建构提升其职业地位，符号建构强化其职业认同，从而增强教师的职业荣誉感。另一方面，还必须结合教师不同职业发展阶段的特性，即对处于“预备职业生涯阶段”和“退缩职业生涯阶段”的教师而言，侧重于意义的构建；对处于“更新职业生涯阶段”和“退出职业生涯阶段”的教师而言，侧重于符号的构建；而对处于“退缩职业生涯阶段”的教师而言，其职业荣誉感最弱，则必须三管齐下，其中建构现实是首要任务。

一、意义建构：坚定中学政治教师的职业理想

"意义"指的是中学政治教师的职业理想，是其在深悟为师之道后赋予自己职业行为以一定的价值和意义，是职业道德内化为自我概念的过程，是面对现实世界的诱惑、挑战和冲击时的安身立命之本。所以，要从根本上改变中学政治教师职业荣誉感的现状，必须先从他们的价值观，尤其是工作价值观及职业观入手。对于"预备职业生涯阶段"和"退缩职业生涯阶段"的教师更是如此。

（一）重塑中学政治教师的价值观

"工作价值观"是个体与工作有关的稳定的信念和评价系统，它指引并影响着个体的工作行为及其结果，在工作价值观与工作环境一致的情况下，人们会表现出积极的工作行为，体验到工作满足感，产生较高的工作绩效，反之则可能导致消极行为和工作不满（胥兴春，张大均，2011）。故应重塑中学政治教师的价值观，尤其是工作价值观。只有树立了正确的工作价值观，教师才能转变职业认知，加深职业情感，端正工作态度，履行职业使命。

习近平总书记在学校思想政治理论课教师座谈会上指出："办好思想政治理论课关键在教师，关键在发挥教师的积极性、主动性、创造性。"①党的十八大以来，在加强思政课教师队伍建设过程中形成了良好机制和成长环境，大大激发了教师队伍的积极性、主动性和创造性，树立了一批教书育人的先进典型。这些先进典型作为优秀思政课教师的代表，他们的工作价值观为重塑中学政治教师的工作价值观提供了有益借鉴和重要参考。

"让有信仰的人讲信仰，善于从政治上看问题，在大是大非面前保持政治清醒"。②一名优秀思政课教师首先是一名坚定的马克思主义者，马克思主义信仰越坚定，政治就越强，情怀就越深。

要发挥思政课立德树人的作用，离不开思政课教师敬业奉献的人格力量和人格魅力。思政课不仅要传授马克思主义基本立场、观点和方法，更是要帮助学生树立马克思主义理想信念、共产主义远大理想和中国特色社会主义共同理

①习近平主持召开学校思想政治理论课教师座谈会强调：用新时代中国特色社会主义思想铸魂育人 贯彻党的教育方针落实立德树人根本任务[N].人民日报，2019-03-19(01).

②习近平主持召开学校思想政治理论课教师座谈会强调：用新时代中国特色社会主义思想铸魂育人 贯彻党的教育方针落实立德树人根本任务[N].人民日报，2019-03-19(01).

想，坚定“四个自信”。思想政治教育规律和个体人格发展规律都表明，理想、信念的形成过程尤其需要超越具体的知识和功利层面的人格影响力。一名优秀思政课教师应具有高度的责任心和敬业精神，拥有不断探索思政课教育教学规律的热情与持久的真诚，以及淡泊名利的奉献精神，才能真正做到立德树人。

（二）重塑中学政治教师的职业观

教师职业是平凡的，但它的价值就体现在其平凡之中，正是这种平凡的特征赋予了这个职业伟大的一面。虽然教师肩负着为国家社会培育人才的重要职责，但在每位教师的日常教学过程中，总是日复一日、年复一年地从事着那些琐碎的事情，有的教师认为这样的宁静可以致远，而大多数教师或多或少模糊地感到他们的工作是一个无底洞，比起律师或医生来，教师感到自己的工作要更多地耗损心力，因为他们的工作似乎永远不会被了解，永远看不到尽头。①当教师处于后面这一状态时，应该转换自己对这个平凡职业的态度，从平凡中发现它的伟大之处，在看似平淡无奇的教学生涯中，教师能否实现个人价值，全在自身如何看待和规划。所以，要提升职业荣誉感，需要中学政治教师在面对这个看似平凡的职业时，树立这样的职业观念：努力使自己成为富有历史感和时代感的人，成为热爱人、理解人、善于研究人的人，成为深刻了解社会与教育相关的一切、并对人类社会未来充满信心的人。②更多地通过职业满足精神需要的维度去评价教师职业，在平凡、平淡的教务活动中发现中学政治教师这一职业独特的魅力和价值，也就是形成职业认同。

教师职业认同（Teacher Professional Identity）是指教师能从心底接受教师职业，并能对教师职业的各个方面作出积极的感知和正面的评价，从而愿意长期从事教师职业的主观心理感受（Beijaard，2000）。高水平的职业认同是教师专业发展的根本动力，也是抵抗职业压力、外来冲突的心理基础。现实社会中，教师职业群体屡屡出现的道德危机、职业倦怠、离职倾向等消极现象，在一定程度上都可追溯到教师职业认同的缺失（蒲阳，2018）。中学政治教师的职业认同不是一成不变的，而是一个辩证发展的过程，是在个人特质、社会文化、学校环境等多方面的综合因素影响下逐渐形成的。正如帕克·帕尔默所言，面对难以改

①瞿葆奎.教育学文集：教师[M].北京：人民教育出版社，1991：207.

②叶澜.教育概论[M].北京：人民教育出版社，1991：338.

变的制度力量，我们还有另一种选择：我们可以找回对改变工作和生活的内部力量的信念。我们成为教师是因为我们一度相信内心的思想和洞察力至少与围绕我们的外部世界一样真实，一样强大有力。现在我们必须提醒我们自己，内部世界的真实性可以给予我们影响外部客观世界的力量。①

教育部委托北京师范大学承担《中小学师德修养培训课程指导标准》(以下简称指导标准)的研制任务。历时近两年时间的协同攻关，初步完成了指导标准的支撑研究和课程内容的遴选。指导标准坚持以“四有”好老师指标体系为框架，制定目标导向和实践导向相结合的培训内容，并在培训中遵循师德发展规律，注重教师成长需求，分层、分类设置有针对性的研修主题。可资借鉴。

表8-1 指导标准的框架内容和研修主题

一级指标	二级指标	研修主题
理想信念	爱国爱党	国家认同 价值观念 中华文化 国际视野
	爱岗敬业	教育理想 守护生命
	乐于奉献	诲人不倦 生涯规划
道德情操	为人师表	道德榜样 行为示范 人文素养 人格魅力
	团结协作	集体意识 师生平等 同伴合作 家校协同
	廉洁自律	遵纪守法 诚实守信 严于律己

①帕克·帕尔默.教学勇气：漫步教师心灵[M].吴国珍，译.上海：华东师范大学出版社，2005：166.

续表

一级指标	二级指标	研修主题
扎实学识	严谨治学	实事求是 精益求精
	科学施教	遵循规律 因材施教
	与时俱进	勤于反思 实践创新
仁爱之心	以人为本	尊重学生 理解学生
	关爱学生	严慈相济 关怀入微
	公平公正	一视同仁 处事公正

在师德理论、政策研究、国际比较和社会调查研究的基础上，提炼出了中小学师德培训课程的内容框架。以“有理想信念、有道德情操、有扎实学识、有仁爱之心”的“四有”好老师为目标导向，结合国内外中小学教师师德理论与调查研究成果，分别提出12个二级指标。其中，有理想信念包括爱国爱党、爱岗敬业、乐于奉献；有道德情操包括为人师表、团结协作、廉洁自律；有扎实学识包括严谨治学、科学施教、与时俱进；有仁爱之心包括以人为本、关爱学生、公平公正。从二级指标分别或交叉细化出31个研修主题，围绕各研修主题设计相应的专题课程（见表8–1）。

围绕每个研修主题，构建了包含A、B、C三个层级的师德培训课程。其中，A类层级，是必修的通识性、基础性课程；B类层级，是基于教学资源综合运用的拓展性、体验性课程；C类层级，是以问题探究为出发点的专题化、特色化课程，有利于发挥教师在某一领域的专业特长和创造性。三个层级的课程，尤其是B类和C类课程的建设，各地可结合本地实际，自行设计，互相借鉴，资源共享，同时充分发挥教师个人的经验与优势，鼓励师德教学改革与经验分享。①

当然，一个公正理想的社会道德环境，应当努力消除贡献与获得、德行与幸福的二律背反，使它们成为相辅相成的良性循环关系。增强中学政治教师的职

①黄四林，周增为，王文静，刘霞，林崇德.中小学师德修养培训课程指导标准的研制[J].北京师范大学学报（社会科学版），2019（01）.

业荣誉感,一方面要求道德主体自觉自律地践行“八荣”和职业道德等,为荣誉感提供养料。另一方面又强调社会通过各种方式使践行道德者得到肯定鼓励和相应荣誉。只有建立这样的机制环境,我们的社会才能形成善善相生的良性循环(葛晨虹,2009)。

二、现实建构:提升中学政治教师的职业地位

“现实”指的是中学政治教师职业荣誉感产生、发展和不断强化的客观环境。客观环境是教师职业荣誉感生成的现实基础,缺少了这一基础,职业荣誉感就成了无水之源。所以,除了从教师主观方面出发,树立起正确的价值观和职业观之外,要增强他们在市场逻辑的冲击下,抵制个人主义、功利主义,心怀“捧着一颗心来,不带半根草去”的敬业精神,还需要为教师的职业荣誉之树提供充足的社会“养料”,无论教师处于职业发展的何阶段,都需要坚实的现实基础。

制度是规范人们行为的外在他律准则,也是增强中学政治教师职业荣誉感强有力的保障力量。在制度规章层面中体现出社会主义荣辱观的价值导向,使教师在赏善罚恶、扬荣贬耻的社会环境里,感到做有道德者高尚、光荣,有所作为,做违背道德者可耻,并在反复“博弈”中体会违背道德带来的利益代价,引导或迫使他们放弃违背道德的行为,选择遵从社会荣辱观的行为。

(一)提高教师的物质待遇,客观评价教师劳动的社会价值

提高教师职业社会经济地位以建设一支高水平的教师队伍,是我国发展教育的重要目标。教师的工资水平不仅影响教师的供给数量和质量,也关系到教师职业的社会地位和声望。有报告指出,中国教师的地位指数居被调查的21个国家之首,然而工资收入却排倒数第二(张建国,2014)。这个结论在一定程度上表明了我国当前社会尊师重教之风不减,公众对教师的信任度较高,但这也说明存在无法理性看待“尊师重教”的问题。受传统观念的影响,我国更重视给予教师以精神激励,认为教师天然是“园丁”“春蚕”“蜡烛”,忽视了人崇高精神之养成的物质条件。这种过度拔高教师形象,过分强调职业操守,无疑是将作为普通人的教师当作“不食人间烟火”的苦行僧,忽视了教师基本的、合理的物质需求。

国家统计局统计数据显示，2016年我国城镇单位就业人员的年平均工资为67569元，城镇单位在岗职工年平均工资为68993元，国有单位就业人员年平均工资为72538元，城镇集体单位就业人员年平均工资为50527元，其他单位就业人员年平均工资为65531元。①根据东北师范大学中国农村教育发展研究院2015年底的全国调研数据，教师月平均工资为3211.79元，其中城市教师为3523.54元、县城教师为3074.69元、农村教师为3123.33元（曾文婧，秦玉友，2018）。另外，我国一些学者分别与世界其他国家教师、国内其他行业的工资水平进行了比较研究（薛海平，唐一鹏，2017），结果表明也存在一定差距。因此，要增强中学政治教师的职业荣誉感，对具有良好职业道德、做出重要贡献、完成本职工作的教师都要及时表扬并给予工资、奖金、住房等各方面福利待遇的物质奖励；提高工资标准；增加奖励性绩效工资比例，调整拨款方式；优化工资结构；建立工资标准定期调整、长期增长机制。

自《中共中央 国务院关于全面深化新时代教师队伍建设改革的意见》颁布以来，各省都针对提高教师的薪资待遇出台了相关政策，进一步健全和完善了工资长效增长机制。比如，浙江制定了统筹考虑中小学教师的公务员收入分配政策；北京等地提高了非在编教师的工资待遇；四川蓬安不仅给从教30年的教师发放荣誉证书，还规定在农村地区从教30年，符合职称评定基本条件且表现突出的，可以直接推荐评高级职称；从教10年到20年的，工资不受职称限制，直接享受该职称的最高档位工资等（付卫东，范先佐，2018）。这些措施为提升教师职业荣誉感提供了物质保障，但还有进一步完善的空间。有调查发现，不完善的综合待遇结构与教师的教育贡献难以匹配，模糊化的生活补助标准未能充分体现不同地区教师的待遇差异，无显著差异的绩效工资导致校内微观激励不足（刘善槐，李梦琢，朱秀红，2018）。因此，为使教师切实产生劳有所得、权责一致的职业体验，还需要健全劳动定价机制和差异化补偿机制。

（二）明确教师的专业地位，助力教师身份“返魅”之旅

职业“祛魅”本质上是社会愈加文明、个体愈加理性的结果，体现了社会的发展进步。但问题是，能够维护社会和谐的道德准则也与神秘感一起被消解了。教育大众化、民主化冲击了教师的文化地位；信息技术的快速发展解构了

①国家统计局：城镇单位就业人员平均工资和指数[EB/OL].http://data.stats.gov.cn/.

教师的专业权威，结果就是师道尊严的衰落。对于中学政治教师而言，更面临专业地位不明确的问题。社会偏见较多：有的认为中学政治课就是“洗脑课”，唯物辩证法就是“变戏法”；有的认为中学政治课是无关紧要、可有可无的课程；有的还认为中学政治课没有实质性的内容，也没有技术含量，不是文盲就能教；媒体的负面报道也对教师职业形象产生了不良影响。打铁还需自身硬，更深层次的原因还是教师自身的专业素质和道德修养不足，这两点是赢得社会信任与尊重的前提。要明确中学政治教师的专业地位，重建专业权威，既要提高职业准入门槛、健全退出机制，又要提升在职教师的“内功”。

“教师成长和发展的第一步，就在于教师自身的反思、教师自身对自身的评价和教师自身的自我改造。”[①]高校教师职业荣誉感强于中学教师的一个原因就在于前者主要从事理论学术研究，专业性更强，专业地位更高。所以，需要采取如在职培训、学习进修、专家入校等各类措施，鼓励一线中学政治教师发挥亲临教育现场的研究优势，从事教育实践反思、教育教学规律研究等工作，提升教学能力，提高学术地位，增强专业自信，以此赢得社会对其专业地位的认可和尊重。“教师的自我反思”是指教师对各种教育观念、言论、教育方法、教育活动、教育事实和教育现象进行的自主判别和认真审视，特别是对自己的教学实践进行检视和反省。[②]这需要加大资金支持力度，紧密联系高校和中学互帮互助，建立可供中学政治教师脱产学习、培训的基地，成立专家工作室辅助一线教师开展教研活动等，帮助他们反思教学实践活动，提升职业胜任力，并最终成长为专家型教师。

除此之外，要发挥教师积极性、主动性、创造性，办好思想政治教育课，还应瞄准习近平同志提出的思政课教师六素养建设中学政治教师队伍，使教师个人素质和教学团队素质符合要求，从而促进专业发展、提升专业地位。具体而言，要紧紧抓住提高教学能力这个牛鼻子，通过“三集三提”着力提升教师“内功”。首先，坚持集中研讨提问题。通过多种形式把思政课教师集中起来，集体研讨确定问题，把教学难题找准，增强教学针对性。其次，坚持集中培训提素质。组织思政课教师定期开展集中培训，学习党的理论创新成果、交流先进经验。再次，坚持集中备课提质量。建立集体备课制度，对党的十八大以来理论创新、实

①上寺久雄．教师的心灵与风貌[M]．赵一奇，等译．北京：春秋出版社，1989：63-64.

②肖川．教育的理想与信念[M]．长沙：岳麓书社，2002：104.

践创新、制度创新成果和教学重点难点问题等进行深入研究,充分利用信息技术手段扩大集体备课覆盖面和实效性。①虽然是主要是针对高校思政课教师的,但对于中学政治教师队伍建设亦有示范、启发意义。

(三)提升教师的政治法律地位,落实为教师赋权增能的举措

在我国,中学是提供义务教育的公共服务机构,从事中学义务教育的教师,其教育教学职责主要由国家通过法律法规及政策予以规定,工作具有公务性质。如何根据教师职业的这种特殊性质作出准确的法律定位,事关教师队伍建设的大局。因为它关系到国家的教育责任如何体现、教育如何发展,关系到教育如何保证公平,真正惠及人民大众;关系到如何吸引优秀人才从教,完成教师的社会使命;还关系到如何稳定义务教育学校的师资队伍,促进我国基础教育事业健康发展(劳凯声,蔡金花,2009)。历史实践证明,重教才能兴国,重教必先尊师。《礼记·学记》中强调要给教师以崇高的社会政治地位:"君子知至学之难易,而知其美恶,然后能博喻,能博喻然后能为师,能为师然后能为长,能为长然后能为君。故师也者,所以学为君也。"教师应扮演社会组织者、管理者的角色,为人师表应具备"为长""为君"的基本素质。荀子的"天地君亲师"思想也说明了提升教师政治法律地位的价值。

根据《中华人民共和国教师法》的规定,"各级人民政府应当采取措施,加强教师的思想政治教育和业务培训,改善教师的工作条件和生活条件,保障教师的合法权益,提高教师的社会地位。全社会都应当尊重教师"。然而,一些社会现象反映出的却是虽有明文规定,但保障体制、机制依然不健全的问题。这挫伤了广大教师的工作积极性,影响教师队伍稳定,不利于教师职业荣誉感的建立。尤其是肩负思想政治教育职责的中学政治教师,更需要法律制度的保护。

提升教师的政治法律地位,需要从三个层面入手。宏观层面,规范政府相关机构的行为,确保做到有法可依、有法必依,公平公正地处理好教师职业资格认证、教师聘任、工作报酬及工作评价等事务,不滥用职权侵犯教师合法权益;制定与教师切身利益相关的政策法规时,应该充分听取广大一线教师的心声。中观层面,建立社会对话机制,使教师能够通过他们民主推举的组织,在决策过程中表达自己的意见。帮助教师由"自在"群体转向"自为"的利益共同体,实现

①陈宝生.用习近平新时代中国特色社会主义思想铸魂育人[N].人民日报,2019-4-23(9).

教育行政权与教师专业自主权的制衡。国外在这方面的组织机构值得参考借鉴，比如全国教师委员会，学校教师委员会等。微观层面，教师作为学校的一员，应该充分享有参与学校组织管理在内的各项权利。

（四）增强学校组织管理方式与教师组织需要之间的契合度

学校是中学政治教师工作、职业发展的主要场域。其组织管理方式是否科学有效，是调节教师职业荣誉感强弱的主要外部因素。管理的本质是提升组织和个人的效率，规范固然是第一位的，也就是中国儒家思想里的“有所为而为”。但学校的管理者也要注意把握规范的度，除了自上而下进行激励和约束外，还要自下而上地激活教师个体的活力，做到正式组织与非正式组织的统合综效，也就是道家思想里的“有所不为而为”。具体而言，就是建构与教师组织需要具有高契合度的学校文化，给教师提供一个可认同、可依赖的实体家园。组织认同感增强了，自然能增加职业依赖度和工作投入度，表现出来就是高职业荣誉感。

根据心理契约理论的基本原理，学校组织与中学政治教师之间的心理契约特点与其职业荣誉感一样，具有阶段特性，不同阶段下的心理契约状况，对中学政治教师的职业荣誉感有不同的影响。所以，学校的管理者需要根据政治教师在不同职业生涯阶段的需要、态度和行为表现采取差异化的管理策略，具体建议如下（见表8-2）：

表8-2　学校组织提升中学政治教师职业荣誉感的差异化管理策略

职业生涯阶段	心理契约类型及特征①	建议
预备职业生涯阶段 教龄：0~4年	过渡型心理契约： 因不适应教师角色或不满意学校待遇而有消极怠工或离职倾向。	开展入职培训；安排指导老师；增加物质激励。
专家职业生涯阶段 教龄：5~16年	交易型心理契约： 因为组织制度公平性缺失或科层制管理人性缺失而有不满情绪。	建立民主、科学、多元、多样的评价机制。
退缩职业生涯阶段 教龄：17~21年	失衡型心理契约： 上一阶段的遭遇没有得到学校管理者的有效处理，加深了教师在学校组织中的相对剥夺感。	创造教师参与学校管理的机会；铺平教师专业化发展道路。

①金艾裙．基于心理契约的中学教师动态管理［J］．中国教育学刊，2013（12）．

续表

职业生涯阶段	心理契约类型及特征[①]	建议
更新职业生涯阶段 教龄:22~27年	平衡型心理契约: 因遭遇职业生涯高原而出现教师显性或隐性流失。	加强在职培训;赋予管理者角色;搭建学科建设和学术交流平台。
退出职业生涯阶段 教龄:28年以上	关系型心理契约: 因晚年生活无保障或未得到足够的尊重而对学校组织不满。	精神激励为主,同时健全教师退休保障机制,减少后顾之忧。

从现实层面看,中学政治教师除了担任学科教师外,普遍还负担班主任、学校德育等教务工作。所以,想要从优化学校环境这一途径提升职业荣誉感,让教师放心、安心、舒心从教,除了建立心理契约这样的长效机制外,当务之急是深化教育改革,为教师减负。减少形式主义、形象工程性质的工作、会议;减少与实际需求错配的培训学习;减少校内外非教学的行政工作等,保证工作时间主要用于教、学、研。这样即能减少非主业类工作,还能减轻压力,提升职业幸福感。

三、符号建构:强化中学政治教师的职业认同

"符号"指的是那些能够提升中学政治教师职业荣誉感的社会文化机制。从某种意义上说,现实世界是一个人造符号组成的世界,符号帮助人们指称对象、表达情感、象征价值。所以,要提升中学政治教师的职业荣誉感,还需要通过一些途径在社会中构建起象征中学政治教师职业荣誉的符号体系,激发认同感,提升责任感,获得幸福感。处于"更新职业生涯阶段"和"退出职业生涯阶段"的教师尤为需要这方面的措施。

(一)在教师群体习俗上提升责任感

道德习俗实际上是主体在道德上的一种共识或契约,这一共识或契约虽然对群体而言具有主体性,但对特定的道德个体来说却具有客观环境的特质(李清雁,2009)。任何一个行业,只要其行业约规得到了从业者普遍的认同和遵守,就可以借助这种行业文化和同行舆论对从业者的职业行为施以强大的软约束力。所以,通过弘扬教师行业道德习俗,制定完善成文教师职业规范、教育法、教师法,用习俗和成文法等符号系统将中学政治教师与其他职业群体区分

开来，增强从业者的责任感。

从总体上看，我国1600多万教师是一个尽职尽责的职业群体，称得上是为教育事业做贡献的好老师。而为了进一步提振尊师重道之风，就必须塑造新时代教师形象。既要有职业道德规范及法律约束等消极方面的惩戒制定，也要有公关活动及舆论宣传等积极方面的奖励制度。如，印发教师职业行为准则及处理办法；通过授予优秀教师荣誉称号树立榜样；拍摄制作讲述优秀教师故事的电影；等等。

在具体的实践中，有的理念已经得到落实，并取得了显著成效。上海建立了教师师德荣誉等级制度和教师对学生失范行为合理惩戒办法；广西开展了师德师风建设年会；江西推进了常态化制度化的“万师访万家活动”。这些制度、措施不仅给教师画出了清晰的职业行为界限，也树立了象征职业理想的现实榜样，能有力地提升中学政治教师的职业责任感。

（二）在教师集体记忆中激发认同感

现实中教师身份“祛魅”，学校教育过度功利化，教师队伍职业理想“坍塌”等问题，使得教师集体记忆中的职业角色、规范和意义日趋消解。市场机制下科层的管理方式，使教师们已经很难再去扮演自己记忆中的职业形象，“已经很难实现一种具有理想色彩的价值传承和心灵塑造的角色使命”（蔡辰梅，2009）。但教师集体记忆本质上是一个社会建构的概念，而且教师之于教育、社会的价值和意义终究未发生根本变化。所以，即使社会结构转型造成了教师身份认同危机，撕裂了传统印象中的教师形象，但仍然可以通过挖掘教师集体记忆中一些始终保持连续性的、具有鲜活生命力的文化符号，激发教师对教师群体的认同感。

中国传统社会的学校是以教人明辨是非、成为好人为目标的，[①]德育是教师的基本职责，与中学思想政治课教师的社会角色多少有些类似。从某种意义上说，传统教师文化里蕴含了提升该群体职业认同感的有益成分。中国传统的教师文化强调师道重于师术，人师优于经师，社会形象先于职业角色，其根本之处在于不把从事教育工作当作普通的谋生手段，而是赋予教师以文化传承、培育英才和国家治理等多重使命。强调教师要有责任担当、道义担当和使命担当，

①辜鸿铭．中国人的精神［M］．北京：人民出版社，2010：43．

实现教书、育人、治国的统一(蒋纯焦,2019)。这恰好弥补了现代职业化社会教师身份认同的缺失。

通过讲述思政政治教育历史中的教师故事,能为这个群体的从业者勾勒一幅生动的职业背景图,内化后就能成为教师们共同的精神家园。比如《礼记·学记》里将"尊师"上升到"礼"的层面(王运红,2007),曰:"大学之礼,虽诏于天子,无北面,所以尊师也。"甚至连君主也需要给予师者以殊遇:"当其为师则弗臣也。"同时,也规定了教师应有的素养,认为只有能以生动有趣的方式呈现广博的教学内容,能自知不足、时时反思、教学相长的人才配师者称号。这些都启示我们,要重拾尊师重教之风气,不仅要有外部的物质和精神支持,更重要的是教师个人在集体记忆中找到归属感,找到这个职业最初的发源地,获得一种身份认同。

(三)在群体文化符号里寻找幸福感

中国自古就有尊师传统,对历代名师的封赠、赐号、祭祀从未间断,孔庙堪称古代教师的荣誉殿堂,古代教师荣誉意味着传统师道的传承(施克灿,2018)。"天地亲君师""先生"等都是传统文化里赋予师者的文化符号,传达了对教师的尊重,对师德的肯定。现在,这些文化符号的象征意义越来越模糊。中学政治教师的专业素质得不到信任,他们不再是知识美德的化身,不过是一群为了养家糊口的教书匠。

但是纵观中国教师荣誉制度的演进历史发现,虽然历来都有尊师传统,但教师的职业身份一直很模糊,而且多与政治成就相关联,不是单纯的教化角色。虽然有表彰德性和知识贡献的制度,但存在机制不完善、标准多变、评价权力为皇家士族垄断而不公正等问题。对此,除了从历史里找寻已有的符号,还需要与时俱进完善社会尊师重教的新的文化符号体系,帮助教师从时间和空间两个维度的文化符号中收获职业幸福,提升职业荣誉。时间符号上,利用每年的教师节、"十大感动中国人物"等公益节目,国家级别的教师荣誉制度对具有突出贡献的政治教师典型进行表彰;空间符号上,提供良好的工作环境、齐全的软硬件设施等。

授予教师荣誉,慰问默默耕耘的心灵,既是对知识的尊重,又是对人才的尊重,更是引导形成尊师重教良好社会风尚的得力之举,教师的辛勤劳动得到国家充分肯定。自《意见》颁布后的一年多里，全国各地积极响应贯，为营造社会尊师重教之风提供了坚实的物质基础，塑造了该群体的文化符号。比如，遴选国家教学名师101个；青海给优秀教师提供省内公共场所绿色通道和旅游景区优惠；云南省寻甸县隆重表彰了在乡村执教30年的教师，共有1100名乡村教师符合条件，目前已经发放了1050本荣誉证书，第二批50本准备发放。大部分乡村老教师对此倍加珍惜，有些乡村老教师认为这是他们这辈子获得的最高荣誉（付卫东，范先佐，2018）。

但就目前乡村教师荣誉制度的实施成效来看，也存在荣誉制度"不荣誉"的问题。有调查发现，只有不到30%的教师表示对该制度感到满意；相比更现实的学校环境问题，一纸证书的激励作用不大；而且空有名号没有配套优惠政策的荣誉制度也被视为形式主义，没有含金量。这些问题都说明，要进一步完善配套措施，建立真正能提供职业荣誉感的教师荣誉制度。其一，多渠道广泛宣传，发挥爱岗敬业教师的引领、号召作用。其二，成立荣誉专项基金。综合利用财政、社会资助等资源成立基金会，才能增加制度的含金量。其三，将教师荣誉制度与职业发展、优化公共生活的需要挂钩。比如结合教龄、学历等因素向教师提供实质性扶持，解决生活和工作中面临的实际问题等，才能更好地应对教师的"荣誉后"问题，防止短暂激励后产生更强烈的剥夺感。

2019年发表的一篇基于我国31个省份、306个县的8150名教师调查数据显示，教师工作满意度指数得分为67.24，处于基本满意状况。教师非常重视政府所提供的保障条件，政府保障是决定教师工作满意度的关键因素。政府亟待出台政策提高教师整体保障水平，包括社会尊重、收入待遇、民主决策、评职制度等，以及优先关注农村、西部地区、男性及教龄高等满意度较低的教师群体（武向荣，2019）。进一步说明了本研究的理论及现实意义。

第九章 总结

中学政治教师职业荣誉感是在其职业生涯中内生的职业信念、使命感和责任感及获得外在肯定性评价后产生的职业成就感和幸福感。整体上是职业责任感和职业幸福感所构成的二维结构，具有道德约束、自我评价、精神激励和情境适应功能。主导自我的内在动机是职业荣誉感的核心，应培育中学政治教师发展出内在动机型的职业荣誉感。以自我概念为核心的职业荣誉感的变化规律是：在时间比较、维度比较和社会比较的参照框架下，个体内呈现出S形变化趋势；个体间存在大鱼小池效应。在社会网络的分析框架下，表现出地位效用、网络效用和运作效用。提升中学政治教师职业荣誉感的关键是发挥学校组织的主导作用，结合教师在五个生成阶段的不同需求及动机，构建意义、现实和符号世界，提升教师职业的社会价值，增强职业荣誉感，从而树立和坚定崇高的职业理想。

第一节　研究结论与局限

一、研究结论

(一)中学政治教师职业荣誉感的概念及心理结构

职业荣誉感本质上是个体的自主能动性,有三种存在形式:性格特质、主体能力及行为状态。就性格特质而言,表现为一组品质:高亢而有原则的野心、勇气、骄傲,以及对自尊以及公共声誉的渴望。这种作为性格品质的职业荣誉感有四个特征:其高亢的野心;对敬畏与反身性的平衡;片面性;对认可与抵抗的混合。就主体能力而言,是主体的一种能力。这种主体能力的特征是:以未来目标为导向;具有个体属性和社会属性;具有相对稳定性;是主体行为内生的激励因素。就行为状态而言,是个体因期望而追求职业成功,因信念而增加工作投入,因渴望而回应职业呼唤。

中学政治教师职业荣誉感是在其职业生涯中内生的职业信念、使命感和责任感及获得外在肯定性评价后产生的职业成就感和幸福感。整体上是职业责任感和职业幸福感所构成的二维结构,具有道德约束、自我评价、精神激励和情境适应功能。

主导自我的内在动机是本文界定职业荣誉感的核心。培育中学政治教师发展出内在动机型的职业荣誉感也是本书极力倡导的。这种状态下的个体,在从事思想政治教育工作时,是为了满足好奇心、个人兴趣、自尊、发展能力、自我控制等自身内发性精神需要,主要不是为了某些工作之外的结果,而是由工作或任务本身的某些特性所引发的一种伴有积极情绪体验的行为倾向。它主要具有以下四个基本特征或判断标准:

第一,就指向性来说,它主要指向活动过程而不是活动的最终结果。或者说,个体主要对活动过程本身感兴趣而不是仅仅对其最终结果感兴趣。受到内在动机激励的个体,他们将活动过程作为满足自我需要的主要对象。具有强烈内在动机的个体,他们主要不是因为外在监督和物质报酬等因素而学习工作,而是对工作过程本身感兴趣,即便在没有外在奖励和物质刺激的情况下也会自愿学习工作。

第二,往往伴随着积极情绪体验。受内在动机驱使的个体,工作任务对他来说不再是负担而是爱好。具有强烈内在动机的中学政治教师,往往满足陶醉于工作过程之中,甚至将其视为人生享受感觉其乐无穷。

第三,往往是受个体内发性精神需要引导。需要兴趣和情感因素等内在精神性因素与内在动机型的职业荣誉感有重要关系。

第四,往往具有较强的自主性,即自由选择性。教师自己愿意工作,自己有权决定如何工作,而非外力强迫。个体自觉自愿地参与到活动之中,维持行为以实现最终目标,而无须外力约束与外部监督。个体乐于参与某一活动,而不是别人要我做或不得不做。

(二)中学政治教师职业荣誉感生成的系统及定律

具有职业荣誉感的中学政治教师因期望而追求职业成功,因信念而增加工作投入,因渴望而回应职业呼唤。无论个体取得的职业成功是客观的或主观的,都直接预测以职业情感为存在方式的职业荣誉感,工作投入度直接预测以职业道德为存在方式的职业荣誉感,职业呼唤直接预测以特质及动机为存在方式的职业荣誉感。心理资本、人力资本和社会资本的协同效应是实现人的潜能、打造人的竞争优势的关键所在。所以,中学政治教师的职业生涯资本状况在整体上反映、调节、影响他们的职业荣誉感。

另外,职业荣誉感还需要一个多维生态系统的支持,即由参与者系统、组织行为系统和制度规范系统构成的生态系统。其中参与者系统是根本动力,组织行为系统是理解心理与行为变异的关键,而制度规范系统则是中学政治教师职业荣誉感生成演变的文化底色。

职业自我的建构是职业荣誉感的精神内核。内在动机是影响职业自我的建构的根源。故中学政治教师职业荣誉感是微观、中观及宏观三个维度共同建构的结果:微观视域下的职业荣誉感建构过程就是教师通过时间比较推动职业自我心理发展的过程;中观视域下的职业荣誉感建构过程就是教师通过社会比较推动职业自我心理发展的过程;宏观视域下的职业荣誉感建构过程是群体间的地位效用、网络效用以及个体运作的共同结果。

由此,以自我概念为核心的职业荣誉感的变化规律是:在时间比较、维度比较和社会比较的参照框架下,个体内呈现出S形变化趋势;个体间存在大鱼小池效应。在社会网络的分析框架下,表现出地位效用、网络效用和运作效用。

(三)中学政治教师职业荣誉感现状的成因及对策

以川渝地区30所中学200名政治教师为调研对象,了解到当前川渝中学政治教师职业荣誉感状况整体良好,有且比较强烈,但在各因子上表现不平衡,职业责任感得分高于职业幸福感。综合人口学变量和社会经济变量进行数据分析,发现职业发展阶段及学校的组织环境是主要调节变量。

从发生学角度将中学政治教师职业荣誉感划分为五个阶段:客观因素主导型—主观因素主导型—主客观因素相持型—主客观因素协调型—主观因素主导型。相应地,教师与学校组织之间形成五种类型的心理契约:过渡型—交易型—失衡型—平衡型—关系型。

具体的调查发现是:(1)川渝地区中学政治教师职业荣誉感受到性别、年龄、教龄等人口学变量不同程度的影响:男教师职业荣誉感高于女教师,女教师职业幸福感高于男教师;年龄、教龄引起的差异呈现U字形,高和低年龄、教龄段教师职业荣誉感得分高于中年龄、教龄段教师。(2)川渝地区中学政治教师职业荣誉感受到专业职称、学校类型、工作所属地、工资年收入、荣誉称号获得情况等社会经济地位变量不同程度的影响:专业职称与职业荣誉感呈显著正相关关系;普通公办及民办学校的教师高于重点公办及民办学校的教师,重点民办学校的教师的职业幸福感得分最低;甘阿凉地区显著低于其他地区的教师;工资年收入状况和获得荣誉称号不同的教师在各因子均呈显著正相关关系。

中学政治教师职业荣誉感现状的影响因素众多,可归纳为个体因素、情境因素和社会文化三大部分。

个体因素中,个人缺乏内在动机是关键变量。内在动机的相关影响因素主要涉及个体需要兴趣情感因素、工作任务本身特性、个体成就目标设置、自我效能感、组织授权与交换以及外在激励方式等方面。增强内在动机的方法是组织因素中,目标和权利是主要变量。一是目标不清晰,甚至互相冲突,因而很难从外界获得反馈信息,工作绩效难衡量。二是组织的权利受限,因而对人力、资金等生产要素没有自主权,工作绩效很难提高。两者共同作用下破坏了学校中职业荣誉感的激励机制。可以分两步重塑组织,以激活个体的职业荣誉感。第一步,清楚界定学校的核心任务。方法包括:如果任务的难易程度不同,挑最容易的去做;根据自己主流人员的专业背景去界定核心任务;针对当下面临的主要困境来确定自己的核心任务。第二步,依靠学校组织文化,实施组织激励。表现卓越的学校,都拥有强大的学校组织文化。但组织文化是把双刃剑,有时候会成为改革的阻力,因此,成功的改革是从不威胁组织文化的地方入手,再逐步推进。

社会文化中,隐性—教师文化和显性—荣誉制度是主要变量。教师荣誉文化引发了职业荣誉感不同程度的"变态":工具理性对职业荣誉感的消解、平庸之恶对职业荣誉感的异化、简历美德对职业荣誉感的降格。教师荣誉制度体系的不完善导致荣誉感超负荷问题,即名不副实。要发挥制度规范系统对中学政治教师职业荣誉感的正面效应,需要通过教师荣誉文化缓解信仰缺失问题,通过教师荣誉制度解决社会缺席问题。

总而言之,提升中学政治教师职业荣誉感的关键是发挥学校组织的主导作用,结合教师在五个生成阶段的不同需求及动机,构建意义、现实和符号世界,提升教师职业的社会价值,增强职业荣誉感,从而树立和坚定崇高的职业理想。

二、研究局限

本研究以川渝地区的教师为例研究了中学政治教师职业荣誉感的状况并探讨了对策,但由于样本数量不够大,被试对象具有特殊性,研究方法的选择不恰当及问题影响因素本身的复杂性,还存在许多不足和需要进一步加以验证、完善的地方。

1. 中学政治教师职业荣誉感动态生成模型有待进一步完善

本研究建立的生成机制模型是基于理论研究而成的,在本次实证调研中只验证了"接收者"环节对教师职业荣誉感的影响,即教师的个人背景变量,而其工作绩效及工作评价方面的影响是在前者的基础上展开的纯理论推演,并没有被纳入量表的考察范围。因此,后续还要进行更深入、更全面的实证研究。

2. 中学政治教师职业荣誉感的结构还需要进一步检验

职业荣誉感作为一种积极的职业情感,是一个复杂的心理感受和主观意识,本身难以量化,所以本研究确定的二维结构虽然得到了样本数据分析的支持,但在抽样的合理性、全面性上还有待商榷，还需更多的实证研究加以改进和完善。

3. 中学政治教师职业荣誉感量表还需要进一步修订

本研究所使用的量表虽然是严格按照开发心理学量表的程序进行编制的，有良好的信度和效度。但还存在两个比较严重的缺陷：一是背景变量上考虑不充分，缺少农村和城镇教师的区分；二是部分量表题存在表意交叉、边界模糊，不利于维度划分的问题。

4. 未能明确教师个性对职业荣誉感的影响程度

本文的研究结果说明，学校组织状况及教师所处的职业生涯阶段确实能预测职业荣誉感的水平。但这个结论无法从积极层面排除教师个性的影响。人们对工作、领导、职场的看法也可能因为自身的性格特征而有所不同。如果后面这个假设成立，会削弱本文结论的说服力。

第二节　未来研究方向

研究方法上，在后续的研究中可尝试采取经验取样法（Experience-Sampling Methodology，ESM），力求更精确的数据。从时间维度看，职业荣誉感有瞬间体验和长期体验之分。本研究采取宏观视角，关注整体反应，数据以问卷和访谈记录为主，因而只能对中学政治教师职业荣誉感进行“鸟瞰式”分析，只能获得一个长期体验的概况，忽略了个体差异。经验取样法是解决这个问题的重要方法。它采用重复抽样方式，可以收集到那些易受时间和个体因素影响而变化的信息，从而减少社会期望造成的偏差及问卷中问题预设的干预。

研究内容上，进一步细化政策研究，健全激发荣誉感的体制机制；更加关注增强荣誉感内驱力的原理及方法。另外，与提升在职者的职业体验问题相比，更棘手的是如何增强中学政治教师职业的吸引力，吸收更多优秀人才。优越的物质条件固然重要，但一种职业要获得强大而持续的吸引力，更深层次的动力是它能创造更多社会价值、产生巨大社会影响力。这归根到底还是如何增强职业荣誉感的问题。所以,关于这个方面的研究依然有很大的价值和空间。

总之,职业荣誉感是一个时代特征极强的概念,无论是理论研究,还是现实的干预措施,都应采取情境性、动态性、非线性、多角度和个性化的方式进行。

附录

附录1：中学政治教师职业荣誉感开放式问卷

尊敬的老师：

您好！我们是中学政治教师职业荣誉感课题组，目前正在收集中学政治教师职业荣誉感的相关信息。非常感谢您在百忙之中抽出时间来配合我完成此项调查。本问卷是编制正式问卷之前的预调查，旨在通过匿名的方式了解目前川渝地区中学政治教师职业荣誉感的具体情况，您的回答将成为我们后期编制量表的重要依据，故望您能够真实、详细地填写。由于研究需要，本问卷的内容将涉及您的个人信息，但本人保证所搜集的数据仅用于研究分析。再次真诚地感谢您的支持与合作！

本问卷中的“职业荣誉感”包括了个体对职业的认同感，完成本职工作的使命感和责任感，及由此而生的成就感和幸福感。

您的性别：________________　　您的教龄：________________________

您的学历：________________　　您目前任教的年级：________________

您的职称：________________　　您是否担任班主任：________________

您的学校所在地：__________________

（每道题请至少罗列3个方面）

1. 您认为一名具有职业荣誉感的中学政治教师会有哪些表现？

____

____

2. 请您回忆自从教以来，激发您职业荣誉感的事情有哪些？

3. 请您回忆自从教以来，挫伤您职业荣誉感的事情有哪些？

4. 请问您认为目前影响您从工作中获得职业荣誉感的因素有哪些？

5. 在下面的六个图形中，灰色圆圈代表职业荣誉感，白色圆圈代表您的感受，两个圆圈重合部分越大代表您体验到的职业荣誉感越强、程度越深，持续时间越长，请问您的情况是：

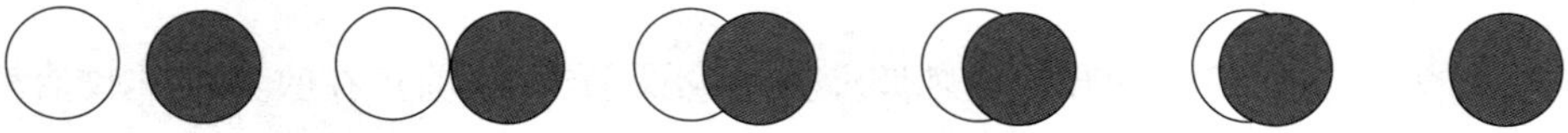

A　　B　　C　　D　　E　　F

附录2：中学政治教师职业荣誉感预测试问卷

尊敬的老师：

您好！我们是中学政治教师职业荣誉感课题组，目前正在收集中学政治教师职业荣誉感的相关信息。非常感谢您在百忙之中抽出时间来配合我完成此项调查。

本问卷旨在通过匿名的方式调查目前中学政治教师职业荣誉感的现状、影响因素及提升对策。您的回答将成为我们后期研究提供重要的现实依据，故望您能够真实、详细地填写。本问卷中的“职业荣誉感”包括了个体对职业的认同感，完成本职工作的使命感和责任感，及由此而生的成就感和幸福感。再次真诚地感谢您的支持与合作！

一、背景信息：（请在符合您相关基本情况的选项上打“√”）

1. 您的性别：

A. 男　　B. 女

2. 您的年龄：

A.30岁以下　　B.31~40岁　　C.41~50岁　　D.50岁以上

3. 您的教龄：

A.5年以下　　B.6~10年　　C.11~15年

D.16~20年　　E.21年以上

4. 您目前的学历：

A. 大专　　B. 本科　　C. 硕士　　D. 博士

5. 您的专业：

A. 思想政治教育　　B. 其他

6. 您的专业职称：

A. 正高级　　B. 高级　　C. 一级　　D. 二级

E. 其他

7. 您是否担任过班主任：

A. 是　　B. 否

8. 您所在的学校类型是：

A. 区重点　　B. 县市重点　　C. 省级重点　　D. 国家重点

E. 其他

9.您的工作所在地：

(1)四川

A.成都市　B.川南城市　C.川南农村　D.川东城市

E.川东农村　F.攀西地区　G.川西北

(2)重庆

A.主城片区　B.渝西片区　C.渝东北片区　D.渝东南片区

10.您的工资年收入状况是：

A.2万以下　B.2万~4万　C.4万~8万　D.8万~12万

E.12万以上

11.您每天工作时长：

A.8小时以内　B.9~12小时　C.13~16小时　D.16小时以上

12.您获得荣誉称号的情况是：

A.省级及以上　B.地区级　C.县级　D.校级

E.无

二、请评估您的状况与以下描述的符合程度

序号	选项	完全符合	比较符合	基本符合	不太符合	完全不符合
1	职业荣誉感包括个体对从事职业的认同感，完成本职工作的使命感和责任感，由此生成的成就感和幸福感。根据此表述，您认为自己具有很强的职业荣誉感					
2	中学政治教师职业对学生健康成长发展有重要作用					
3	中学政治教师肩负中学生思想品德健康发展的重任					
4	觉得自己很享受中学政治教师这项工作，愿意一直做					
5	中学政治教师入职门槛低、专业性不强					
6	如果能担任语数外教师，会有更强的职业荣誉感					
7	身边许多中学政治教师在校外从事“第二职业”					
8	希望在中学政治教师岗位上做出一番成就					
9	我对教学工作满怀激情，很喜欢与学生在一起					
10	我能够有效地调节负面情绪，不会因此影响工作					

续表

序号	选项	完全符合	比较符合	基本符合	不太符合	完全不符合
11	为了上好课,我经常花大量时间和精力备课					
12	会主动反思教学,努力提高自己的业务水平					
13	平时不愿意参加教研活动和进修培训					
14	课堂上经常因学生不重视政治课而发脾气					
15	在平时教学中因受学生喜欢、领导赏识而有成就感					
16	我发现自己所做的工作充满价值和意义					
17	我无法从工作中获得成就感					
18	我的工作很有激励性					

三、请在符合您实际情况的选项上打“√”(单选题)

1. 您选择中学政治教师职业的主要原因是

A. 该职业受人尊重　　B. 职业本身的魅力

C. 职业的创造性　　D. 职业的稳定性

2. 您对当下中学政治教师职业荣誉感状况的看法是

A. 有且强烈　　B. 基本上有

C. 有但较弱　　D. 完全没有

3. 您判断自己或他人是否具有职业荣誉感的主要依据是

A. 工作认真负责,满怀激情　　B. 在工作上获得许多物质奖励

C. 在工作中获得许多精神奖励　　D. 对工作投入很多精力

E. 其他(请具体说明)________________

4. 您认为影响中学政治教师职业荣誉感的主要因素是

A. 社会环境　　B. 学校管理　　C. 评价机制

D. 工作待遇　　E. 工作压力　　F. 生源质量

G. 师德水平　　H. 其他(请具体说明)

5. 您认为承担增强中学政治教师职业荣誉感主要责任的主体是

A. 社会　　B. 政府

C. 学校　　D. 教师自身

附录3:中学政治教师职业荣誉感调查问卷

尊敬的老师:

您好!我们是中学政治教师职业荣誉感课题组,目前正在收集中学政治教师职业荣誉感的相关信息。非常感谢您在百忙之中抽出时间来完成此项调查。

本问卷旨在了解目前川渝地区中学政治教师职业荣誉感的现状,您的回答将成为我们后期研究提供重要依据,故望您能够真实填写。中学政治教师"职业荣誉感"包括对职业的认同感,完成本职工作的使命感和责任感,及由此而生的成就感和幸福感。再次真诚地感谢您的支持与合作!

一、请在选项上打"√"

1.您的性别:

A.男　　B.女

2.您的年龄:

A.30岁以下　　B.31~40岁　　C.41~50岁　　D.50岁以上

3.您的教龄:

A.5年以下　　B.6~10年　　C.11~15年　　D.15年以上

4.您的专业职称:

A.正高级　　B.高级　　C.一级　　D.二级

E.其他

5.您所在的学校类型是:

A.重点公办　　B.重点民办　　C.普通公办　　D.普通民办

6.您的工作所在地:

(1)四川

A.成都市　　B.川南城市　　C.川南农村　　D.川东城市

E.川东农村　　F.攀西地区　　G.川西北

(2)重庆

A.主城片区　　B.渝西片区　　C.渝东北片区　　D.渝东南片区

7.您的工资年收入状况是:

A.2万~4万　　B.4万~8万　　C.8万~12万　　D.12万以上

8.您获得的荣誉称号是：

A.省级及以上　B.市县级　C.区级　D.校级

E.无

9.您对当下中学政治教师群体职业荣誉感状况的看法是：

A.有且强烈　B.基本上有　C.有但较弱　D.完全没有

10.您认为影响中学政治教师职业荣誉感的主要因素是：

A.社会环境　B.学校考评机制　C.个人心理感受　D.工作待遇

E.工作压力　F.其他(请具体说明)________________

11.您认为增强中学政治教师职业荣誉感主要责任主体是：

A.政府　B.学校　C.教师自身

二、请评估您的状况与以下描述的符合程度

序号	选项	完全符合	比较符合	基本符合	不太符合	完全不符合
1	职业荣誉感包括个体对从事职业的认同感,完成本职工作的使命感和责任感,由此生成的成就感和幸福感。根据此表述,您认为自己具有很强的职业荣誉感					
2	中学政治教师职业对学生健康成长发展有重要作用					
3	中学政治教师肩负中学生思想品德健康发展的重任					
4	觉得自己很享受中学政治教师这项工作,愿意一直做					
5	希望在中学政治教师岗位上做出一番成就					
6	我对教学工作满怀激情,很喜欢与学生在一起					
7	我能够有效地调节负面情绪,不会因此影响工作					
8	为了上好课,我经常花大量时间和精力备课					
9	我会主动反思教学,努力提高自己的业务水平					
10	在平时教学中因受学生喜欢、领导赏识而有成就感					
11	我发现自己所做的工作充满价值和意义					
12	我的工作很有激励性					